귀농귀촌
6차산업으로
성공하기

생산에 가공, 유통, 관광까지 더한
성공 귀촌의 모든 것

귀농귀촌
6차산업으로
성공하기

• 유상오 지음 •

한스미디어

더 이상 고민하지 마라,
귀농귀촌이 답이다

경북 상주로 귀촌해서 살 생각으로 10여 년 전 산을 하나 마련해두었다. 산 이름이 없어 내 이름을 붙여 상오산이라 부른다. 그곳에는 지금 굴참나무와 소나무가 한창 전쟁 중이다. 100번을 싸우면 100번을 참나무가 이긴다. 상오산은 속리산 동쪽 끝 성주봉 자연휴양림 남측에 위치해 있다. 산을 오르면서 서북 방향을 쳐다보면 멀리 지평선 끝까지 첩첩산중이고, 동남쪽에는 중부내륙고속도로와 상주 시내, 예천, 문경, 의성이 보인다. 이런 산길을 서너 시간 거닐다 보면 심신의 피로가 다 풀린다.

몇 해 전 산에 올랐다가 내려오는 길에 보니 소나무 하나가 참나무의 공격에 죽을 지경이었다. 중심 가지는 햇빛을 못 보고 거의 죽어가고 있었다. 소나무가 하도 잘생겨 살려볼 요량으로 참나무 밑을 베어내기 시작했다. 한 5분쯤 베다가 이 정도면 죽겠지 하는 생각이 들었다. 거의 80% 이상을 베어내 살기 어렵겠다고 판단했다.

소나무는 정말 탐나도록 잘생겼다. 나무는 2m 정도에 가슴 높이 지름도 30㎝는 넘어 보이며 S자로 휘어지는 자태와 기풍은 선비와 같았다. 100여 년 이상 묵은 소나무 하나를 살려냈다는 뿌듯함을 안고 서울로 돌아왔다. 그러고는 까맣게 잊어버리고 있었다. 그러다 작년에 갑자기 생각이 나서 다시 기억의 더듬이를 따라 그 자리로 어렵게 찾아갔다. 내가 아끼던 소나무는 그사이에 죽어버렸고 죽어야 할 참나무는 톱으로 자른 그 자리가 훈장이라도 받은 모습으로 더 강하게 불룩 솟아 있었다.

전문가에게 이야기를 전하니 사람도 피가 나와 상처가 아물 듯이 참나무도 수액이 나와 더 강하게 아물었다고 한다. 인간이 자연을 아무리 막으려 해도 그 현상만 잠시 막을 수 있을 뿐 본질을 꺾지 못한다는 것을 그곳에서 깨달았다. 그다음부터는 자른다면 완전히 자르고 적당히 버려두지 않는다.

귀농귀촌도 예외가 아니다. 준비부터 완전하게 해야 한다. 적당히 하면 여러 가지 어려움을 겪는다. 세월을 헛되이 보내지 말고 되도록 은퇴하기 전에 귀농귀촌 준비를 해야 한다. 은퇴 후 도시에서 장사하며 살기에는 견뎌내기가 너무나 힘들다. 치킨집 하겠다고 퇴직금에 은행 빚까지 부어 넣고 망하는 꼴을 한두 번 본 게 아니다. 그 정도 돈이면 귀농귀촌해 떵떵거리며 잘살 수 있다. 물론 준비가 철저해야 한다. 우습게 봐서는 안 된다. 준비한 만큼 충분히 보상받는다.

이제는 귀농귀촌한다고 무조건 농사만 짓는 게 아니다. 과학영농을 넘어 직접 판매에 관광교육사업까지 생각해야 한다. 잘만 하면 은퇴 후에 더 큰 성공도 가능하다. 귀농 교육을 하러 방방곡곡을 다니면서 성공한 사람들의 이야기를 전할 때마다 여러분도 가능하다고 말한다. 확신을 주고 나면 나이 지긋한 교육생들은 탄식한다. 한시라도 젊을 때 강의를 들을 걸 하고 땅을 친다. 아직 늦지 않았다. 진짜 귀농귀촌 열풍은 이제 시작 단계다. 좋은 땅, 좋은 작물 탐하기 전에 안정적으로 귀농귀촌할 수 있는 방법을 익히고 머리 굴릴 생각을 하자.

처음부터 결정해야 할 일이 많다. 이 책에서 지적하는 사항이나 강조하는 내용을 잘 따라 숙지한다면 귀농귀촌의 성공과 함께 경제적인 안정, 노후 자립갱생, 마을 내 자조적 복지, 은퇴 후 건강생활 등 5마리 토끼를 잡을 수 있다. 특히 이 책의 핵심이 되는 6차산업은 귀농귀촌의 미래이다. 6차산업이 무엇인지 잘 알고 성공 노하우를 익힌다면 은퇴 후 30년도 걱정이 없을 것이다. 아무쪼록 많은 것을 익히고 성공적인 귀농귀촌으로 고생한 지난 세월을 보상받을 수 있기를 바란다.

2014년 7월 31일
청계산 기슭 향촌산방에서 유상오

3장 귀농귀촌, 6차산업이 답이다

4장 귀농귀촌, 6차산업으로 준비하기

1장

은퇴 준비,
귀농귀촌으로 하라

은퇴 준비, 지금 당장 시작하라

은퇴 후 어떤 삶을 살 것인가?

왜 도시 자립이 힘든가?

은퇴설계, 귀농귀촌이 답이다

은퇴 준비,
지금 당장
시작하라

준비 없는 은퇴

극복 능력이란 무엇인가? 위기에 대처하고 이겨내는 힘이다. 주식이 폭락할 때 손절매할 수 있는 능력과 같다. 인생의 위기는 주기적으로 오고 간다. 위기는 기회의 뒷면과 같아 기회를 잡지 못하면 반드시 위기가 온다. 위기를 잘 넘기면 또 다른 기회가 온다. 우리가 준비해야 할 것은 슬기롭게 위기를 넘기고 기회를 잡는 연습이다. 누구나 처음 자전거를 탈 때 두렵고 넘어져서 다치기도 하지만, 몇 번의 연습을 하고 나면 자전거 타기의 진수를 알고 그 뒤부터는 자전거를 즐기게 된다.

세상 사람들은 모르는 것에 낯설다. 하지만 한국인이 타민족과 다른 점은 익숙하지 않은 것에 대한 두려움이 별로 없다는 것이다. '뭐,

죽기 아니면 까무러치기지' 하는 식이다. 아무튼 쉽게 생각하고 낭만적으로 개업해 많이 말아먹었다. 특히 명퇴, 정퇴, 황퇴, 조퇴 등 각종 퇴직을 한 사람들이 문제였다. 지금도 그 길로 접어들려고 많은 사람이 도시 창업을 준비 중이다. 개인이 선택해야 할 운명이기에 뭐라고 말하긴 어렵다. 하지만 큰 트렌드는 꼭 말해주어야 하겠다. 세상 살아가는 이치는 상대가 되지 않으면 싸우지 말라는 것이다. 또 싸운다면 반드시 이겨야 한다는 것이다.

도시 창업의 근본은 무엇인가? 자본 중심, 기술 중심, 네트워크 중심이라고 볼 수 있다. 그럼 자본이 있는가? 대부분 퇴직금 중간정산을 제외한 금액과 아파트 하나, 현금 조금이 현주소다. 이것을 반 토막 내고 은행 융자받아 창업한다. 그리고 대부분이 5년 이내에 망한다. 자본과 기술, 네트워크가 없어서 처절하게 전사한다. 좀 더 구체적으로 말한다면 개인이 대기업과 싸워서 이길 확률이 없다. 반드시 망한다고 봐야 한다.

개인 자영업자의 말로를 극명하게 보여준 자료가 있다. 기획재정부가 2011년 《국세통계연보》를 토대로 작성한 〈최근 자영업자 동향과 시사점〉 보고서(2013.3.7)가 그것이다. 보고서에 따르면, 2011년 기준 개인사업자의 창업(17만 9000명) 대비 폐업률은 85%(15만 2000명)이다. 폐업률은 소매업 89.3%, 도매업 87.4% 순으로 나타났다. 또 다른 자료에 따르면, 5년 이내에 개인 자영업자 중 50대 자영업자의 90% 정도가 망한다고 소개되었다. 결국 대한민국에서 중장년은 무엇을 해도 잘될 수 없다는 흐느낌이 나올 정도이다.

그렇다면 개인이 아닌 중소기업은 어떤가? 통계청 자료를 보면 창업 후 3년이 지난 중소기업은 '죽음의 계곡Death Valley'에 빠지기 쉽다고 조언한다. 데스밸리는 신기술 R&D에 성공해도 경영 악화, 인사관리, 자금 부족 등으로 사업화에 실패하는 경우가 많다는 말이다. 통계청은 중소기업이 창업 1년까지 창업 기업의 생존율은 62.5%에 달하지만, 3년 후에는 41.2%로 떨어지고 5년 후에는 30.2%밖에 남지 못한다고 보고 있다.

그렇다면 대한민국의 중고령 층은 아무것도 하지 말고 예비군으로 매일 등산하고, 오후에 막걸리 마시고 저녁 뉴스 보며 한숨과 분노 섞인 욕 풀이를 해야 하는가. 그것은 개인적으로나 국가적으로나 바람직하지 않다.

베이비붐 세대가 '준비 없는 노후'를 맞이할 경우, 국가의 복지비용 지출 증가로 인해 재정 적자와 세대 갈등을 초래할 위험성이 크다는 분석이 주의를 끈다.

한국노동연구원의 〈최근 고령층 고용동향 특징과 시사점〉 보고서 (2013.11.8)에 따르면, 2012년 기준 60대 중반(63~68세) 계층의 평균 순자산은 2억 6373만 원으로 조사됐다. 이는 50대 후반(57~62세)이었던 6년 전 4억 1791만 원보다 1억 5000여 만 원 줄어든 수치로, 은퇴 이후 경제적 준비를 제대로 하지 못한 것으로 해석된다. 자식들에게 결혼자금으로 퍼준 것이 원인일까. 분명한 것은 준비 없는 은퇴는 노부부와 자식 모두에게 불행을 가져다준다는 것이다.

몇 살까지 사나?

　　　　　　　　최근 우리는 장수 사회에 돌입한 느낌이다. 이제 웬만한 초상집에 가서 고인의 연세를 물으면 90세가 넘는다. 불과 10년 전만 해도 80세가 넘으면 호상이라는 말이 나왔는데 말이다. 이제 웬만해서 환갑잔치나 칠순잔치는 하지 않는다. 고령화 사회에서 의미가 없기 때문이다.

　2012년 기준으로 남성의 기대수명은 77.9년, 여성은 84.6년인 것으로 나타났다. 평균 기대수명은 81.4년으로 2011년에 비해 0.2년 늘어났다. 지금까지 통계를 보면 매년 0.2년에서 0.5년씩 수명이 늘어난다는 것을 볼 수 있다. 그만큼 의학의 발달이나 영양 상태, 보건환경이 좋아졌다는 말이 된다.

　통계청이 2013년 12월 발표한 〈2012년 생명표〉를 보아도 큰 차이가 없다. 2011년 자료와 비교해 남성은 0.3년, 여성은 0.2년 평균수명이 증가했다. 우리나라는 의료기술 발달 등으로 생존 확률도 전 세계에서 가장 높은 그룹이다. 경제협력개발기구OECD 국가의 평균 기대수명은 남성이 77.3세, 여성이 82.2세로 우리나라가 OECD 평균보다 남성은 0.6년, 여성은 1.9년씩 각각 더 높다. 우리도 이미 고령 사회로 깊숙이 진입해 있다.

　세대별로 얼마나 살아갈 수 있을까? 의학이 현재 속도로 발달하고 경제적으로 큰 변수가 없다는 가정 아래 수명 연장은 폭발적으로 늘어날 것이다. 60세의 기대수명은 84세, 50세의 기대수명은 90세,

40세의 기대수명은 96세, 30세의 기대수명은 102세가 될 전망이다.

인간이 100세까지 장수한다는 것은 축복이다. 하지만 경제적·육체적으로 준비가 안 된 장수는 축복 이전에 불행이다. 우리가 귀농귀촌을 준비하는 것은 축복받는 인생을 즐기기 위함이다.

지금도 큰 사고나 문제가 없다면 평균적으로 90까지는 산다는 시대로 이미 진입했는지 모른다. 그렇다면 여생을 어디서 무엇을 하며 어떻게 살아가는가가 숙제로 다가온다. 그 해답을 귀농귀촌에서 찾아보자.

한국인의 인생 구분

한국인의 인생을 하루 시계로 구분하면 청춘기, 주하기, 백추기, 현동기로 나눌 수 있다(동양의 상징인 '청룡' '주작' '백호' '현무'의 글자와 '춘하추동'의 글자를 더한 명칭이다).

자정인 0시부터 오전 6시까지는 '청춘기'다. 태어나면서부터 25세까지인 이 시기는 열심히 공부하는 사람들이 승자이다. 오전 6시부터 12시까지는 '주하기'다. 26세부터 50세까지로, 열심히 일하는 사람들이 주인이다. 낮 12시부터 저녁 7시까지는 '백추기'다. 51세부터 80세까지인 이 시기는 인생을 즐기는 사람들의 시간이다. 저녁 7시부터 자정까지는 '현동기'다. 81세부터 100세까지인 이 시기는 건강을 잘 지키는 사람들이 최고이다. 또한 이때는 인생의 황혼기로 죽음을 준비하는 시기다.

한국인의 인생 구분				
상징	청춘기 / 청룡	주하기 / 주작	백추기 / 백호	현동기 / 현무
계절	춘	하	추	동
인생	1~25	26~50	51~80	81~100
핵심기간	학습기	노동기	추수기	황혼기
	well-studying	well-working	well-being	well-dying

그렇다면 인생의 황금기는 언제일까? 바로 백추기다. 백추기를 잘 보내려면 주하기부터 철저한 준비와 공부가 필요하다. 주하기부터의 연습이 부족한 사람들이 백추기를 잘 보내기란 쉽지 않다. 중요한 것은 백추기가 인생의 진검승부라는 것이다. 주하기가 부모의 능력이나 재력에 의해 자녀가 기획되고 만들어진다면 백추기는 모든 것이 자신의 능력에 의해 규정된다. 따라서 백추기가 인생의 황금시대이다.

백추기를 이해하기 위해 지금까지 소개한 삶의 과정을 정리하자.

인생 1기(1~25세) 청춘기·학습기는 인생이 시작되는 시기로, 사회에 나가 일하며 자기 몫을 담당하기 위해 교육받고 숙련하는 시기다. 인생 2기(26~50세) 주하기·노동기는 취업하고 결혼하고 가정과 사회에 책임 있는 일을 하는 시기다. 인생 3기(51~80세) 백추기·추수기는 직장에서 퇴직하여 건강하게 생활하는 자기성취의 시기, 즉 자기가 원하는 삶을 사는 시기다. 인생 4기(81세~사망 시) 현동기·황혼기는 건강이 좋지 않아 남에게 의존하는 시기로, 다시 1기 때의 의존의 시기로 되돌아가게 된다.

우리가 백추기에 할 것은 거창한 이념도, 국가 정책도 아니다. 스스로 바르고 자식이나 주변에 도움 주는 삶을 살아가면 그것이 행복이다. 자신이 그동안 잘하고 좋아하던 일을 기획하는 것이 쇄신이다. 매일매일 쇄신하고 좋아하면서 사회에도 도움이 되는 것을 찾자.

그것이 원기 회복의 방안이다. 남들의 입을 두려워하지 말고 봉사한다는 마음으로 자신의 일과 취미를 찾고 심화시키자. 그렇게 하다 보면 주변에서 인정해주고 그때 비로소 회춘하게 된다. 인생 3기, 백추기는 인류가 새롭게 발견한 이상이자 기회다. 이 시기를 과거 생명이 짧던 선배들처럼 살지 말고 의미 있고 값진 삶을 보내면 어떨까.

이런 측면에서 귀농귀촌은 의미가 크다. 50세에서 80세 정도까지를 백추기라고 가정하자. 이 시기 안전한 먹거리를 자식과 지인에게 공급한다는 것만으로도 우리 사회에 큰 보답을 하는 것이다. 또 그 과정에서 작지만 소중한 재화를 창조해낸다. 또 농업이나 식물 재배, 동물 사육 등이 취미로 연결된다면 금상첨화이다. 취미와 일, 봉사를 담당하는 생활, 그것이 귀농귀촌이다.

한국인이 100세까지 사는 것은 불확실성을 넘어 점점 현실이 되어간다. 한국인으로 태어나 자정에서 하루를 시작해 아침 6시가 되면 25세, 정오가 되면 50세가 된다. 민간기업 샐러리맨이 대부분은 이 시점부터 은퇴하거나 준비를 하는 시점으로 들어선다. 산술적으로 보면 인생의 절반이 날아간 것이다. 하지만 대부분의 직장인은 인생 전부가 날아갈 수도 있다. 인생이란 어느 길로 가느냐가 중요하다.

우리 인생의 3기를 최대한 늘려보자. 인생 후반부는 제3기 인생이 전체가 될 수 있도록 삶을 계획하는 것이다. 귀농귀촌이 중요한 대안이 되도록 만들자. 우리가 귀농귀촌으로 자신과 사회의 이익을 극대화할 수 있는 방안을 찾자.

은퇴 후
어떤 삶을
살 것인가?

일반적인 은퇴 이후의 삶

막상 회사를 그만두면 사람들은 5가
지 유형으로 구분된다. 처음에 원하지 않게 회사를 나온 사람들은 원
망과 자멸감 그리고 회사가 미워져 여러 가지 생각들이 많게 된다. 또
정년퇴직으로 회사를 나온 사람들은 여유를 가지고 해보지 못한 일들
을 한 후 여러 가지 생각들이 정리된다. 그리고 나면 사람들은 5가지
정도의 유형으로 구분된다

많은 은퇴자가 매일 등산하고 오후에 막걸리 한잔하면서 살아가는
나무늘보형이다. 하지만 나무늘보가 계속 늘어난다면 그들도 생존 전
략을 바꾸어야 살 수 있을지 모른다.

백추기에 대해 서양은 어떤 생각을 가지고 있나? 고령화 현상이 일

은퇴 후 5가지 생활 유형

① 하루살이형: 하루하루 살아갈 돈을 벌기 위해 뭔가를 해야 하는 유형으로 가계 불안, 집안에 우환이 있는 형태로 주로 아르바이트 형태의 저임금에 계속 시달리게 된다.

② 도사견형: 이들은 자금 여유가 2~3억 정도 있는 형태로 빨리 돈을 많이 벌어야 한다는 강박관념과 가족이 잘되기 위해서는 더 늙기 전에 일해야 한다는 생각이 많다. 이들은 한 번 목표가 생기면 저돌적으로 앞뒤 가리지 않고 나가 싸운다. 이들이 성공할, 5년 생존 확률은 10% 미만이다.

③ 까치형: 이들은 천성이 부지런하고 아침 일찍 일어나 열심히 보고 말하고 듣는다. 정보를 수집하기 위해 여기저기 다니면서 많은 것을 배우고 익힌다. 이들의 단점은 어느 정도 배우고 준비가 되면 실행에 옮겨야 하는데 실행력이 떨어진다는 점이다. 이건 이것이 문제이고, 저건 요래서 안 된다. 합리적인 분석은 좋지만 어느덧 결과가 없는 비평가 신세가 된다.

④ 박쥐형: 이들은 까치형이 진보한 경우이다. 까치형이 열심히 학습한 다음에 실행을 못 하는 반면, 박쥐형은 구체적인 아이템을 설정했지만 이러지도 저러지도 못하는 기회주의적 형태이다. 처세적으로 박쥐형이 까치형보다 좋을 수 있는 형태이지만 결국 선택과 집중을 할 수 없어 100세까지 살아가는 데 필요한 경제력이 떨어진다면 마찬가지 결론이 아닐까.

⑤ 나무늘보형: 아무것도 안 하고 먹고 자는 형태로 경제력이 존재하는 부자

들이나 혹은 공무원처럼 안정적인 연금이 나오는 유형이 이에 해당한다. 사실 나무늘보의 유일한 스트레스는 1주일에 한 번 땅으로 내려와 대소변을 본다는 것이다. 나무늘보가 신기한 것은 지구상 포유류 중 가장 느린 속도를 가지지만 아직도 멸종되지 않는 종이라는 점이다.

찍 나타난 서유럽 지역에서는 은퇴 이후 시기를 인생 3기로 지칭한다. 전체 인생 과정을 4단계로 나눈다. 이론적으로 인생을 1기, 2기, 3기, 4기로 나누고 각 시기에 특징과 의미를 부여한 것은 30여 년도 채 되지 않았다. 1989년 영국의 사회철학자 피터 라스렛Peter Laslett이 그의 저서 《인생의 신선한 지도: 제3기 인생의 출현A Fresh Map of Life: The Emergence of The Third Age》을 저술한 이후라 할 수 있다.

라스렛은 제1기 인생은 출생에서 취업 직전까지로 보고 그 특징을 의존, 사회화, 미성숙과 교육의 시기라 했다. 제2기 인생은 취업부터 퇴직 시까지로 보고 그 특징을 독립, 성숙, 책임, 노동소득과 저축의 시기라 했다. 제3기 인생은 퇴직 후부터 건강하게 생활하는 시기까지로 보고 그 특징을 개인적 성취porconal fulfillmont의 시기라 했다. 제4기 인생은 건강이 나빠진 때부터 사망 시까지로 보고 그 특징을 최종적 의존, 노쇠 및 사망의 시기라 했다.

일반적으로 한국인에게 열심히 직장에서 일해야 하는 주하기부터 제3기 인생을 미리 계획을 세워 스케줄에 따라 준비해나가는 경우는 그리 많지 않다. 많은 경우 제2기 인생은 1기의 교육이나, 부모의 경제력에 의해 불가피하게 선택되거나 별다른 목적의식 없이 시작되고, 또 계속되고 있다. 따라서 제대로 계획되고 준비된 인생과 원하는 인생을 설계하여 살 수 있는 인생은 어떤 의미에서 사실상 제3기 인생이라 해도 과언은 아니다.

제3기 인생을 잘 준비하기 위해서는 2기부터 정신 차리고 가족과 친구, 일과 취미, 봉사와 학습에 집중해야 한다. 그리고 최소 경제력을 유지할 수 있는 돈을 마련하는 데 게을리하지 말아야 한다. 필자는 인생 3기를 어떻게 보내는가가 인생의 승부를 결정짓는다고 본다.

태어나서 한 인간이 기본적인 책임과 의무를 완수하고 여유와 휴식, 봉사와 지혜, 기술과 교훈을 다음 세대에게 나누어주고 계승하는 시점이 백추기다. 계절의 여왕은 봄이지만 계절의 창조자는 가을이다. 열매를 맺고 다시 태어나기 위한 여러 가지 준비가 이루어지고 찬란한 색채를 가진 계절은 가을이다. 봄은 바람이 시샘하지만 가을은 차가운 공기마저도 향기로운 계절이다.

인생 3기, 백추기는 우리가 만들고 창조한다면 한없이 많은 행복을 가져다줄 수 있는 시기다. 건강수명이 늘어나면서 개인이 인생 후반부에 건강과 취미, 일, 봉사 등 다양한 활동을 통해 만족과 이상, 사회발전을 위해 일할 수 있는 시기다.

자신이 관심을 두는 분야의 취미를 넓히고 인생에서 삶의 질을 증진시키는 의미심장한 기간인 동시에 두 번 다시 돌아오지 않는 시기다. 인생 후반부, 성인이 어떤 삶을 누리고 가치 있는 인생을 즐길 것인가? 예를 들면 운동과 건강 등을 생각할 수도 있다. 백추기는 사회와 더불어 즐기면서 봉사하는 기간을 말한다.

'이소연'과 연애하라

피천득의 수필 〈인연〉은 정말 만남과 헤어짐을 낭만적으로 풀어헤쳐 놓은 봄날 벚꽃 같은 동양화이다. 기억의 편린 속으로 아지랑이 동심을 물들여놓는 수필이다. 〈인연〉의 마지막 구절은 가끔 모든 이들의 기억 속에서 이슬이 된다. 그리워하는데도 한 번 만나고는 못 만나게 되기도 하고, 일생을 못 잊으면서도 안 만나고 살기도 한다. "아사코와 나는 세 번 만났다. 세 번째는 아니 만났어야 좋았을 것이다."

인연은 왜 봄바람처럼 흔들어놓고 말 못 할 무언가를 남기고 사라지는가. 인연의 맛과 멋은 무엇일까? 나에게는 '이소연'과의 인연이 있다. 가끔 부부싸움을 하면 생각나는 여인, 이소연. 이름도 예쁜 이소연. 나는 늙어서는 이소연과 함께 살기로 약속했다. 두 여자를 거느리고 살 작정이다. 이런 속내를 아내에게 말하면 펄쩍 뛸 거라고 생각했는데 이외로 반긴다. 뭔가 켕기는 것이 있나? 아니면 혹시 나처럼 생각하는 것이 아닐까. 일순간 여러 생각이 스친다.

나뿐만이 아니라 누구나 노후에는 이소연과 살아야 한다. 귀농귀촌을 생각하거나 시골살이가 아니더라도 말이다. 이소연과 살면 안심이 될 것이고, 이소연과 헤어지면 숙제 안 한 아이가 학교에 간 것처럼 불안할 것이다. 100세까지 살려면 누구나 이소연과 친해야 한다. 이소연이란 '이자+소득+연금'을 합한 조어이다.

60세에 정년퇴직한다고 해도 30년 이상, 10만 시간이라는 백지가 내 앞에 놓여 있다. 이것을 어떻게 활용하는가? 개인의 미래, 사회의 미래, 대한민국의 미래가 변할 수 있다. 우리가 지향해야 할 목표점은 웰에이징well-aging과 웰다잉well-dying이다. 잘 먹고 잘 살고 잘 죽는 것이다. 늙음이 멋있고 즐거운 노후를 보내기 위해 우리는 무엇을 준비해야 하나?

2011년 유엔이 전 세계 91개국을 대상으로 노인들의 삶의 질을 평가한 보고서를 발표했다. 글로벌노화지수global aging index, 즉 노인의 생활 상태를 소득, 건강, 고용과 교육, 자립적인 생활환경이라는 4가지 척도로 살펴보았는데, 이 지수 평가 결과에서 한국은 조사 대상 91개국 중 67위에 그쳤다. 일본은 물론 중국보다도 뒤지고, OECD 34개 회원국 중 터키를 제외하고는 가장 낮았다. 특히 기대수명을 포함한 건강 분야에서는 8위로 상위권이었지만 연금과 빈곤율 등을 반영한 소득 분야는 아프가니스탄을 제외하고는 가장 낮은 90위였다. 결국 우리나라의 고령화 준비는 매우 낮은 꼴찌 수준이다.

또 고령화준비지수GAP라는 미국 국제전략문제연구소CSIS가 작성하는 지표가 있다. 한 나라가 고령화에 얼마나 대비를 잘했는가를 평가하는 지수로서 소득적절성지수와 재정지속가능성지수로 구성되어 있다. 그런데 우리나라의 고령화준비지수는 주요 20개국 중 19위(79%)에 머물고 있다(CSIS, 2011). 이는 중국(18위)보다 낮은 수준이다. 고령화 대비 재정지속가능성지수에서는 20개국 중 12위로 중간 이하를 기록했다. 우리나라는 2040년이 되면 노인 소득의 45.9%를 공적 부조로 지원하게 되지만, 그럼에도 노인 소득은 중년층 소득의 79% 정도밖에 되지 않을 전망이다.

우리가 불행한 노후를 맞지 않기 위해서는 결국 노후자금 수요를 계산하고 철저한 은퇴 준비부터 해야 한다. 이는 누구나 할 수 있고 어렵지 않은 일이라는 점부터 인식해야 한다. 흔히 노후자금이 6억이니, 10억이니 하는 말이 나오면서 처음부터 질리는 사람들이 많다. 이는 금융기관의 '공포 마케팅'이 자아낸 현상인데, 오히려 이 때문에 처음부터 노후자금 마련은 나와는 거리가 먼 얘기라고 생각하는 사람들이 많다.

하지만 누구든 자신의 수준에 맞게 노후자금을 설계할 수 있다. 우리나라 노인들의 적절한 노후 생활비는 100만~300만 원 선이다. 통계청이 발표한 60세 이상 고령가구의 월평균 지출액은 2012년 기준 166만 원이다. 또 보건사회연구원 조사에서는 우리나라 국민이 대략 노후에 월 200만~300만 원을 생활비로 사용하고 싶어 하는 것으로 나타났다. 대부분의 금융권은 300만 원 전후를 권장하고 있다.

하지만 시골로 가서 살면 생활비 수준은 급감한다. 보통 생활비 수준을 보면 인구 1000만의 서울이 월 300만 원 선, 부산·인천·대구·대전 등 인구 100만 이상의 광역대도시 수준이 250만 원 선이다. 인구 10만에서 100만 정도의 중규모 도시가 200만 원 선이고, 인구 10만 명 이하의 시·군 중에서 준도시적 성격의 읍·면 단위 지역이 150만 원

선이다. 우리가 귀농귀촌해야 할 전국의 3만 5900개 행정리 중 약 2만 개 정도의 마을은 과소지역이다. 과소지역으로 들어가서 산다면 월 100만 원 선이면 충분하다. 경우에 따라서 월 50만 원 선으로 생활할 수 있는 산속의 나무꾼과 선녀의 삶도 존재하기는 하지만 일반적이지 않다.

시골에서의 귀농귀촌 생활은 도시보다도 생활수준이나 삶의 질이 높고, 자신이 좋아하기만 한다면 다양한 취미·여가 생활을 즐길 수 있다. 도시에서의 은퇴 후 생활비는 시간이 갈수록 기존 조사보다 훨씬 더 많이 들고 점점 증가하지만, 농산어촌에서의 생활비는 쉽게 늘어나지 않는다. 왜냐하면 노후 생활비의 대부분을 차지하는 식대를 자급자족으로 해결하기 때문이다.

노후 생활비 마련의 핵심은 '이소연'이다. 즉 이자, 소득, 연금이 없으면 천하장사 항우도 당할 재간이 없다. 평범한 베이비부머 부부가 노후에 서울에서 살 때 월 300만 원으로 표준적인 은퇴생활을 한다고 가정하면 30년 동안 9억 원의 돈이 필요하다. 여기에 병원비를 포함한 웰다잉의 비용을 준비하려면 아마 12억~15억 원이 필요하다는 말이다. 누가 15억을 모으기 위해 개미처럼 겨울 준비를 할 수 있겠는가. 아마 전체 국민의 1% 정도만이 이렇게 준비할 것이다.

그렇다면 국민 99%는 죽으라는 말인가. 정부가 잘못하고 있다. 좀 더 엄격하게 말하면 정부가 직무유기를 하고 있다. 그럼 정부가 노후 복지비용으로 모든 것을 지원해줄 수 있는가? 대한민국 깃발을 내리면 20~30년은 가능할지 몰라도 그렇게 할 수는 없는 일이다.

그렇다면 "모든 국민이 일할 수 있을 때까지 일하고 80세 이후 노후는 국가가 책임지는 시스템으로 간다"고 선언해야 할 것이다. 15억 원의 거금이 필요하다면 국가가 지원해줄 수는 없다. 지금까지 모아놓은 국민연금, 개인연금, 주택연금을 복리로 안전하게 모아두는 게 우선이다.

빈손으로 자연으로 돌아가자. 도시에서 갈고닦은 지식과 기술을 갖고 디지털 영농으로 농산어촌의 새 시대를 열자. 도시에서 살던 집은 월세로 돌리자. 국가는 귀농귀촌해서 살아가는 사람들에게 부동산 이자소득을 물려서는 곤란하다. 정부가 황금알을 낳는 거위의 배를 가르려는 무모함을 버려야 귀농귀촌이 성공할 수 있다. 결국 연금과 이자를 복리로 안전한 금융권에 장기투자를 한다면 귀농귀촌이라는 희망을 발견할 수 있다.

《귀농귀촌 6차산업으로 성공하기》는 그런 방법을 알려주고 연구한 결과를 소개하는 책이다. 이 책을 끝까지 읽어보면 적어도 꿈과 열정이 잡힐 것이다. 그 꿈과 열정을 귀농귀촌 교육을 통해 내재화하고 귀농귀촌 현장실습을 통해 신념화하고, 정부에게는 이제부터 보완해야 할 다양한 제도를 요구해서 자신의 브랜드를 만들어나가면 모두가 살 수 있다. 결국 농촌에서 소득을 만들어내야 한다는 말이다. 적어도 월 100만 원 이상의 소득을 만드는 방법을 이 책을 통해 소개할 것이다.

이소연은 도시생활에서 얻을 수 있고 만들어놓은 이자와 연금과 농촌에서의 소득을 결합시킨 신상품이다. 이소연이 여러분의 노후를 건강하고 창대하게 할 것이다.

하고 싶은 것을 배우고 즐긴다

미국의 사회학자인 윌리엄 새들러William Sadler는 200명의 40~60대 성인들을 면접한 후 그중 50명을 12년간 추적 조사한 결과를 정리했다. 그가 2000년에 집필한 저서 《제3기 인생: 40대 이후의 성장과 갱신을 위한 6가지 원칙Principles: for Growth and Renewal After Forty》에서 제3기 인생을 40대 이후부터 건강하게 지내는 시기까지로 보고 있다. 필자는 이 과정을 가장 슬기롭게 이겨내는 과정으로서, 귀농귀촌으로 탈바꿈할 수 있다면 불안 끝 행복 시작으로 전이될 수 있다고 본다.

하지만 많은 사람이 고민만 하다가 결국 아무것도 못 하고, 못 벌면서 돈 쓰는 악순환을 반복할 것이다. 옛말에 "가난은 나라님도 구제하지 못한다"라는 것이 있다. 많은 백추기의 사람들이 준비되지 못한 인생을 버거워하며 죽음을 선택한다. 죽음이란 본인이나 가족, 주변 사람에게 큰 스트레스가 된다. 성공하는 귀농귀촌을 준비하고 백추기에 실행한다면 중년의 위기는 자연스럽게 넘길 수 있다.

새들러의 5D에서 5R로 전환하는 노후 행복 이론	
늙고 죽음에 근접하는 과정	새로운 대안을 갖고 회생하는 과정
① 쇠퇴(decline)	① 갱신(renovation)
② 질병(disease)	② 갱생(rebirth)
③ 의존(dependence)	③ 쇄신(regeneration)
④ 우울(depression)	④ 회복(revitalization)
⑤ 노망(decrepitude)	⑤ 회춘(rejuvenation)

새들러는 '인생을 쓸쓸히 마감하지 말고 새로운 대안을 갖고 회생시키자'는 메시지를 우리에게 보낸다. 그는 우리의 노력으로 3기 인생을 변화시킬 수 있다고 주장한다. 즉 자신을 희생할 수 있는 인생을 설계할 수 있다고 주장한다. 새들러는 이것을 5R이라고 정의하면서 5D에서 5R로 전환하는 것이 사회적으로 중요하다고 보고 있다.

새들러의 연구를 통해 우리가 갖고 있는 편견을 바꾸기를 주문한다. 즉 40대에 존재하는 인생의 정점頂点이 한 번만 있다고 생각하지 말고 노력 여하에 따라 40대 이후에도 인생의 정점을 여러 개 만들 수 있다고 보는 것이다.

40~50대 중년층이 퇴직 이후 자기 공간에 매몰되고 아무 일도 하지 않는 대부분의 삶에 대해 새로운 대안을 찾기를 권장한다. 퇴직은 은퇴이고, 은퇴는 방관이라는 선입견을 부수고 새로운 창조인생에 나서야 한다고 주창한다. 전통적인 노인의 삶과 모습에서 벗어나 40대 이후 또 하나 있을 수 있는 인생의 정점을 향해 꿈과 이상을 날려 보내야 한다고 노래한다. 이를 위해 인생 2기부터 천천히 조금씩 인생 3기 준비를 해야 회춘을 하고 청춘을 다시 찾을 수 있다고 본다.

이러한 측면에서 귀농귀촌은 인생 3기에 있어 5D에서 5R로 전환하는 중요한 방식을 실현하는 추진체이다. 귀농귀촌은 개인과 사회, 국가적으로도 중요한 의미를 갖는다.

결과적으로 우리가 귀농귀촌을 통해 삶의 방식을 변경하고 더욱 활기차게 살아가는 인생 후반부로 변환하려는 사람들에게 도전이 제3시대로 보고 있다. 우리의 삶은 인생 3기의 새로운 시대에 직면하고 있다.

제3의 인생 시대에서 교육을 통한 귀농귀촌이야말로 소비되는 5D의 삶에서 생산적 복지나 자조적 복지를 달성할 수 있는 수준 높은 삶을 살아가는 방안이다. 인생 후반부 제3의 인생에서 경제적으로, 사회적으로 안정되고 사람들이 만족할 수 있는 방안은 귀농귀촌이다.

일반적인 노년의 삶

흔히 늙으면 추해진다는 말을 한다. 노인들은 냄새도 난다고 한다. 학자들은 "많은 사람이 노년의 삶은 아름답지 않다는 선입견을 갖고 있다"고 전한다. 이 선입견은 맞을 수도 있고 틀릴 수도 있다. 노인의 일반적 속성은 개인이 일생 동안 가지고 온 습관에 규정된다고 본다. 즉 전 생애를 통해 삶이란 비교적 일정하게 유지된다는 말이다. 반면 나이가 들어감에 따라 새 역할이 주어지며 경험이 쌓이는 등 환경의 영향을 받아 새로운 성격 형성이 이루어지기도 한다.

대부분의 사람은 인생 초기의 성격이 중년기까지 변화 없이 유지되어 간다. 그러나 성인 후기인 노년기에 이르면 다소 변화될 가능성이 높다. 노인은 신체적으로 약화되고 은퇴로 빈곤해지기 쉽다. 사회적·심리적으로 고립과 소외도 경험한다. 이러한 변화요인에 대응하는 능력 역시 저하되며, 결국 욕구 불만이 생기고 이에 반응하는 노인기 특유의 성향이 생성될 수도 있다. 하지만 노년기에도 본인 의지에 따라 삶의 질을 높이는 가운데 여생을 즐기면서 마감할 수 있다.

노인 성격과 특성의 변화

① 우울해지는 경향: 우울하고 외로워지는 경향이 있다.

② 의존성의 증가: 신체적·경제적·사회적 능력 쇠퇴로 의존성이 강하다.

③ 회상의 경향: 죽음이 임박할수록 일생을 회상하는 경향을 보인다.

④ 내향성의 증가: 성격이 바뀌면서 내향적 성격을 띠게 된다.

⑤ 과거 지향: 새것을 수용하기보다는 옛것에 집착한다.

⑥ 조심, 신중함: 돌다리도 두들겨보고 가는 조심성을 보인다.

⑦ 생성감 표현: 나이가 들면서 뭔가를 남기고자 하는 경향이 생긴다.

⑧ 애착심: 노인이 될수록 주변 친숙한 것에 애착심이 증가한다.

⑨ 성 역할 변화: 성 역할에 변화가 생겨 양성화(androgynous)가 된다.

⑩ 시간 조망의 변화: 사망까지 앞으로 남아 있는 시간을 계산한다.

필자는 백추기를 농촌에 귀농귀촌해서 살 것을 권장했다. 그렇다면 몸과 마음이 부자연스러운 현동기에는 어떤 생활을 하는 것이 좋을까? 지금은 '디지털 노마드digital nomad' 시대라고 보아야 한다. 쉼 없이 이동하고 새로운 것을 만들어내야 살아갈 수 있는 시대이기 때문이다. 노인도 마찬가지다.

진짜 시골에서도 은퇴할 시기가 인생의 종착역을 준비해야 할 마지막 시기다. 80세부터 남은 인생을 돈 없이 보낸다는 것은 공적 부조에 의존해야 하는 삶이다. 이러한 삶은 행복하고는 거리가 있다. 나머지 십수 년에서 20년을 농촌에서 그대로 살든지, 아니면 도시의 큰 병원 옆으로 이사해 살지를 결정해야 한다. 우리는 지금까지 웰다잉을 생각해보지 못했다. 존엄성 있는 죽음이란 가족과 친구들이 임종을 지켜보아 주고 편안하게 죽음을 준비할 수 있도록 도와주는 것이다.

80세 이후는 일과 자녀양육 등 의무적인 것에서 완전히 벗어난 시기로 일상의 대부분이 여가시간이라 볼 수 있다. 수명의 연장으로 더욱 길어진 노년의 자유로운 여가시간을 어떻게 보내느냐의 문제는 노년기 개인에게 삶의 질뿐만 아니라 가정과 사회 전체의 안정과 발전에 지대한 영향을 미친다.

노년 여가활동은 레크리에이션과 스포츠 활동, 취미활동, 자원봉사 및 학습 활동으로 구분하기도 하고 휴식, 친목모임, 취미·오락, 자원봉사, 교육, 문화적 영역 등으로 구분하기도 하는데 자신에게 적합한 여가 분야를 찾고 활용하는 것이 좋다.

늙어지면 외롭고 병들고 죽어야 한다는 것을 두려워하지 말고 당당히 맞이해야 한다. 하지만 죽음에 이르는 과정에는 고통이 생기고 이것이 두렵다. 보통 80부터 현동기라고 가정하고 약 100세까지 산다고 가정하자. 이 경우 80에서 90까지는 여가, 여행, 교육, 봉사 등을 하고 가족과도 재미있게 보낼 수 있다. 하지만 나머지 반은 개인 차이가 있겠지만 병원에 다니다가 입원과 퇴원을 반복하거나 요양원에 가서 마지막 임종을 맞이할 확률도 높다.

우리가 착각하는 현동기의 3가지가 있다. 첫째, 자녀들이 나를 모신다. 둘째, 국가의 공적연금, 국민연금과 의료보험이 나를 돌본다. 셋째, 나는 별로 아프지 않고 9988234(구십구 세까지 팔팔하게 살고 이삼일 아프다가 죽어버린다'는 뜻의 조어) 한다. 이 3가지 꿈에서 깨어나 현실적으로 웰다잉을 할 수 있는 체계를 만들자.

🌿
마지막 10년을 어떻게 살 것인가?

　　　　　　　　　　한국인의 마지막 10년을 보면 가진 돈을 모두 병원에 주고 세상을 하직한다. 사망 직전 마지막 3년 치료비용이 평생 의료비의 60~90%를 차지한다. 한평생 가족을 위해 개미처럼 일한 한국인들이 삶의 마지막 단계에 이르면 '빈곤의 굴레'와 '외로움의 늪'에 빠진다. 한국은 OECD 34개국 중 노인 상대빈곤율 1위, 자살률 1위다. 왜 이런 일이 닥칠까?

65세 이상 연 진료비가 10조 원에서 4년 새 16조 원으로 늘어나 노인들을 점점 가난하게 만든다. 한국 노인은 말년에 "있는 돈을 모두 써야 죽을 수 있는 권리를 의사로부터 얻고 죽는다"라는 우스갯소리도 있다. 중요한 것은 대부분의 노인이 죽음을 앞둔 마지막 10년 가운데 4~5년 이상을 병석에 누워서 보내게 되는 것이다. 이 기간에는 자신이 일생 동안 써온 의료비보다 큰 비용을 지불할 수도 있다.

보건복지부가 2013년 10월 발표한 자료를 보면 한 해 20만 명의 암환자가 새로 발생하고 있고 4명 중 1명이 암으로 사망하고 있다. 문제는 말기암 환자의 경우 사망 3개월 전에 전체 의료비의 50.4%를 쓰고 죽음을 맞이한다는 것이다.

그런데 이 3개월 동안 시행된 치료가 강력한 항암제, 기도삽관, 인공호흡, 중환자실 등 대부분 환자에게 정신적·육체적 부담을 주는 매우 억압적인 처치라는 점이다. 인생의 마지막 3개월을 약물에 취해, 기계에 매달려 살다가 죽음을 맞이한다는 것이다. 보건복지부 관계자는 "말기암 환자들은 심지어 사망 2주 전까지도 MRI, PET 등 진단검사와 항암치료 등 실질적인 효과가 없는 의료행위를 사용했다"고 설명했다.

반면 암으로 사망하는 환자 중 호스피스 완화의료(말기 환자에게 연명치료를 하지 않는 대신 통증경감 치료를 통해 삶의 질을 높이며 정신적 안정을 취할 수 있도록 해주는 포괄적 의료행위)를 선택하는 비율은 11.9%에 불과했으며 이용기간도 평균 21일에 불과했다. 말기암 환자의 고통을 줄이고 국민의 의료비 부담을 경감하기 위해 호스피스 병상을 확대해야 한다. 국내에서 암으로 숨진 환자의 완화의료 이용률은 2011년을 기준으로 11.9% 수준으로 한 해 암 사망자가 7만 5000명에 달하는 현실에서 호스피스 병상 수는 전국에 약 880여 병상밖에 안 된다고 한다. 900개 정도인 호스피스 완화의료 전문 병상을 영국 수준인 2500개 정도 확대해야 한다. 웰다잉으로 가는 현동기는 이래서 어렵다.

대부분의 부자들은 이 기간 여유를 가지고 봉사와 취미생활, 친구들과의 대화로 웰다잉을 준비하지만 가난한 노인들은 고통과 걱정, 스트레스로 살아도 사는 것이 아니다. 어찌 보면 치매라도 걸리면 아무것도 모르니 그렇게 가면 된다.

젊어서 잘나가던 B씨는 명문고와 대학을 나와 고시 패스하고 정년까지 잘 마친, 모두가 부러워하고 존경하는 인물이다. 경북 산촌에서 가난을 이겨내고 개천에서 용 났다고 동네 전체가 칭찬했다. 집안 살리고, 주변 사람들도 도와주고, 자식 교육과 결혼까지 모두 성공시킨 경우로 모두 부러워하는 사례였다.

하지만 자식이 다니던 대기업을 그만두고 벤처 창업한다고 이리 뛰고 저리 뛰는 모습이 안쓰러워 사업자금 대주고 보증 서준 것이 화근이 되었다. 결과는 몇 년 지나지 않아 집안이 풍비박산 났다. 70이 넘어 전세, 월세 전전하다가 이제는 아무 기력도 없이 병 치료도 못 하고 죽을 날만 기다리는 신세로 추락했다. 결코 웰다잉으로는 갈 수 없을 것이다.

한국 사회에 큰 병이 있는데 그것은 집착이다. 내가 아니면 안 된다는 생각을 버리면 욕심도 무너지고 화병도 없을 텐데 우리 문화는 그것이 어렵다.

현동기는 마무리하고 지켜나가는 것이다. 현동기를 슬기롭게 보내기 위해서는 백추기가 인생을 바꿀 수 있는 마지막 기회이다. 현실을 바꾸기 위해서는 스스로 변화해야 하고, 변화의 단초는 교육이다. 교육만이 유일하게 빈곤에서 탈출할 수 있는 방법이다.

한국인에게 가장 큰 장점이라면 교육을 싫어하지 않고 잘 인내하고 가르치는 길로 간다는 점이다. 가보고 아니면 다른 대안을 만들어 궤도를 수정한다. 교육과정에서 한국인은 기획과 목표를 가장 현실성 있게 자신에게 적합한 모델로 만드는 능력을 가지고 있다. 그리고 그 목표를 달성하는 삶을 평생 살아왔다.

약 30여 년의 백추기에 스스로 살아가는 비전과 목표, 현실적인 소득과 취미를 만들어놓는 것이 행복한 웰다잉을 준비하는 마지막 기회이다. 남과 비교하지 말고 스스로 적합한 형태로 소일하고 봉사하며 즐기는 삶을 살아야 한다. 그러기 위해서는 공부를 해야 한다. 우리 국민이 전 세계인과 확연히 구분되는 점은 공부하는 것이다. 그것이 작고 소박한 현동기에 행복한 웰다잉을 만나는 길이다.

'한국인의 마지막 10년' 현동기를 어떻게 관리하고 준비하느냐가 이제 우리 사회에서 삶과 죽음의 질을 가늠하는 저울이 될 것이다.

말기암 환자들이 임종에 이르는 과정의 삶을 기록한 책이 있다. 캐나다 밴쿠버에 있는 세인트 폴 병원의 완화의학 전문가인 데이비드 쿨 DAVID KUHL 박사의 《웰다잉Well-Dying》이다. '잘 죽기 위해 어떻게 살아야 하는가?'라는 질문에 대해 내린 임상 결론은 '죽음은 죽음 이전의 준비 단계 인생에 따라 달라진다'이다.

스스로 죽음을 피할 수 없는 운명으로 받아들이고, 잘 마무리하는 방법을 모색하는 사람은 육체적·정신적·영적 안정을 찾게 되고 마지막 삶을 살면서 평안한 죽음에 이를 수 있다는 것이다. 그러기 위해서는 웰다잉은 진정한 웰빙Well-Being의 마무리라는 인식이 필요하다. 결국 백추기에서 현동기까지 남은 인생을 잘 보낼 수 있는 방안이 모색되어야 하겠다.

분명 인생에서 마지막 10년의 병은 완치되는 것이 아니다. 다만 죽음을 맞이하는 기간만 늘려주는 것이다. 이들을 극단적인 연명 아래

멍청하지 말고 오래 삽시다

1. 늙은이가 되면 설치지 말고 미운 소리, 우는 소리, 헐뜯는 소리, 그리고 군 소릴랑 하지도 말고 그저 남의 일엔 칭찬만 하소. 묻거들랑 가르쳐주기는 하나 알고도 모르는 척 어리숙하소. 그렇게 사는 것이 평안하다오.

2. 이기려 하지 말고 져주시구려. 어차피 신세 질 이 몸인 것을 젊은이들에게 는 꽃 안겨주고 한 걸음 물러서서 양보하는 것이 원만하게 살아가는 비결이라오. 언제나 감사함을 잊지 말고, 언제 어디서나 "고마워요!"

3. 돈–돈–돈의 욕심은 버리시구려. 아무리 많은 돈 가졌다 해도 죽으면 가져 갈 수 없는 거라오. "그 사람은 참으로 좋은 분이었다." 그렇게 사람들의 입에 오르게 살아 있는 동안은 많이 뿌려서 산더미 같은 덕을 쌓으시구려.

4. 그렇지만 그것은 겉 이야기. 정말로는 돈을 놓치지 말고 죽을 때까지 꼭 잡아야 하오. 남들에게 구두쇠라 들을지언정 돈이 있음으로써 나를 돌보고 모두가 받들어 모셔준다는 것, 우리끼리 말이지만 사실이라오.

5. 옛날 일들일랑 모두 다 잊고 잘난 체 자랑일랑 하지들 마소. 우리들의 시대 는 다 지나갔으니 아무리 버티려고 애를 써봐도 이 몸이 마음대로 되지를 않소. "그대는 훌륭해 나는 틀렸어" 그러한 마음으로 지내시구려

6. 내 자녀 내 손자 그리고 이웃 누구에게서든 우러러 뵈는 좋은 늙은이로 사시구려. 멍청하면 안 되오. 그렇기 위해 두뇌도 세탁하고 멋진 삶으로 무엇인가 한 가지의 취미도 가져 아무쪼록 오래오래 사시구려.

두는 우리 문화는 개인과 가족, 국가 모두의 재정에 최악의 부담을 지게 하는 방향으로 기울어간다.

이제 우리도 영국과 같은 선진국처럼 좋은 죽음Good Death의 4대 정의를 만들자. ① '익숙한 환경에서' ② '존엄과 존경을 유지한 채' ③ '가족·친구와 함께' ④ '고통 없이' 죽어가는 방법으로 삶의 방식을 바꾸자.

'변속이유'를 기억하라

살다 보면 가끔 고통의 순간을 꾹 참으며 기어를 변속해야 할 때가 있다. 열정과 인내의 기어를 넣고 창조를 위한 변속을 해야 한다. 성공하기 위함인가? 명예를 찾는 방법인가? 남들과 차별화를 보여줌인가? 아무튼 자동차나 배, 비행기는 균형을 잡고 이동하기 위해 반드시 속도를 조정해야 한다. 우리가 느끼지 못하지만 사람에게도 변속이유가 있다. 그것에 따라 삶의 방향과 속도가 다르고 성공과 실패를 가르기도 한다.

귀농귀촌도 마찬가지다. 귀농귀촌의 동기를 보면 다양하다. 그중에서도 도시 삶에 대한 불만과 불안이 하나의 원인일 수 있다. 일반적인 도시생활은 어떤가. 나에 의해 하루 생활이 규정되는 것이 아니라 회사 조직에 의해 관리되고 있다. 9시 출근, 6시 퇴근이라는 틀 속에서 생활은 명제이다. 갑甲으로서 개인의 정체성은 그리 중요하지 않았다. '선회사 후사생활' 속에서 얼마나 개인이 삶의 질을 높일 수 있느냐가 중요하다는 말이다.

이러한 사회에서 개인이 규칙과 관습을 깨뜨리기란 상상할 수 없다. 왜냐하면 권위로 무장한 사회이고, 개인은 거대 조직에서 하나의 부속이기 때문이다. 언제나 동일한 일을 반복해야 하는 시대를 살아왔다. 수십 년 같은 일을 하면서 그 일의 익숙함이란 이름으로 자위했다.

그것이 대량생산, 대량소비란 이름으로 전 세계에 퍼지고 있다. 물질의 풍요는 산업 시대 인간에게 편안함과 안정을 주었다. 반면 인간을 돈의 노예로 만들었다. 특히 한국은 OECD 국가 중에서 가장 긴 노동시간을 자랑한다.

우리는 사람을 취업자와 실업자로 구분하고, 정규직과 비정규직으로 나누고, 또 임시직과 단기 아르바이트로 나누는 현실에서 극단적인 소외를 경험한다. 효율이란 이름 아래 한없이 고용을 창출시키려 노력하고 있다.

지난 100년 동안 산업화를 준비하고 만들어오면서 우리는 시골의 고마움을 뒤로하고 도시와 함께 변화하는 것에서 행복을 깨달았다.

이제는 이촌향도가 아닌 이도향촌의 시대이다. 농촌으로 이동하면서 새로운 비전과 접하고 21세기가 요구하는 변화와 틀에 적응해야 한다. 도시 정착은 익숙함과 안정, 그리고 안전과 편안함을 주었다. 하지만 이것을 버리고 시골로 간다는 것, 이름 모를 사람들과 조우하고 그들과 맞춰 산다는 것은 두려움과 불안, 스트레스를 가져올 수 있다. 시골에 사는 어르신들도 마찬가지다. 도시와 농촌이 융복합되어 국가경쟁력을 창출하고 지역 활력을 만들어내야 대한민국이 산다.

도시에서 익힌 노하우를 자신의 재능에 혼합해 수채화 같은 새로운 시골생활을 그려야 한다. '변속이유'란 무엇인가? **변화**와 **속도**, **이동**과 **유**연성을 갖추자는 것이다. 변속이유가 있어야 귀농귀촌에 성공할 수 있다.

　귀농귀촌인이 대한민국을 살리는 애국자이자 스스로 자립경제와 자조적 복지를 실현시킬 21세기 신인류이다. 귀농귀촌에 성공하려면 변속이유를 알아야 한다. 내가 왜 변화해야 하는지, 귀농귀촌에 속도를 내야 하고 어디로 이동해야 하며 지역 문화를 받아들일 유연성을 얼마나 가지고 있는가를 생각해보자.

왜
도시 자립이
힘든가?

도시 자영업의 비극

귀농귀촌과 관련해서 필자는 2개 정도의 기록을 가지고 있다. 하나는 언론에 많이 등장하는 전문가라는 점이고, 다른 하나는 강의를 많이 하고 있다는 점이다. 물론 천안연암대학의 채상헌 교수를 비롯해 농촌진흥청의 김부성 지도관, 최윤지 박사, 한국농촌경제연구원KREI의 성주인 박사, 김정섭 박사 등 전문가들도 강의를 많이 하지만 1년에 100여 회 가까이 방송과 강의, 강연을 하는 사람은 필자가 유일하다.

귀농귀촌 강의는 개인적으로도 여러 가지 경험을 쌓을 수 있다. 새터민에서 노숙자, 교도소와 같이 어려운 이웃들을 비롯해 귀농귀촌의 최고 교육연수기관인 농림축산식품부 농업연수원의 강의까지 단골로 수년간 해왔다. 어쩌다 일정 관계로 강의에 못 나간다고 하면 담당 직원들은 난리다. 어떻게 해서든 조정해 집어넣었다.

농식품부 강의는 정부 합동부처 강의로, 1년에 400~500명을 1주일간 강의하는 코스로 퇴직 예정 공무원들에게는 인기다. 기획재정부부터 안전행정부, 산업통상자원부, 미래창조과학부, 농림축산식품부, 문화체육관광부, 경찰청, 방위사업청 등 범 정부부처가 수강하고 있다. 한마디로 인기 있는 프로그램이다.

기억에 나는 강의가 몇 개 있는데 어느 날 국가정보원에서 전화가 왔다. '김'이라는 여성분이 밑도 끝도 없이 "국정원인데요" 하신다. 순간 '이거 말로만 듣던 피싱 아닐까?' 오만가지 생각이 다 들었다. 다음 순간 농촌진흥청 역량과 O지도관의 소개로 전화한다고 했다. 휴~ 안심을 하고 강의에 대해 몇 가지 조율을 하고 당일 국정원 연수원으로 갔다.

국정원은 내 차를 가지고 들어가는 곳이 아니었다. 단계를 거쳐 제공된 차량을 타고 건물 안으로 들어가니 '김'이라는 분이 반갑게 환대해주었다. 그리고 강의는 연수원 대강당에서 한다는 것이다. 대강당은 아무나 강의하는 곳이 아니라는 말도 했다. 왠지 기분이 좋았다. 물론 강의를 통해 재미와 감동, 절박함과 생동감 그리고 미래 비전과 '이렇게 하면 된다'는 희망의 메시지도 듬뿍 주고 왔다. 한 가지 아쉬운 것이라면 교도소에서도 밥을 주는데 점심시간이 가까웠는데도 국정원에서는 밥 먹고 가라는 이야기를 하지 않았다(그다음 번에는 맛있게 먹고 왔다).

노사재단에서 만난 D씨

노사재단에는 그쪽에서 하도 부탁을 해서 한 번 갔었다. 거기에서 몇 년 전 필자의 강의를 들었던 D씨가 뒤쪽에 초췌하게 있었다. 분명 목에 점이 있었고 생김새도 비슷했다. 3년 전 처음 보았을 때 자신감과 주도면밀함, 자신은 특별한 사람이라는 메시지를 분명히 보내 기억했다.

강의가 끝나자 필자에게 점심을 하자고 청했다. 그는 사업에 실패하고 방황 끝에 귀촌을 준비한다고 전했다. D씨가 전한 2시간에 걸친 이야기를 정리했다.

D씨는 젊은이가 가장 많이 몰리는 곳, 홍대 앞으로 입지를 정했다. 업종은 일본식 '야끼니꾸'가 어울리는 '사케야'로 잡았다. D씨는 일본 도쿄에 출장 중 10여 차례 시간을 내어 아카사카, 신주쿠, 긴자 등 현지답사도 다녔다. 일본 요리서적도 사 와 열심히 공부했다.

사업 전 단계에서 상호, 브랜드, CI, 맛, 분위기, 가격 등 여러 요인도 검토했다. 객단가를 낮추기 위해 신당동 중앙시장, 마장동 축산물시장의 단골도 물색했다. 주방과 서빙 알바 문제도 해결했다.

회사 퇴직 후 6개월의 준비를 더해 오픈했다. 오픈한 지 13개월 만에 퇴직금과 아파트 담보대출까지 받은 돈 2억 1000만 원 중 1억 5000만 원을 날렸다. D씨는 자본주의 사회에서 대기업이 아닌 개인의 힘으로 자금과 조직의 열세를 만회하고 전쟁에서 승리하기란 '계란으로 바위 치기'라는 것을 깨달았다.

9평 가게 차리는 데 보증금 4500만 원에 월세가 400만 원, 가게수리비

3000만 원, 테이블·의자·소품·주방용품 사는 데 1000만 원 들였다. 조금 찜찜했지만 강남 이자카야가 급히 문 닫는다고 해서 그 집 테이블과 식기, 술잔 등을 모두 공수해 왔다. 홀 고정 180만 원, 알바 120만 원, 주방장 250만 원, 각종 공과금, 주차요금 등 한 달에 고정적으로 900만에서 1000만 원이 들었다.

오픈 기념으로 머그컵도 돌리고 소주 미주와리, 잔 사케도 팍팍 줬다. 덤 안주 돌리고 서비스 질을 높였더니 손님이 밖에서 기다렸다. '오픈 발'이 받기 시작했다. 손님에게 미안해 오뎅이나 치즈스틱을 서비스하니 소문이 금방 돌았다. 음식 장사 "소문에 흥하고 소문에 망한다"는 말이 뭔지 알 것 같았다.

서비스와 가끔 이벤트 설문도 하니 장사해서 망한다는 말이 실감이 나지 않았다. 7개 테이블에 손님이 꽉 붙고, '불금'이나 주말, 공휴일에는 손님들이 못 들어와 난리였다. 음식 장사로 100억 대박 여기서 나겠다. 고생 인생 끝, 대박 인생 시작. '왜 진작 회사 때려치우고 음식 장사를 안 했지' 하는 생각이 들었다.

딱 30일 그랬다. 최근에는 한 달도 길다고 말한다. 100일이 지나자 거짓말같이 손님이 끊어지기 시작했다. 손님이 줄어드니 자존심 같은 서비스 질이 떨어진다. 시장에 가서는 좀 더 싼 것을 찾았다. 식자재 싼 게 비지떡이라는 금기가 깨졌다. 비용절감을 위해 마장동과 신당동을 누볐다.

오후 4시에서 새벽 2시까지 영업하고 4시까지 시장에 가 물건 사서 식당에 돌아 와 정리하고 집에 들어간다. 오전에 새우잠 자고 오후에 나오는 것이 일상이 되었다. 돈 벌 때는 피곤한 줄도 몰랐지만 점점 힘이 들고 혈당치는 높아지고 당뇨약도 더 먹어야 했다. 어떻게 해서든지 돈 벌어야 딸내미 1년 반 남은 대학 등록금에 졸업 후 취직할 때까지 참아야 했다. "죽기 살기로 하자. 여기서 무너지면 끝장이다"라고 수없이 절박하게 외쳤다. 하느님도 찾았다.

하지만 손님 끊기고 매출 떨어지는데 용쓸 방안이 없었다. 더 서비스를 해줄 수도 없었다. 그동안 설문해준 고객들에게 문자로 또 다른 서비스와 이벤트도 알렸지만 별 효과가 없었다. 전문용어로 맛이 간 것이다.

꼬박꼬박 나가는 월세와 급여가 이렇게 무서운 것인 줄은 정말 몰랐다. 회사 다닐 때는 월급날만 기다리고 언제나 월급 적다고 불평불만이었다. 지금 생각 하니 참 행복했던 시절이었다.

8개월 만에 처음으로 월세와 직원 월급이 밀렸다. 정말 열심히 준비했는데 어 떻게 해야 하는지 아무나 붙잡고 물어보고 싶었다. 하지만 아무리 찾아도 날 도와줄 사람이 없었다. 세상이 무너진다는 것을 처음 알았다. 결국 1년 만에 폐업을 결심하고 개업한 지 387일 만에 문을 닫게 됐다. 400일은 채우고 싶었 지만 여건이 허락하지 않았다.

D씨는 말했다. 지금도 서울 홍대 앞 상권 중 가장 '노른자위'라는 상수역과 공 영주차장, 와우산로를 거쳐 클럽거리로 이어지는 상권은 긴장감이 감돈다. 수 많은 사람이 꿈을 찾아 몰려오고, 또 다른 사람들은 하루하루 전쟁을 치르고, 전쟁에 지친 사람들은 패잔병처럼 조용히 이곳을 빠져나간다.

지금도 가장 인기 있는 가게(30평 이내 저층 점포)는 보증금 5000만 원에 월세 400만 원이다. 홍대 앞 상가는 수많은 사람의 꿈과 기대를 저버린다. 사계절이 한 번 바뀌기 전에 절반의 자영업자들은 끔직한 악몽을 뒤로하고 물러난다.

공영주차장 주변 가게 임대료는 경기가 좋든 나쁘든 인정사정이 없다.

폐업을 준비하니 이 거리의 생리를 알게 되었다. 골목에는 연일 새로운 희망 가게가 열리고, 절망가게는 문을 닫는다. 왜 수많은 사람은 불나방이 되어 불 쏘시게 속으로 뛰어들어 가는가. 망하고 보니 알 수 있었다.

D씨의 안타까운 이야기를 듣고 집으로 돌아오며 생각했다. 몇 년 전 그는 "나는 다를 거야, 나는 특별한 사람이야, 나는 준비를 철저히 했어"를 연발했었다. TV에는 끼와 예능감이 뛰어난 수많은 사람이 오디션 프로에 나온다. 90% 이상의 사람들이 예선에서 떨어지고 본선에는 극소수의 사람만이 등장한다. D씨도 '또 다른 먹거리 오디션에 참가했었다'라는 생각에 쓴 눈물이 나왔다. 동네 수준의 실력으로 우리나라 최고의 상권에서 프로처럼 싸울 수는 없었다. 한 번 경험도 없이 이론만으로 전쟁한다는 것은 애당초 말이 안 되는 일이었다.

최근 귀농귀촌에 대해 관심이 많다. 아마도 도시에서 창업하는 자영업자의 생존율보다 귀농귀촌 생존율이 높아서 그런가 보다. 서울시와 서울신용보증재단에서 2011년 창업한 사업체의 생존율을 조사한 〈2013년 서울 자영업자 업종지도〉를 보자. 1년차 81%, 2년차 67%, 3년차 54%로 보고되었다. 2013년 11월 통계청 조사 기준 전국의 자영업자 수는 약 560만 명이다.

각종 통계지표는 이들의 경제적 상황은 하루 버티기도 어려울 만큼 열악하다고 암시한다. 그런데도 은퇴를 맞은 베이비붐 세대들은 영업시장으로 월 3만 명씩 몰려들고 있다. 개업 3년 안에 49% 이상이 폐업한다.

국민 4명 중 1명이 자영업을 하는 나라. 2012년 3월 말 우리나라 자영업자 가구는 전체 가구의 25.7%(459만 가구)인데, 대부분 생활고에 시달려 창업한다. 당장의 생계를 위해 쫓기듯 창업하는 사람들. 자영업자의 평균 창업 준비기간은 3개월이다. 준비 없는 창업은 가족의 몰락을 의미한다.

도시 자영업 창업

도시에서의 창업이 얼마나 힘든가를 나타내는 통계가 있다. 전국에서 서울이 경기가 제일 좋고 자영업 성공률이 높은 곳이다. 서울시가 2013년 6월 일자리 발생이 예상되는 각종 사업과 소자본 예비 창업자를 위한 업종·상권별 분석 정보를 제공하는 〈서울시 일자리정보 예보〉를 발표했다. 서울 시내에서 2010년부터 2012년까지 3년간 신규 등록업체가 가장 많은 자영업종은 한식당으로 나타났으나 업체 5곳 중 4곳은 5년 안에 폐업했다. 편의점, 치킨집, 분식점 등 생계형 자영업은 중구에 가장 밀집해 있다.

여기서 주의해 보아야 할 것은 전체 업종이 3년 후 생존율은 평균 41.2%, 5년 후 생존률은 30.2%였지만 숙박업소와 음식점의 경우 같은 기간 각각 29.1%, 17.9%에 불과했다는 점이다. 다시 말해 3년이 경과했을 때 70%가 문을 닫고 5년이 흐른 다음에는 80% 이상이 폐업한다는 말이다.

통계청이 2013년 12월 발표한 〈기업생멸 행정통계〉를 보면 분식점, 한식점, 치킨집, 빵집 등 요식업의 1년 후 생존율은 55.3%, 노래방·스크린골프장 같은 예술·스포츠·여가업은 53%에 그쳤다. 결국 이들 업종은 창업 1년 안에 절반 가까이 망한다는 뜻이다. 동네 음식점 간판이 몇 개월마다 바뀌는 이유이다. 이들 업종의 5년 후 생존율은 각각 17.7%, 13.7%로 5년 후 살아남는 업체는 10곳 중 한두 곳에 불과한 실정이다. IT, 첨단 산업을 포함한 신생 기업의 1년 후 생존율은 61.3%, 5년 후 생존율은 29.6%였다.

전반적인 자료를 정리해보면 자영업의 실패는 불을 보듯 뻔하다. 첫째, 자영업자의 80% 이상은 5년이 경과되기 전에 망한다. 둘째, 50대 이후 자영업자는 망하면 다른 대안을 찾기가 어렵다. 셋째, 이들이 창업 과정에서 필연적으로 아파트 혹은 부동산 담보대출을 한다. 이는 추후 가계에 악영향을 끼치고 가족 모두를 빈곤층으로 추락시킬 위험을 내포하고 있다.

전문가들은 "실패가 눈에 뻔히 보이는데 은퇴 후 창업을 선택하는 사람들을 뜯어말리고 싶다"고 말한다. 하지만 대안이 없기 때문에 선택하는 것이다. 자영업자 붕괴는 곧 중산층의 붕괴를 의미한다. 빈곤층의 증가는 대한민국을 추락으로 몰고 간다. 한마디로 퇴직한 40~50대 중장년층이 실패하면 재기를 기약하기가 어렵다. 박근혜 정부의 일자리 목표 '중산층 70%' 달성이란 사상누각이 될 수 있다.

하지만 정부는 귀농귀촌에 대한 대안을 아직도 준비하지 못한 것 같다. 귀농귀촌 실패율은 무척 낮다. 농진청 자료에 의하면 7%, 강원도 자료에 의하면 12% 정도가 귀농귀촌에 실패하고 다시 도시로 돌아오는 것으로 나타났다. 정부가 창업을 활성화하기 위해 지식산업 중심의 창조경제 생태계 조성에 힘을 쏟고 있지만 준비되지 않은 이들에게는 그림의 떡이다. 한마디로 베이비붐 세대에게는 실감 나지 않는다는 얘기다.

자영업 생태계를 바로잡는 종합 대책이 필요하다. 이들에게 전직이나 재취업을 유도할 방안도 나와야 한다. 자영업이 어려운 제일 큰 이유는 대기업과 경쟁에서 영세 자영업자들이 이길 가능성이 희박하기 때문이다. 중소기업 적합업종 선정 등으로 시장규제를 한다고 하지만 대기업의 교묘하고 철저한 공략에 정부도 두 손을 들고 있는 격이다. 현재로서는 도시에서 하던 일을 최대한 늘려 직장을 다니는 것이 현명한 대안으로 보인다.

전직과 재취업

전직이나 재취업도 창업보다는 낮지만 오십보백보이다. 그래도 도시에서 계속 살려면 전직이나 재취업을 해야 하는데, 은퇴 시전에서 전직이나 재취업을 하면 적어도 3~5년은 버틸 수 있기 때문이다. 하지만 3~5년 후에는 같은 상황을 겪어야 한다는 말이기도 하다. 한마디로 '언 발에 오줌 누기'가 적절한 표현이다.

정부는 최근 전직과 재취업을 통한 일자리 창출에도 과거보다 더 신경을 쓰고 있다. 다양한 취업환경을 만들고 사회자원으로 중고령자를 활용하는 것은 좋은 방안이다.

통계청에 따르면 베이비부머들의 경우 오래 근무한 일자리에서의 평균 근속기간은 19년 1개월로 그만둘 당시 평균 연령은 만 53세이다. 60세로 정년 연장은 고사하고 55세 정년에도 미달한다는 것을 반증한다. 2013년 7월 통계청이 내놓은 경제활동인구조사의 청년층 및 고령층 부가조사 결과에 따르면, 55~79세 고령자들이 가장 오래 근무한 '생애 주된 일자리'를 그만둘 당시의 평균 연령은 만 53세였다. 퇴직 후 '인생은 60부터'라지만 실제적으로는 '본격적인 고생은 60부터'로 바뀌고 있다.

전문가들은 자격증을 따라고 한다. 자격증을 가지면 유리한 조건에서 자신의 경력이 장점이 되어 평생직장을 얻을 것처럼 말하지만 현실은 녹록지 않다. 실제로 몇몇 자격증만 있으면 재취업 자신감이 증대된다. 하지만 자격증이 훌륭한 스펙이 되는 것은 청년이지 중장년은 아니다.

공무원 채용도 아주 없는 것은 아니기 때문에 각 부처별로 모든 급수에서 경력 공채를 실시하니 자격 요건을 갖추면 도전하라고 강조한다. 하지만 대부분의 중고령자가 갈 수 있는 것은 고위 개방직 이외에는 특별한 대안이 없는 것이 현실이다. 한마디로 재취업이라는 것은 생각보다 어렵고 한국 사회에서 중고령자를 쓰기에는 여러 가지로 부담스럽다.

만약 자격증을 취득한다면 향후 귀농귀촌을 대비하는 자격증이 좋겠다. 예를 들어 보일러취급기능사, 이미용사, 제과제빵사, 한중일식

요리사 등이 괜찮아 보인다.

보일러기능사는 50대가 가장 많이 취득하는 자격증 중 하나이다. 보일러 설치·시공·운전 및 유지·관리에 필요한 배관·용접·검사·조작·보수·정비 등의 일을 한다. 건물 전문 관리업체의 관리자로 일하거나 시설관리를 할 수 있는데 자격증을 취득하면 귀농귀촌해서 좋을 수 있다. 이미용사는 시골에 내려가 어르신들의 머리를 손질해주면 면장님보다 더 높은 대우를 받는다. 짜장면을 잘 만들어 대접하면 그날만은 대통령 부럽지 않다.

여러 가지 이야기를 종합해보면 창업이나 재취업이 쉽지 않다는 결론에 도달하고 있다. 모아놓은 돈을 헛되게 쓰고 싶지도 않고 재취업도 쉽지 않고 설사 성공한다 하더라도 3~5년 뒤에는 다시 실업자 신세로 전락할 것이다. 중요한 것은 포기하지 않고 여러 가지 가능성을 타진하고 내가 가장 잘할 수 있는 게 무엇인가를 찾는 것이다. 적성과 취미가 맞는 일을 잘 선택하자.

이도 저도 아니라면 서서히 침몰해 70대 후반에는 경제력을 상실하고 80대부터는 정부 지원 없이 살아가기 어려운 빈곤층이 될지 모른다.

일소대부건

일소대부건은 '일하는 소를 담보로 대부를 받는 건을 신청했다'라고 외우면 간단하다. 일소대부건은 다음과 같다.

일하지 않으면 소득이 없고,

소득이 없으면 생활의 대안이 없고,

대안이 없으면 부정적으로 변화하고,

부정적인 생각이 지배하면 건강을 잃게 되고,

건강을 잃으면 모든 것을 다 잃어버린다.

결국 건강을 잃어버리면 모든 것을 잃어버리고 죽음을 기다리게 된다는 슬픈 이야기가 '일소대부건'이다. 반면 긍정적인 일소대부건도 있다. 모든 사람이 원하는 일소대부건이다.

일하면 소득이 나고,

소득 나면 대안이 생기고,

대안 있으면 부자가 되고,

부자 되면 건강하고 행복하다.

여러분은 어떤 길과 방법을 택하겠는가. 한 번뿐인 인생 재미있고 유익하고 건강하게 살다가 모든 사람의 축복을 받으면서 생을 마감하고 싶지 않은가. 정부는 희망을 이야기하지만 실제 중고령층 도시 일자리 창출에는 희망을 찾을 수 없다.

그렇다면 이 책에서 제시하는 방법과 방식으로 귀농귀촌을 해보자. 하기 전에 충분한 공부를 했는지, 자질이나 적성이 있는지를 알고 선택해야 성공한다. 여러분의 성공이 국가를 부자 나라로 만들고, 여러

분의 자립갱생이 젊은 사람들의 일자리와 복지비용 축소로 국가 수출과 성장 발전에 일익을 담당하게 된다. 귀농귀촌을 결심하고 실행한 사람들이 이 시대의 애국자이자 선각자이다.

은퇴설계,
귀농귀촌이
답이다

귀농귀촌, 이렇게 설계하라

은퇴 후 도시에서 살려면 지속적으로 돈·에너지를 공급해야 한다. 도시란 편리함과 잔인함이 교차하는 회색 공간이다. 최악의 경우 못 벌고 돈을 지속적으로 써야 하는 블랙홀 구조를 가진다. 편리함을 돈으로 메꾸는 구조이다.

혹자는 왕년에 얼마나 잘나갔는지를 강조하지만 은퇴 이후에는 아무 도움도 받지 못한다. 남들이 인정해주는 학력, 경력, 실력이 점점 단절되고 자괴감만 흐른다. 내가 얼마나 적극적이고 긍정적인 마인드를 갖고 있는가가 중요하다. 남은 인생 돈 없이도 살 수 있는 방안을 만들어야 한다.

도시에서는 은퇴 이후 '못 벌고 돈 쓰는' 구조를 가진다. 돈 없는 계층이 겪어야 할 생존 게임의 생존 확률은 얼마일까? 만약 국가가 도와주지 않는다면 10% 이하라고 단언할 수 있다. 결국 10%의 소수 부자만이 도시에서 잘살 수 있다는 결론이다. 인구학적으로 본다면 65세 이상 인구 542만 명 중 약 54만 명 정도만이 부를 유지하고 재미있고 활기찬 노년의 행복을 만끽할 것이다.

고령층이 재미있게 인생을 살려면 은퇴 8각형을 외워야 한다. 취미가 일이 되고 일이 봉사가 되는 노동 3요소, 나의 건강과 가족의 일체성, 친구들과의 친밀성을 함께 이어주는 관계 3요소, 돈과 교육을 지속적으로 공급할 수 있는 에너지 2요소 등 은퇴 8각형에 대해 늘 고민하고 대안적인 삶을 계획하고 실천해야 한다.

은퇴 8각형 중 어느 하나에 문제가 있으면 그때부터 인생이 꼬이기 시작하고, 둘이 문제가 있으면 인생이 부정적으로 변하고, 셋이 문제가 있으면 주변에 불행이 끊이지 않고, 넷이 문제가 있으면 파멸이 시작되고, 다섯이 문제가 있으면 빈곤층으로 떨어진다.

빈곤층은 은퇴자들이 가장 경계해야 할 단어이다. 은퇴자들이 빈곤층으로 몰락하는 과정 역시 비참하다. 베이비부머를 놓고 가정해보자. 현재의 흐름대로 진행되어 간다면 1차적으로 베이비부머의 40% 정도가 빈곤층으로 몰락한다. 2차적으로 부모의 도움이 없는 자녀 세대가 중산층에서 계속 추락할 것이다. 결국 소수의 대기업 관련 부자들과 공무원, 군인, 교육자만이 은퇴 이후 중산층 이상으로 살아갈 수 있다. 이들은 연금을 200만 원 이상 수령하거나 금융권의 공포 마케팅에 등장하는 10억 이상 현금을 보유한 50억 이상의 자산가이다.

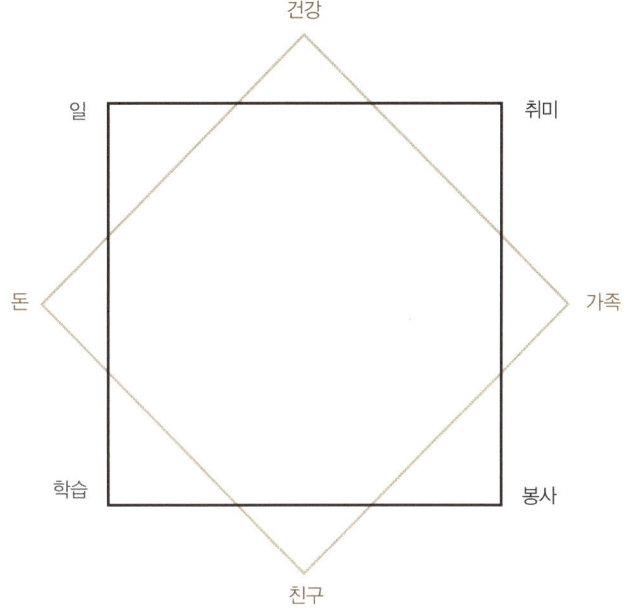

은퇴 이후 돈 없는 보통 사람들의 도시에서 삶은 갈수록 고통스럽다. 우리가 인내할 수 있는 것은 고진감래苦盡甘來라는 고사성어가 있기 때문이다. 고생 끝에 낙이 와야 하는데 경제적 고통은 갈수록 경사가 심한 언덕을 자전거를 타고 계속 올라가야 한다. 결국 희망과 꿈이 없는 노후 은퇴생활은 어둡다. 그래서 우리는 귀농귀촌 준비를 하자는 것이다. 귀농귀촌을 통해 희망의 끈을 놓지 말자는 것이다.

도시에서 준비하는 귀농귀촌은 다른 어떤 것을 준비하기보다 쉽다. 시간과 노력, 적성만 갖는다면 어려울 것이 없다. 먼저 귀농귀촌 교육을 받고 텃밭농사를 경작하면서 다양한 정보를 접하고 은퇴 시점에 농촌으로 내려가 살면서 도시와의 끈을 놓지 말아야 성공할 수 있다.

그렇다면 시골생활은 어떨까? 만약 당신이 시골에서 산다면, 월 100만 원을 만들면 행복하고 못 만들면 불행하다는 이단논법이 가능하다. 왜냐하면 하향 평준화와 농촌이 가진 공동체성 때문이다. 상대적 빈곤이나 박탈감, 상실감이 도시보다 현저히 낮아진다. 도시처럼 품위를 유지하고 살아가기 위한 200만~300만 원이라는 거금도 필요 없다. 텃밭을 가꾸면서 취미농을 하거나 6차산업 관련된 일을 하고, 자신이 생산한 농산물을 도시의 지인들과 직거래하면서 안전한 먹거리 공급이라는 봉사도 할 수 있다. 어디를 선택할지는 당신의 자유이다.

준비의 기초

귀농귀촌을 실행한다면 무엇부터 준비할 것인가? 실행의 시작은 '결심'부터 확고히 하는 것이다. 귀농귀촌을 주저하지 않고 결심할 배경을 만들어야 한다. 결심의 배경은 도시에서 지속가능한 삶을 누릴 수 없다는 것이다.

앞에서 정부 통계로 보았듯이 도시는 못 벌고 돈 쓰는 구조이고 개인이 창업해서 5년 생존 확률은 10% 미만이다. 결국 농촌으로 갈 수밖에 없다면 결심부터 다르게 가자. 결심과 실행을 구체화하기 위해서는 귀농귀촌 로드맵을 그리자. 시골에서 무엇을 그릴지 스스로 깨닫고 알아야 한다. 이를 위한 필수가 정보 습득과 교육이다.

귀농귀촌을 성공하기 위해 자신의 문제를 제대로 이해하고 정의하는 것이 필요하다. 객관적으로 자신을 알기 위해 심리적성검사를 받는 것도 괜찮다. 노동부 산하 기관에서는 적성검사와 심리 테스트를 인터넷으로 무료로 할 수 있다. 또 한국귀농귀촌진흥원 홈페이지나 정부의 귀농귀촌종합센터에서는 귀농귀촌 적성검사를 무료로 해주고 있다.

귀농귀촌을 한다면 나이별로 다르지만 대략 1~5년 정도 준비를 해야 한다. 당장 귀농귀촌을 해야 할 형편이라면 교육부터 받자. 농림축산식품부 산하 농정원에서 주관하는 귀농귀촌 전 단계 교육 100시간을 받는 것이 기초 중의 기초이다.

초등학교부터 대학까지, 회사생활에서도 평생 교육받았는데 무슨 또 공부냐고 할 분도 있을 것이다. 이런 분은 귀농하면 쪽박 차고 3년 안에 사기꾼한테 걸려 패가망신한다. 당하지 않으려면 교육을 받자. 그것도 아무 곳에서나 받지 말고 공신력 있는 농식품부 산하 농정원에 등록된 단체의 귀농귀촌 교육을 받자. 농촌으로 내려갔다면 각 시군 농업기술센터에서 하는 교육이란 교육은 모두 다 받아야 한다. 교육받는 자 승리하고, 교육받은 자 가난과 환경을 이겨내고, 교육 이수자 자기혁신을 할 수 있다.

구체적인 준비와 목표

언제 귀농귀촌할지 시간을 역산하자. 목표를 달성하기 위해 결심과 준비, 귀농귀촌 시기, 적응기간, 안착 및 자립 시기를 구체적으로 계산하자. 대부분 계획과 실행에는 큰 차이를 보인다. 또 전혀 다른 결과가 나올 수도 있지만 계산을 하자. 미리 갈 길을 가본 것과 그냥 가는 것은 큰 차이가 난다. 전문가 도움도 필요하다. 정부가 과거처럼 컨설팅을 80% 정부 부담으로 해주지 않는데 컨설팅 지원도 요구된다.

'결심' 이후 요구되는 것이 '준비'다. 준비의 첫 단추는 '선언'이다. 귀농귀촌 하겠다는 결심을 공개적으로 밝히자. '약속'을 지키려는 내적 분발을 촉구하는 분위기를 만들자. 가족, 친지, 선후배, 지인, 회사 동료 등 도시의 네트워크에 도움을 청하자. 맨 마지막까지 남는 절박한 이유를 가슴에 새기자.

후회하지 않는 '결정'을 하려면 내적 동기를 외적 동기에 우선해야 한다. 귀농귀촌은 외적 동기가 아무리 크다고 하더라도 스스로 동의하고 해야겠다는 마음이 들지 않으면 결국 실패한다. 좀 더 쉬운 귀농귀촌을 위해 외적 동기를 내적 동기화하거나 외적 동기를 내적 동기의 일부로 공유하는 것이 중요하다.

그 과정에서 함께할 가족의 동의를 받는 것도 중요하다. 가족구성원도 스스로 찬성해야 성공할 수 있다. 그래서 귀농귀촌은 어려운 대사이다. 우리는 귀농귀촌을 '사회적 이민, 문화적 고통을 수반하는 엑소더스'라고 표현한다.

귀농귀촌 실천은 정보 습득, 교육, 현장실습, 훈련 등 좀 더 계획적이고 체계적으로 해야 한다. 실천의 시점now, 실천의 지점here, 실천의 시작(작게 시작, 크게 성공), 그리고 실천의 과정을 통한 성찰과 성장(관찰과 기록), 실천의 덫(쉬운 일이 중요한 일을 놓치게 만든다는 점)에 대해 스스로 사업계획을 작성해야 한다.

귀농귀촌 과정에서 반드시 어려움이 나온다. 귀농귀촌 과정이 성공하기 위해서는 여러 가지 단계별 실천을 지속적으로 해야 한다. 한 번으로 끝나는 일회성 실천보다는 완성되도록 지속적으로 유지하려는 신념이 중요하다. '유지'의 첫 관문은 목표를 꾸준히 달성하고자 하는 도전정신과 열정에서 시작된다.

그래서 도시에서부터 환상이 아닌 구체적인 실천 목표를 만들어야 한다. 목표를 잊어버리고 다른 일에 관심을 둔다면, 목표는 그만큼 멀어지게 된다. 항상 목표를 잊지 않고 생각하는 자세가 무엇보다도 중요하다.

목표를 지속하기 위해서는 많은 에너지가 필요하다. 에너지는 돈이다. 돈을 항상 유지하는 일도 어렵다. 따라서 에너지를 자가생산하는 방법과 방식을 스스로 터득해야 한다. 중간중간 에너지가 고갈되고 힘들고 어려워질 때면 목표를 향한 생각에 의구심도 들고 그만둘까 고민도 하게 된다. 이때 고민의 덫에 빠지기보다는 스스로를 견인할 생각의 변화가 필요하다. 귀농귀촌은 자신이 하고 있는 일이 노후생활에서 자급자족할 수 있도록 돕는 커다란 의미와 가치를 가진다. 근면·자조·자립 정신으로 부지런히 실행하자. 자신의 영혼을 이끄는 내적 동기의 신념화는 귀농귀촌 목표를 향한 발걸음에 큰 희망을 줄 것이다.

은퇴설계는 30~40대부터

"30~40대부터 적극적으로 은퇴 준비를 하지 않으면 늦다." 어차피 10억 이상 많은 여윳돈을 가지고 은퇴 준비를 하는 사람들은 여행, 골프, 자원봉사, 친지 방문, 독서 등 은퇴 이후의 황금빛 삶을 영위할 수 있다. 만약 이들에 속하지 않는다면 정신 똑바로 차리고 귀농귀촌 준비를 해야 한다. 그렇다고 서두를 필요는 없다. 차근차근 준비하는 것이 좋다.

만약 여윳돈이 3000만~1억 원 정도라면 어떻게 해야 하나? 은퇴 준비를 위해서는 어떻게 대처해야 할까? 결론적으로 돈이 없어도 계획을 잘 세우고 자신의 욕심을 줄이면서 건강하게 노동할 자세가 된다면 행복한 노후를 즐길 수 있다.

3000만~1억 원으로 은퇴 후를 설계하는 방법은 시골로 내려가서 사는 귀촌밖에 다른 방법이 없다. 만약 다른 방법을 찾는다면 동남아시아 가난한 나라로 가서 사는 것도 고려해볼 만하다. 하지만 은퇴이민도 만만한 것이 아니고 준비도 만만치 않다.

은퇴 이후 '제3의 인생'을 신 나게 누리기 위해서는 늦어도 40대 초반부터 적극적으로 은퇴계획표를 짜야 한다. 실제로 전 세계 선진국이 젊은 세대들은 은퇴 이후의 미래를 설계하는 데 골몰하고 있다. 조기 은퇴설계 현상은 일본, 미국, 서유럽, 북유럽 등에서 전반적으로 일어나는 세계적인 현상이다.

은퇴 이후 행복한 생활을 준비하는 근본적인 이유는 고령인구의 증가와 과거 자신들이 노년층을 지원하듯이 정부가 자신들을 위해 지원해줄 수는 없을 것이라는 인식에서 출발한다. 선진국이나 우리나 저출산 고령화가 일상화되어 있기 때문이다.

우리나라 선진국이나 금융권의 간단한 은퇴 컨설팅에서 출발해 전문적으로 은퇴 이후를 상담해주는 컨설팅사들이 점점 늘어나고 있다. 은퇴 이후 불안한 미래를 이용하는 돈벌이는 다른 어떤 사업보다도 유리하다. 은퇴 예정자들을 대상으로 한 금융자산 운용, 보험 가입, 자녀교육 상담 등의 사업이 활성화되고 있다.

지금부터는 귀촌을 준비하는 사람들이 무엇을 준비해야 하는가에 대해 간단하게 살펴보자. 먼저 30대는 은퇴 후 농촌에서 부부가 같이 살기를 원한다면 많은 농촌 마을을 여행하기를 추천한다. 전국에 녹색농촌체험마을, 전통 테마 마을, 팜스테이 마을 등 약 1700여 곳의 마을이 도농교류 체험을 하고 있다. 이런 마을들이 비교적 도시민들에게 개방적이고 열린 마을이라고 할 수 있다. 마음이 열린 개방적이고 도시민을 이해할 수 있는 마을을 부부가 여행하고 간단한 주말농장도 분양받아 농사짓는 것이 좋다. 텃밭농사는 많은 시간을 투자하는 것은 아니다. 하지만 자주 가보지 못하면 상황이 전혀 다르다. 호미로 막을 수 있는 것을 가래로도 못 막는다는 말이 농업에서 나온다. 농사란 적재적소의 타이밍이 중요하다.

40대부터는 실질적으로 인터넷 동아리에 가입하고 구체적인 활동을 하는 것이 좋다. 귀농귀촌 교육을 하는 곳은 전국에 점점 늘어나고 있다. 농식품부 농정원에서 매년 하는 귀농귀촌 교육은 매년 30%

이상 늘어나고 있다. 또 시군 농업기술센터나 도 농업기술원 등에서도 귀농귀촌 교육을 하고 최근에는 서울시 25개 자치구에서도 귀농귀촌 교육을 하고 있다. 한마디로 귀농귀촌 교육 춘추시대라고 할 수 있다.

하지만 교육의 질로 들어가면 여러 문제점이 나온다. 중요한 것은 믿을 수 있는 교육기관에 가서 교육받으라는 것이다. 귀농 전 단계는 농식품부 농정원의 교육을 받는 것이 100점짜리다. 이외 교육의 대부분은 정부 지원을 받을 수 없다는 점을 명심하자.

또 농사짓는 실습이나 황토집 짓는 강좌 등 다양한 교육이나 실제 농촌에 가서 소득을 올릴 수 있는 가공이나 민박, 향토 음식에 대해 전문적인 지식을 쌓는 것도 40대에 준비해야 할 사항이 될 수 있다. 가급적 귀촌 지역은 40대에 선정하는 것이 좋다.

50대부터는 구체적으로 귀촌 지역을 방문하고 또 지속적으로 방문하고 서로 간의 신뢰를 구축하는 것이 중요하다. 또 귀촌해서 무엇을 할 것인가가 구체적으로 나와야 한다. 그리고 부부가 같이 가야지 남편이나 부인 혼자서 가는 것은 큰 어려움이 따른다.

60대에는 조금 늦은 감이 있어도 가서 쉬고 재미있는 생활을 한다고 생각하면 좋다. 전국에 수많은 휴경지나 빈집이 있으며 이것들은 한국농어촌공사의 농지은행(www.fbo.or.kr)이나 온비드에 가면 찾을 수 있다. 이 농지은행을 이용하면 적은 돈으로 만족할 수 있는 농지를 임대하고, 온비드는 주택을 임대해 사용할 수 있다. 중요한 것은 욕심을 버리고 안전한 먹거리를 도시 소비자가 안심할 수 있도록 재배해 나누어 먹는 방법이 농촌에서 지속적인 소득을 내며 살아가는 방안이라는 점이다.

60대 귀농은 존재하기가 어렵다. 취미농이나 텃밭농에 만족해야 한다. 60대는 귀촌이 적합하지 귀농은 아니다. 귀농해서 감당하지 못하니 체력적인 한계를 극복하려다 요절하는 사례도 보았다. 자신의 능력과 나이, 체력에 맞는 선택을 하는 사람은 현명하다.

은퇴 후 귀농은 꿈도 꾸지 마라

은퇴 후 처음부터 귀농을 준비하고 농사짓는 사람은 '병조새'이다. 병조새란 '병신, 쪼다, 새끼'를 줄여서 만든 조어이다. 우리가 은퇴 후 가야 할 길로는 ① 경제적으로 안전한 삶, ② 저비용 고효율을 내는 삶, ③ 조금 느리지만 성공하는 삶 등 3가지가 중요하다.

현대 농업은 과학의 최첨단에 위치한다. 과거처럼 적당히 농사짓고 살아가는 시대는 끝났다. 1970년대는 농사를 경영하면 30원을 투입해서 100원의 이익을 냈다. 하지만 지금은 70원을 투입해야 100원의 이익을 낼 수 있는 시대로 깊숙이 진입해 있다. '시골에 가서 농사나 짓지'. 천만의 말씀 만만의 진딧물이다. 현대의 도시 공장에서 물건 찍어내는 것과는 거리가 멀다. 공장과 같은 구조를 원한다면 비닐하우스의 시설농업을 하자.

친환경 노지露地 농업은 하늘과 땅의 조화와 인간의 기술이 만드는 예술품이기 때문이다. 또 기본적으로 1년에 한 번 할 수 있는 일이다.

즉 기후, 기상, 토질, 토양이 사람의 정성과 만나 생산하는 것이다. 다시 말해 5가지 조건이 일치해야 농사는 성공한다.

현대 과학이라는 말이 들어가면 여기에 노동력, 자본력, 경지면적, 첨단기술, 경영기술이라는 5대 요소가 융합된다. 농업으로 돈을 벌려면 10가지 요소를 잘 조합하고 궁합이 맞아야 한다. 따라서 규모화된 기업농의 경우는 3~5년에 한 번 대박 나면 성공한다.

실제 대관령 주변 부농의 경우를 보면 씨앗 값만 5000만 원 정도 들어가고 농기계, 퇴비, 비료, 농약, 시설 등 5억 원 이상이 투입된다. 가격곡선과 시장출하기의 타이밍이 좋으면 30억에서 40억 원의 매출을 올린다. 기회비용과 인건비 등 총비용을 전부 제하고도 20억 원 이상의 소득을 올릴 수 있다. 3년에 한 번 대박이 터져주면 정말 고마울 따름이다. 아무리 종교에 심취해도 자연은 나와 늘 함께하지 않는다.

초기에는 도시에서 귀농귀촌 공부해서 얻은 농업 지식을 제외하고는 아는 것이 없다. 그래서 경험치가 축적되는 약 5~10년간은 귀농자歸農者가 잘할 수 있는 일은 많지 않다. 이들이 농사를 프로 수준으로 경작하기 위해서는 최소 5~10여 년이 걸린다.

어느 정도 규모여야 먹고살 수 있나? 최소 3000평 이상의 농지와 약 1억 원 정도의 농기계를 보유해야 한다(3000평, 약 1ha를 구입하려면 평균 3억 원 정도 자금이 필요하다. 여기에 집과 농기계, 초기 운영자금을 계산한다면 5억 원 정도가 투입된다고 볼 수 있다). 2013년도 통계를 보면 0.48ha가 귀농자 평균 경작면적이고 농민의 평균 경작면적은 1.8ha 정도이다. 게임이 안 된다. 농지가격을 확보하려고 노력하면 할수록 지가

유상오의 귀농귀촌형 인생설계 기준표			
구분	중점 투자기	귀농귀촌기		가족 역할
10대	공부	부모의 관심과 자연관 주입		정보+투자
20대	취업	문화와 생태에 관심		노력+스펙
30대	결혼+주거	노후 준비 1단계: 은퇴 준비		저비용 고효율
40대	자녀교육	텃밭농사+도농교류: 추상적 귀농 준비		안전+안심+신선+신뢰받는 농산물 애용 / 은퇴 준비
50대	퇴직+창업	귀촌 준비+귀농+지역 적응		구체적 귀촌 준비와 실천
60대	자녀결혼	소득창출+참살이		6차산업 / 농촌관광사업
70대	부모 사망	건강관리+은퇴설계		이소연과 함께 살기
80대	경제 불안	시골살이 정리 / 도시 이주		국가에 의지
90대	건강 악화	복지생활	병원생활	노후 복지 활용 / 의주 근접
100대	사망	죽음 준비	임종	자식에 의지 / 유산 정리
사후		유언은 80대 정리		9988234

는 올라간다.

선귀농이 아니라 선귀촌이 되고 도시에서 하던 일과 연관된 일, 취미, 봉사로 지역 일체감을 만들고 이후에 농사지어도 늦지 않다. 그래서 선교육 후귀촌, 선귀촌 후귀농이 되는 것이다.

먼저 기억할 사항은 서둘지 말라는 것이다. 농사는 때와 장소, 자연을 기다리는 인내와 나의 궁합과 정성이 맞아야 성공할 수 있다. 먼저 빠르게 갈 수 있는 것은 내 안에서 벌어지는 일이다. 공부, 생각, 철학, 노력, 열정, 긍정, 비전. 이 밖에 모든 것은 타인과의 관계에 의해 결정된다.

은퇴 후 처음 귀농해서 뭔가를 빠르게 이루겠다는 자신만만한 사람. 그는 병조새(병신+쪼다+새끼)이다. 남들한테 이 말을 들으면서 실패

해서 업신여김당하기 싫다면 도시에서 열심히 교육받고, 정보를 수집하자. 자신이 잘할 수 있는 일과 농업·농촌·농민과 결합하고 봉사하면서 자신의 입지를 농촌에서 찾아라.

귀촌생활, 3000만 원으로 충분하다

만약 도시에서 은퇴 후 40년을 보낸다고 결정한다면 긴축과 저축, 피 말리는 투자전략과 보험, 그리고 주거의 포트폴리오 등을 지루하고 고통스럽게 준비하며 장기 대비책을 마련해야 한다.

이제 돈 많이 들고 점점 초라해지는 노후를 보내는 도시에서의 은퇴 방법을 과감히 정리하고 아름다운 자연과 훈훈한 인심이 살아 있는 전원생활을 준비하자. 들어가는 비용은 3000만 원으로 충분하다. 사람들이 살지 않는 과소지역으로 가자. 한계농지와 빈집을 1000만 원을 들여 임대하자. 그리고 1000만 원으로 민박을 하고 된장과 고추장을 담그고 발효액이나 효소차도 만들고 전통주도 익히자. 도시에 사는 친척이나 친구, 직장 선후배에게 안전하고 신선한 농산물을 공급하자. 10가구에게 무농약 농산물을 공급하고 민박을 경영한다면 연소득 1500만 원 정도가 나올 것이다. 나머지 1000만 원은 미래를 위해 투자해놓자. 도시의 자산은 있는 그대로 장기 복리로 돌리는 방안을 생각하자. 노후에는 어떤 일이 어떻게 일어날지 아무도 모른다.

좀 더 구체적으로 3000만 원에 대해 살펴보자. 먼저 삼등분을 하

자. 주거에 1000만 원, 농사 및 생활에 1000만 원, 비상금 1000만 원으로 삼등분하자.

첫째, 주거 마련은 현지에 가서 살펴보자. 귀농귀촌협의회나 마을을 직접 방문해서 접촉해보고 임대한 후 구입하는 지혜를 살리자. 한국농어촌공사 농지은행(www.fbo.or.kr)에 들어가면 다양한 매물을 검색할 수 있다. 초기에 바로 농촌에 집이나 전답을 사는 사람은 바보이다. 바로 사서 후회해봐야 아무도 이해해주지 않는다. 먼저 농지은행이나 시군 귀농지원센터에 연락해서 빈집과 텃밭을 임대해야 한다. 임대료는 1000만 원이면 충분하다. 이것보다 비싼 3000만~1억 원 하는 집과 전답은 규모화를 요하는 것이고 농촌의 어메니티가 떨어지는 곳이 대부분이다. 가급적 과소화되고 주변 경관과 농지를 갖춘 어메니티가 있는 곳을 주의 깊게 보는 것이 바람직하다.

시골에 직접 가서 보면 1000만 원으로 집을 찾기는 쉽지 않을 테지만, 잘 찾아보면 적은 것도 아니다. 다음과 같이 대부분 산촌과 어촌이 연관되는 곳에 많이 있다(72페이지 표 참조).

이들 지역의 특성은 도시에서 멀리 떨어진 지역으로 잘 찾아보면 1000만 원으로 주택과 전답을 임대해서 농사지을 수 있는 곳이 있다. 이 지역의 특성은 백두대간과 소백산맥 주변의 산촌이거나 바다에 접한 오지가 많다. 앞으로는 이런 지역에서 경관과 여유를 갖고 친환경 농업을 하면 성공할 가능성이 높다. 또 이 지역은 지자체에서 지원하는 프로그램이 많다는 것이 특징이다. 인구 감소를 만회하기 위해 다양한 지자체의 귀농귀촌 시책을 마련하는 대표 지역이기 때문이다.

도별 귀농귀촌 유력지	
도별 구분	**유력 지역**
강원도	양구, 인제, 홍천, 정선, 영월, 삼척 * 전인화가 아니라 양인화(양구, 인제, 화천) * 김영삼이 아니라 정영삼(정선, 영월, 삼척)
충청북도	옥천, 보은, 단양, 영동, 괴산 * 옥보단은 영괴다
충청남도	금산, 부여, 청양 * 금부처
경상북도	봉화, 영양, 청송, 상주, 문경 * BYC SM
경상남도	남해, 창녕, 의령, 고성, 통영 * 남창의 고통 지리산 주변지역: 하동, 함양, 합천, 거창, 산청 * 3H는 거산이다
전라북도	무주, 진안, 장수, 완주, 고창, 순창, 임실 * 무진장 완고순임(고스톱 칠 때 무진장 one go 순)
전라남도	장흥, 보성, 고흥, 완도, 해남, 진도, 강진, 무안, 신안, 영암, 구례, 담양, 곡성 * 장보고 완해진 강무신 영구담곡
제주도	한경, 표선, 안덕, 조천 * 한표안조

* 외우기 쉽게 도와주는 팁

둘째, 1000만 원으로 농사를 지어야 한다. 농사는 먼저 10명의 가구와 네트워킹을 마련해야 한다. 이들로부터 미리 친환경 먹거리를 제공한다는 약속을 받아야 한다. 구체적인 내용은 뒷부분에 자세하게 설명해놓았다.

기본적인 생각은 일본에서 유기농 직거래를 하는 귀촌 가구와 유사하다. 먼저 도시농업에서 친환경 유기농이라는 가능성을 보여준다. 다음 귀촌 후 그곳에서 생산하는 다양한 농산물을 생산해 여름과 가을에 택배로 보내준다. 여름휴가는 농촌에서 보내고 2박과 식사를 책임진다. 가을에 김장과 겨울에 고추장, 된장을 함께 만들어 가지고 간다.

이 정도로 해서 100만 원을 선불로 받는다. 지금같이 먹거리 불안이 화두인 시대에 안전한 먹거리를 안심하고 먹을 수 있다는 것은 큰 만족이다. 더구나 여름휴가까지 마음 맞는 사람과 보낸다는 것은 큰 기쁨이기도 하다.

10가족에게 미리 100만 원씩 1000만 원을 받아 이것으로 농사를 짓는다. 가급적 품종은 다양하게 하고 도시 지인에게 참여를 독려한다. 이것이 성공 비결이다. 자신이 준비한 1000만 원은 가급적 사용하지 않는다. 보통 유기농으로 한다면 최대 부부가 1000평 정도는 농사 지을 수 있다. 하지만 초기에는 농지 욕심을 내지 않고 적당히 쉬엄쉬엄 하고 고객관리에 치중하는 편을 권한다.

한 가족이 100만 원을 낸다고 산정해 그 명세를 보자(74페이지 박스 참조).

이만큼의 농산물을 유기농으로 공급한다면 결코 서울에서 사기 어려운 가격이다. 최소 150만 원 이상은 족히 들 것이다. 이것을 100만 원에 공급한다면 10가족 모으기는 그리 어렵지 않다. 단지 중요한 것은 어떻게 모임을 잘 지속해나갈 것인가 하는 것이다. 그리고 유기농으로 안전하고 소비자가 안심할 수 있도록 정성으로 재배해야 한다.

셋째, 1000만 원은 예비비로 준비해놓아야 한다. 농촌에서는 돈을 벌려면 오히려 돈이 들어가고 규모화가 되면 돈을 낭비하게 된다. 철저하게 소농구조와 가족 자경농이 되어야 경쟁력이 있다. 1000만 원은

100만 원 내역서

- 휴가비용: 40만 원(4인 2박 6식 자연산 닭백숙)

- 김장비용: 20만 원(4인 유기농 배추, 총각김치, 무김치)

- 고추장, 된장 비용: 10만 원(유기농)

- 채소 및 농산물 공급: 20만 원(유기농, 쌈채, 계절음식 외 4회 공급)

- 각종 술 공급: 10만 원(복숭아주, 매실주, 오디주 등 2리터 공급)

- 그 밖에 과일, 고사리, 산채 서비스

예비비로 남겨두면 좋다. 이렇게 농사를 한 2~5년 정도 짓고 진짜 마을이 좋고 농사가 좋다면 농지를 사도 좋다. 하지만 바로 농지부터 사면 후회하기 쉽다. 이 점만 명심하면 된다.

그러면 도시의 집과 재산은 어떻게 하나? 그것은 월세를 놓자. 그리고 월세로 80세 이후 경제력이 없을 시기를 대비한 원금보장 장기 복리상품에 가입하자.

어렵지만 시골에서 스스로 살아가는 방안을 만들자. 처음부터 농경영을 하려 들지 말고 이 집 저 집 날품 팔며 아르바이트를 하자. 시골에서 살려면 절약을 해도 한 달에 100만 원 정도는 든다. 부부가 월소득 100만 원을 만들면서 정보와 가치, 어떻게 살 것인가에 대한 현실적인 감각을 잡는 것이 요구된다.

시골에서도 여전히 경조비는 나갈 것이다. 하지만 도시의 1/3 수준에서 경조비가 부담될 것이다. 결국 집 있는 대부분의 사람이 모도시에서 월세를 놓고 심리적인 부담을 덜고 마음 편히 시골에 내려와 살면서 배우고 유기농산물을 재배·유통해서 국민 건강과 자신의 노후를 보낼 수 있는 사회 시스템을 만드는 것이 중요하다.

생활은 조금 불편해도 마음 맞는 사람과 자연의 넉넉함, 느림의 미학으로 생활 문화를 만들어보자. 일이 있어 좋고, 소득이 있어 행복하고, 자식 같은 농작물이 자라고 수확을 맛보아서 기쁠 것이다.

건강과 돈, 일이 없으면 인생은 초라해지고 외롭고 고독해진다. 앞에서 설명한 일소대부건(일하지 않으면 소득이 없고, 소득이 없으면 대안이 없고, 대안이 없으면 건강을 잃는다)이 될 것이다. 도시에서 무료급식이나 받고 종각에서 천안까지 지하철 1호선을 타고 왔다 갔다 하는 것보다 열심히 일해 연수 2000만 원을 만들고 건강하고 자신감 있게 사는 방법이 좋지 않은가. 초라한 노후는 자신뿐만 아니라 국가도 가난하게 만든다. 결국 스스로 자조적 복지를 만들어가는 개념이 귀촌하는 방안이다.

3000만~1억 원으로 평생을 살아가면서 늙어서 국가의 부담을 줄여주며 스스로 행복하게 살아가는 방법을 빨리 독자들이 찾았으면 한다. 국가에서도 노후 복지는 스스로 노력하고 사회에 건전하게 기여하는 사람들에게 먼저 혜택을 주는 방향으로 전환하는 것이 국가 이익과 사회 안정에 바람직할 것이다.

필자는 이를 위해 월 20만 원, 3~5년 정도 지원하고 총 20년 이상 농촌에서 정주할 경우 이를 탕감해주고 미달한 경우 연수에 따라 다시 국가에 배상하는 '귀농귀촌 안정자금' 지급을 제안한다.

'교동공장'이면 지역 적응도 끝

　　　　　　　　　　도시에서 귀농귀촌에 대한 낭만적인 꿈을 현실적으로 변화시키는 연습이 필요하다. 이것이 제대로 훈련되지 않으면 귀농귀촌에는 문제가 생긴다. 제일 먼저 생각해야 하는 점은 무엇인가?

　① 수입이 지속적으로 생겨야 생존 가능하다는 점이다. ② 유기농업으로 장래에 농사를 지을 준비를 철저히 해야 한다. ③ 초기 수입은 6차산업으로 획득한다(유통/직거래). ④ 농촌관광을 익히고 준비해 민박을 한다. ⑤ 주민과 함께할 소득원을 창출한다. ⑥ 농업을 원한다면 유기농을 한다.

　6가지 준비와 절차가 머릿속에 구상이 끝나면 귀촌해도 좋다. 귀촌을 한다면 어디가 좋은가? 2013년도 통계에 의하면 귀촌지는 경기도가 압도적으로 유리하다. 귀농지는 남부지방이 유리한 것으로 나타났다, 표를 보면 구체적인 순위를 가늠해볼 수 있다.

　귀농귀촌을 하려면 먼저 텃밭 딸린 집을 임대하자. 임대는 장기임대가 좋다. 어떻게 될지 모르니 장기임대하자. 가급적 5년 단위 전세로 하자. 주변 농민과 좋은 관계를 유지하기 위한 제일 좋은 방법이 품을 팔거나 서비스하는 것이다. 그들의 생활과 문화를 먼저 익히고 최대한

2013 귀농귀촌 유형별 시군 순위

순위	귀농+귀촌		귀농		귀촌	
1	가평군	1,483	고창군	194	가평군	1,436
2	파주시	1,227	상주시	184	파주시	1,166
3	양주시	1,100	신안군	141	양주시	1,076
4	화성시	1,055	해남군	139	화성시	969
5	남양주시	936	밀양시	139	남양주시	886
6	홍천군	925	양평군	138	포천시	821
7	포천시	898	고흥군	137	홍천군	799
8	영동군	756	영천시	137	진천군	673
9	양평군	730	제주시	135	영동군	638
10	진천군	715	서귀포시	133	양평군	592
11	고창군	689	의성군	132	음성군	566
12	음성군	650	남원시	130	용인시	511
13	용인시	542	나주시	129	고창군	495
14	청원군	534	청도군	129	청원군	456
15	제주	472	김천시	128	안성시	375
16	안성시	455	창녕군	127	보은군	363
17	횡성군	449	홍천군	126	강릉시	362
18	충주시	447	예천군	124	충주시	357
19	보은군	447	성주군	120	횡성군	341
20	완주군	414	영동군	118	영월군	334
21	강릉시	412	논산시	118	평창군	311
22	평창군	405	정읍시	118	완주군	302
23	영월군	398	괴산면	115	단양군	286
24	단양군	381	부여군	115	옥천군	267
25	함양군	368	거창군	115	함양군	263
26	옥천군	364	완주군	112	여주시	231
27	상주시	349	안동시	112	김제시	217
28	여주시	304	봉화군	109	괴산면	179

29	의성군	296	하동군	109	부안군	174
30	괴산면	294	횡성군	108	이천시	168
31	김제시	288	영주시	108	상주시	165
32	남원시	285	장성군	107	의성군	64
33	창녕군	283	무안군	106	광주시	163
34	영주시	263	함양군	105	제천시	156
35	서귀포시	258	장수군	104	창녕군	156
36	이천시	253	금산군	103	남원시	155
37	해남군	248	진안군	101	영주시	155
38	봉화군	241	순천시	100	양양군	146
39	부안군	240	합천군	99	당진시	146
40	하동군	240	공주시	98	원주시	142

동화되도록 노력하자. 결코 쉽지는 않다. 중요한 것은 처음부터 이질감을 주면 귀촌은 가능하지만 귀농은 결코 쉽지 않다는 점이다.

귀농귀촌해서 동네에 잘 적응하는 방법이 있다. 알기 쉽게 '교동공장'이라고 말을 만들었다. 교동에 있는 공장이라고 외우면 편리하다. 첫째, 교동공장의 '교'는 교육받아야 한다는 것이다. 농식품부도 주민 갈등과 친교를 위해 사이버 교재도 만들고 교육을 추진 중이다.

이 분야에서는 필자와 성여경, 황해룡, 정성근, 김용근 등이 스타 강사이다. 강의 한두 번 받아서는 곤란하고 지속적인 교육과 관계 개선을 위해 노력해야 하는데 제일 좋은 점이 작은 규모의 공동사업을 하면서 문제점을 개선해나가는 것이다. 즉 지역 농민들이 생산한 물품을 6차산업을 활용한 가공, 유통, 판매, 축제, 민박 등을 하는 것이 성공의 첫 단추이다. 반농반도사半農半都事(반만 농사짓고 반은 도시에서 하던 일과 농업·농촌·농민과 결합시켜 소득을 창출하는 일)를 통해 다양한 부가가치를 만들면 월 100만 원을 충분히 벌 수 있다. 이것의 자세한 내용은 필자의 졸저 《3천만 원으로 은퇴 후 40년 사는 법》에 소개했다.

둘째, 교동공장의 '동'은 동네 사람들과 친교하고 마을에 봉사하기다. 마을은 폐쇄적이고 문 닫은 곳이면 반드시 망한다. 망하지 않기 위해서는 사람들을 설득하고 봉사해서 마을 사람들의 마음의 문을 열게 해야 한다. 이것이 싫다면 귀농귀촌지를 잘 선택하자. 현재 3만 5900개의 행정리 중 약 13% 정도의 마을 가구 수가 20호를 넘지 못하고 계속 줄어들고 있다.

셋째, 교동공장의 '공'은 공무원이나 공공의 멘토를 만들기다. 마을에 살다 보면 사실 주민들과 조화되기가 어렵다. 수십 년 한 생각, 한 길만을 걸었던 식물 같은 사람과 다양한 문화와 세계화와 금융자본주의의 최첨단을 걸었던 동물 같은 도시민이 어울리기란 쉽지 않다. 그래서 어려운 점이나 문제점이 있으면 공무원이나 농협, 농어촌공사 등 공공의 도움을 받아라. 지역의 슈퍼 갑은 공무원이다. 지역 적응과 갈등의 관리에 수월해질 것이다. 문제가 터져 후회하지 말고 자주 접촉해 친구 같은 관계를 유지하자.

넷째, 교동공장의 '장'은 장기 아르바이트하기다. 마을 근린에서 6개월 이상 장기 알바를 하자. 가능하면 선도농가, 독농가, 강소농가에서 하자. 그리고 귀농귀촌 현장지원실습을 받으면 금상첨화다(월 80만 원, 5개월간 농업을 익히는 정부 지원제도로 매년 초 농업기술센터에서 신청).

농촌은 보통 1년 단위로 일이 완결되는 구조이니 1~2년 정도 해보면 가는 길을 알고 자신의 컬러를 집어넣어 창업도 가능할 것이다. 그 과정에서 지역에 또 다른 멘토를 얻게 될 것이고 똥오줌도 가리게 된다. 이 정도면 자신의 실력 발휘를 농업이나, 농촌이나 농민 분야에서 할 수도 있다. 반농반도사와 6차산업과 결합해 비로소 소득도 낼 수 있다. 한마디로 지역 적응력을 갖춘 디지털 신농민이 탄생하는 순간이다.

'교동공장'의 실행 과정에서 일과 취미와 봉사를 실천하고 자신의 건강을 지키고 가족과 지인들에게 안전한 먹거리를 생산해 직거래를 통한 감사의 마음을 전할 수 있다. 이것이 필자가 주장하는 '자조적 복지'이며 마을 단위에서 한다면 '21세기 새마을운동'이자 '자립적 갱생'이다.

우리가 은퇴귀촌을 생각해야 할 이유는 다음 세대에게 도시에서의 일자리 기회를 제공하기 위함이다. 또 사회적 만족감을 극대화하고 개인의 노후 행복을 스스로 찾는 방법이다. 다음에 설명하겠지만 은퇴귀촌은 노후자금 문제와 농촌 과소화를 해결하는 출구이다. 개인의 자존감을 높이고 건강과 돈, 가족 행복, 일자리 창출 등 다양한 성공 가능성을 보여주는 방안이다.

무엇보다 중요한 것은 도시에서와 같이 못 벌고 돈 쓰는 빈곤창출형 구조가 아니라는 점이다. 최소 농산물을 생산하고 먹거리 안전을 담보하는 현상유지형 구조이기 때문에 노년층의 경제적 안정에 기여한다. 여기에서 출발해 자신이 적응하고 창조한다면 노후에 연 2000만 ~3000만 원의 고소득을 창출할 수 있다. 80세까지 3억~5억 원을 저축하자. 그래서 남은 인생을 떵떵거리며 살아가자.

2장

귀농귀촌,
우습게 보지 마라

· · · · · · · · ·

귀농귀촌, 무엇이 어려운가?

귀농귀촌, 교육받는 사람이 성공한다

준비에서 자립까지, 귀농귀촌 5단계

귀촌지 선정이 가장 중요하다

귀농귀촌 준비 8계명

귀농귀촌,
무엇이
어려운가?

귀농귀촌의 고민 3·3·3

　　　　　　　　　　귀농귀촌을 준비하는 도시 사람들의 고민은 3가지다. ① 어디로 가나? ② 가서 무엇을 하나? ③ 어디서 사나? 고민하는 과정에서 한없이 천진난만한 동심 속의 소년, 소녀가 된다. 낭만과 상상으로 만든 피터팬이나 신데렐라의 꿈을 그려본다.

유행가 가사처럼 저 푸른 초원 위에 그림 같은 집 혹은 언덕 위에 하얀 집을 짓고 사랑하는 가족과 웃으면서 살아가는 꿈에 미소가 흐른다. 고민의 본질은 소득과 관계되지만 현실은 '무슨 색 집을 지을까'로 흐른다. 이 단계에서 욱~ 하는 성질을 못 이겨 몇 군데 둘러보고 현지 '원주민 공인중개사'에서 집과 밭이 있는 땅을 사며 크게 질러버린다. 기왕 버린 몸, 구옥 허물고 새집 멋지게 빨리 건축한다. 벚꽃이 휘날리는 날 지인들을 초대해 와인과 스테이크, 삼겹살 파티를 할 때까지가 최고로 행복한 순간이다. 친구들은 말한다. "너는 나의 이상과 꿈을 만족시킨 최고로 멋진 놈이야!" 눈물이 날 정도 친구가 고맙고 그간 어려움이 다 사라지는 것 같다.

파티의 정점, 그런데 여기서부터 대부분 문제가 생긴다. 시골에 와서 "내가 내 돈 들여 파티하고 친구와 지인, 가족 불러 내 집에서 모임 하는데 무슨 문제가 있냐?"라고 반문할지 모른다. 도시에서는 아무런 문제가 없다.

하지만 시골은 다르다. 동네에는 웃어른과 아래가 있고 콩 한쪽이라도 나누어 먹는다. 떡 돌리고 인사하는 문화는 고사하고, 무척 바쁜 농번기에 노래에 냄새에 웃음소리가 메아리친다. 마을 전체가 화기애애하고 기분 좋아야 하지만 고기 한 점, 막걸리 한 잔 권하지 않는 차가움에 시골 사는 어르신들은 심기가 불편하다. 그때부터 김건모 노래처럼 '잘못된 만남'으로 빠지기 시작한다.

귀농귀촌 초기 정착에서도 3가지 고민이 있다. ① 동네 사람들과 만남이 어색하다. ② 맨날 보는 게 그게 그렇고 무료해 죽겠다. ③ 왜 이렇게 마을에선 귀찮게 요구하고 나오라는 것이 많으냐.

한마디로 시골 정서와 문화 풍토를 몰라서 그렇다. 여기까지 가면 보통 불평불만이 나온다. 이판사판 대화가 단절되고 몇 번 주민들과 옥신각신하면 주민들은 조용히 보고만 있다. 약점이 나올 때까지 월척을 기다리는 강태공이 된다. 매일 주민들끼리 접선을 하고 동향 정보를 공유하고 한번 세게 골탕을 먹일 준비를 한다.

농촌에서는 이장의 힘이 절대적이다. 이장도 한패가 되어 대동단결하여 간첩 소탕하듯 대사를 모의한다. 이미 연대협력이 되어 면사무소, 농협, 군청은 귀농인의 소문이 흘러들어 가 잘 알고 있다. 귀농귀촌인 집에서 불법 형질변경을 한다거나, 산에서 약초를 캐 온다거나, 무단폐기를 한다거나, 쓰레기를 태운다거나, 음주운전을 한다거나 뭔가 건수가 있으면 바로 신고 들어간다. 신고 하면 대한민국 신고 정신이 세계 최고 아닌가.

지역민이 하는 것은 로맨스, 귀농귀촌인이 하는 것은 불륜이다. 공동체와 다른 귀농인을 용납하지 못한다. 맞대응하기도 쉽지 않다. 홈그라운드의 이점을 최대한 활용하기 때문에 귀농귀촌인들이 적절한 수단을 구사하기도 어렵다. 만약 전면전이 벌어진다면 대규모 전투가 벌어져 백병전까지 갈 것이다. 이 싸움에서는 승자도 패자도 없이 모두가 피투성이가 될 것이다.

몇 년 살다 보면 귀농 적응에도 고민이 3개 정도 생긴다. ① 돈을 벌기가 쉽지 않다. ② 정부 지원받기도 어렵다. ③ 마음 비우고 살자니 어쩐지 서글프다. 이런 고민은 절대 현지에서 풀 수 없다. 도시에서 귀농귀촌 준비기에 가족과 함께 풀어나가면서 마을과 조화롭게 살 방안을 마련해야 한다. 하지만 교육받지 않고 잘난 맛에 시골 내려왔는데 제대로 되는 것이 아무것도 없는 것은 당연지사이다.

지금부터라도 마을 일에 봉사하자. 일과 취미를 잘 살리고 건강과 소득을 내는 것이 즐거움이 되어야 한다. 봉사는 마을 감정을 희석시킨다. 하지만 이미 물든 선입견은 그 땅에서 떠날 때까지 동백 아가씨처럼 채색되어 있을 것이다. 앞에서 말한 '일소대부건'이 긍정적으로 작용해야 한다. 시골은 보통 사람들이 선뜻 접근하기에는 무리가 있다. 그래서 귀농귀촌 교육을 반드시 받아야 한다.

귀농귀촌 7대 실패요인

귀농귀촌을 실패하는 유형을 7가지 정도로 정리해보았다. 여러 내용을 들어도 요즘은 그냥 잊어버리는 경우가 많다. 그래서 쉽게 외우는 방법을 생각해냈다.

우리는 중장년이 되고 나이가 들면 머리카락에 신경을 쓰게 된다. 모발이 까맣고 머리숱이 많은 사람은 호감하고 부럽기까지 하다. 모발은 젊음의 상징인 양 소갈머리가 부실한 사람은 죄지은 사람 모양으로 왜소해진다. 그래도 소갈머리가 부실한 사람도 살아야 한다.

'소갈머리가 부실'한 사람들이 귀농귀촌에 실패하는 유형이다. 또 필자가 무슨 말을 하는지 읽어보자. 소갈머리가 부실하지 않게 노력하자.

소: 소통이 힘든 사람(마을 사람들과 소통이 먹통인 사람)

갈: 갈등을 유발하는 사람(쉽게 해결하지 못하는 사람)

머: 머니(돈)가 부족한 사람(최소 생존 능력이 어려운 사람)

리: 이해력이 없는 사람(마을 관계+가족 관계+작물 관계)

가: 가족 동의 없이 귀농귀촌한 사람

부: 부정적 사고를 가진 사람

실: 실패나 어려움을 극복하려는 정신이 부족한 사람

귀농귀촌 초기 정착 과정
6대 곤란요인

귀농귀촌을 해서 처음 정착할 시기에는 여러 가지 어려움이 많다. 아는 사람도 하나 없고, 연고도 전혀 없는 지역으로 이주한다면 더욱 힘들다. 만약 연고가 있다면 어려워도 비빌 곳이 있는 곳으로 가는 것이 현명하다.

한국 사람은 사람을 안다는 것과 모른다는 것에 차이도 크며 결과적으로는 무척 중요하다. 직접 시골에 가서 민원을 처리하는 처지라면 온도 차이를 극명하게 느낀다는 사람들이 많다. 한마디로 달라도 너무 다르다.

처음 시골로 내려갔던 사람들의 귀농 유형을 보자. 무엇에 홀린 듯이 농지 사는 것이 급선무이다. 아무리 '선임대 후매입'을 외쳐도 일단 불안한 것이 해결되어야 마음이 편하다. 남들은 샀는데 나는 뭐하나 싶은 심정일 것이다.

내 것, 특히 땅이나 농지가 있어야 귀농에 성공할 수 있다는 의식이 사람들에게는 너무 강하다. 귀농을 준비하는 초기에 잘 모르면서 남들 이야기만 듣고 쓸모없는 땅을 공시지가의 10배 정도 주고 산다. 이것이 귀농귀촌을 실패하게 하는 큰 이유가 되지만 대부분의 사람은

이 말을 들으려고도, 믿으려고도 하지 않는다. 전문가의 말을 잘 따르면 자다가도 보조금이 생기는데 말이다.

초기에 잘못된 판단을 하는 귀농인들은 무조건 '자영농지에 상주'하는 것이 최상이라고 생각한다. 자기 농토에 발 뻗고 마음 편히 있는 것이 중요하다는 생각이다. 하지만 자영농지에 상주가 곤란한 경우가 많다. 왜냐하면 준비가 되어 있지 않고 효율이 떨어져 소득이 안 나오는데 자영농지에 상주만 해서는 곤란하기 때문이다. 결국 '자영농지 상주'를 해서는 귀농 초기 6대 곤란요인에 직면하게 된다.

자: 자금 부족

영: 영농기술 부족

농: 농지확보 곤란

지: 지역 선정의 기준이 없음

상: 상담창구가 전문화되지 못함

주: 주택을 마련하고 이사하기가 갈수록 어려움

귀농귀촌 8대 성공 방법

귀농귀촌을 성공하기 위한 8가지 방법은 무엇일까? 쉽게 외우는 법이 있다. 귀농귀촌을 성공하려면 무조건 귀농귀촌 공부방에 가입해서 외우고 또 따라 하는 것이 왕도이다. '무조건 공부방에 가입'하란다고 아무 사이트에나 가입해서는 곤란하다. 정보를 습득하는 것과 공부하는 것은 다르다.

농정원의 농업인력포털(http://www.agriedu.net)이나 농식품부의 귀농귀촌 사이트(http://www.returnfarm.com)에 가서 무작정 공부방에 가입하고 열심히 공부하자.

'무작정 공부방 가입'이 귀농귀촌을 성공하는 8가지 방법이다. 하나하나 살펴보자.

무: 무에서 유를 창조한다는 귀농귀촌 열정

작: 작목 선정(농촌에서 먹고살아 갈 소득방안[작목+6차산업]을 익힘)

정: 정부 정책을 알 수 있는 정보력(농업뉴스+농식품부 홈피 활용)

공: 공부, 공부 또 공부(교육+실습+훈련+경영)

부: 부를 축적하겠다는 마음가짐(시골에 대해 모르면서 투자하지 말기)

방: 방법의 적합성(지역 적응과 사회적 성장, 농장 경영과 부의 축적)

가: 가족 동의(가족이 납득해야 성공할 수 있음)

입: 입지 선정(살고 싶고 가고 싶은 곳이 명당)

귀농귀촌,
교육받는 사람이
성공한다

농촌생활 시작은 귀농귀촌 교육

귀농귀촌 준비는 빠르면 빠를수록 좋다. 만약 10년 후쯤 귀촌을 계획한다면 지금부터 차근차근 준비해야 한다. 100세 인생 중 50~60세부터 80세까지 농촌에서 20~30년 산다고 가정한다면 지금부터 준비하는 것이 현명하다. 현재는 과거보다 세월이 좋아 인터넷을 보면 웬만한 자료는 다 나와 있다. 먼저 도시 농업 자료를 정리하고 직접 원예나 정원 가꾸기, 텃밭농사, 베란다 및 옥상 농사를 경작해보자.

자료의 보고는 농촌진흥청(www.rda.go.kr) 사이트이다. 이 사이트에 가면 한국 농업에 관한 한 뛰어난 전문가가 될 수 있다. 또 1000여 명의 전문 박사에게 전화하면 전문적인 문제는 거의 해결된다고 보면

된다.

농업인을 위한 정보는 주간농사 정보, 농작업 일정, 작목기술, 유기농 정보, 병해충, 흙토람(토양 정보), 사이버 교육, 소득 정보 등이다. 피와 살이 되는 정보의 보고이다. 이 사이트를 미리미리 공부해두면 좋다. 다른 하나는 일반인, 즉 귀농귀촌인을 위한 귀농·텃밭·체험 정보이다. 이 사이트는 귀농귀촌 정보, 텃밭 가꾸기, 실내정원 꾸미기, 농촌체험, 어린이 체험관 등으로 구성되어 있으며 기본적인 정보를 알 수 있다.

또 연구기술 보고서를 받아 볼 수 있는데 인터러뱅은 매주 최신 정보와 관심, 미래 소득이 될 수 있는 부분을 종합해 보내주는 좋은 안테나 역할을 하고 이것도 2009년 자료부터 전부 볼 수 있다. 아울러 농서남북 사이트(lib.rda.go.kr/pod/)에 가면 최신 연구 동향, 연구 보고서, 국내외 농업 정보 등 전문가뿐만 아니라 일반인들도 중요한 정보를 얻을 수 있다. 정보 획득과 더불어 시간이 나면 전원 지역을 산책하듯 농산어촌을 체험하러 가자. 이것이 도농교류이고 1사1촌, 도농융합, 창조경제이다.

필자가 생각하는 귀농귀촌 준비 5계명이다. 시간을 가지고 여유롭게 전개하자. 모든 농사는 서둔다고 되지 않는다. 여유와 정성, 그때그때 필요한 것을 공급해주어야 결실이 온다.

텃밭농사를 시작하고 10평까지 늘려라

귀촌 계획이 수립됐다면 재미로 다양한 농산물을 재배하는 취미농 생활을 즐겨라. 가급적 면적을 3평에서 시작해 2~3년 경험을 통해 10평 품목을 10~20가지로 작물을 늘려보라. 너무 열심히 잘하려고 하지 말고 취미와 재미 그리고 이웃과 나눈다는 생각을 가지고 실행하자. 지나치게 큰 면적은 노동이지 취미가 아니다. 스트레스 없는 농사, 그것이 귀촌형 농업이다.

농소정사업에 참가하라

농소정사업이란 농민, 도시소비자, 정부가 농촌을 알리고, 가꾸고, 살리기 위해 만든 사업이다. 농림축산식품부가 주관하는 이 사업에 참여하는 여러 단체가 농촌체험을 하려고 전국에서 모여든다. 비용은 1인당 1만~2만 원 선. 버스로 이동하며 체험하는데, 밥도 주고 마을 소개도 해준다. 공무원, 마을 이장, 부녀회장 등 마을 유지들이 다 참석한다. 여러 마을을 다니다 보면 마음에 쏙 드는 마을이 생기게 된다. 그 마을을 재방문하고 진짜 마음에 들면 후원하고 관계를 지속하고 그 마을에 정착하자. 이것이 성공하는 귀촌이 된다. 가장 저렴하고 실속 있게 농촌을 방문하는 방법이다. 철도청의 공정여행도 같은 이치다.

다양한 인터넷 정보를 습득하라

웰촌닷컴, 흙토람, 온나라, 토지이용 규제, 귀농사모, 시골로 간 꼬마 등 다양한 정보가 인터넷에 있다. 이들 정보를 활용하라. 웰촌닷컴(www.welchon.com)은 약 1700개 전국의 자주력, 자조력이 있는 우수 마을을 소개해놓은 사이트이다. 이런 마을에 가면 좋다. 흙토람(http://soil.rda.go.kr)은 토양 정보를 상세하게 소개해놓았다. 전국을 지번 단위로 파악할 수 있고 적합한 농작물의 표식까지도 가능하다. 보물 같은 자료이다. 온나라(www.onnara.go.kr)는 국토해양부 지번도이다. 모든 지번이 네이버 위성도와 지번도를 합쳐 필지 경계를 명확하게 알 수 있으며, 각종 도시 계획과 정보가 포함되어 있다.

꼭 귀촌 교육과 컨설팅을 받아라

귀촌 교육은 점점 확대되어 바람직하게 정부가 진행하고 있다. 귀농귀촌 컨설팅 정부 지원제도가 현재 없지만 꼭 컨설팅을 받아야 한다. 자신의 계획이 적합한지 잘 계획되었는지 전문가의 도움을 받아야 성공할 수 있다. 컨설팅을 받을 때 전반적인 부분을 모두 문서로 제공하고 전문가의 코멘트도 문서로 받아야 한다. 그리고 가급적 약식 컨설팅 보고서를 받아 이것을 지침 삼아 활용해야 한다. 정부도 다시 귀농귀촌 컨설팅 제도를 부활시켜 이도향촌자移都向村者들에게 실질적인 도움을 주어야 한다.

도시의 끈을 더욱 공고히 하라

도시의 지인, 가족, 관계자는 자신의 농촌생활을 도와주고 먹거리를 팔아줄 조력자이다. 이들에게 신뢰를 형성하고 이들과 더불어 가는 것이 중요하다. 고객관리는 고객이 원하는 것을 해주는 것이다. 간단하다. 안전, 안심, 신선, 신뢰받는 농산물을 생산해 이들에게 공급해주는 일이 농촌에서 잘사는 길이다. 본인이 생산하지 않아도 된다. 다만 그 농산물이 2안2신(안전, 안심, 신선, 신뢰를 뜻하는 필자의 조어)에 적합한지 본인이 확인하고 확신이 들 때 고객에게 공급해야 한다.

실질적인 현장체험 교육

귀농귀촌인들이 가져야 할 개념 안

에 중요한 것은 농산어촌에 대한 공간적 특성 혹은 공간의 사회학을 이해하는 것이다. 즉 농림어업을 하는 농어민을 이해하고 농림수산업 생산 과정에 대한 인식이 전제되어야 한다. 농민, 농업, 농촌의 이해가 선행되어야 귀촌에 성공할 수 있다는 사실이다. 귀촌은 사회적 이민으로 단순한 농사 준비만 해서는 충분하지 않음을 인식해야 성공할 수 있다.

시골에 적응하기 위해서는 농촌과 농민, 농산물에 대한 장기간에 걸친 접촉과 이해, 협조 등 일체화 과정이 필요하다. 이를 위해 농식품부의 '농소정사업' 활성화와 이를 통한 다양한 농촌 접촉을 어린이 체험학습 시기부터 해나가는 것이 요구된다. 평생학습 구조 속에서 어린이의 농촌체험학습이 교육부에 의해 활성화될 필요성이 제기되는 대목이다.

농업은 농기술, 판매기술, 경영기술 등이 요구된다. 또 수요와 공급이라는 농산물 가격 결정구조를 이해하도록 교육시켜야 한다. 즉 가격 결정의 중요성과 농민이 많은 원재료를 생산할 경우 가격 결정은 농민의 몫이 아니라 유통업자가 결정한다는 사실을 인식해야 한다. 자신이 가격을 결정하는 것은 자신만이 생산하는 독창성과 희소성이 있고 시장이 인정해줄 때 비로소 가능하다.

한편 어디로 갈 것인가는 자신에게 적합한 마을을 선정하기 위해 많은 방문활동이 필요하다. 웰촌닷컴에 있는 약 1700개의 마을을 방문하는 것이 정답이다. 또한 전국 지자체의 특산품과 그 유통경로를 파악하고 지역의 키맨을 찾아낼 수 있어야 귀촌에 성공할 수 있다.

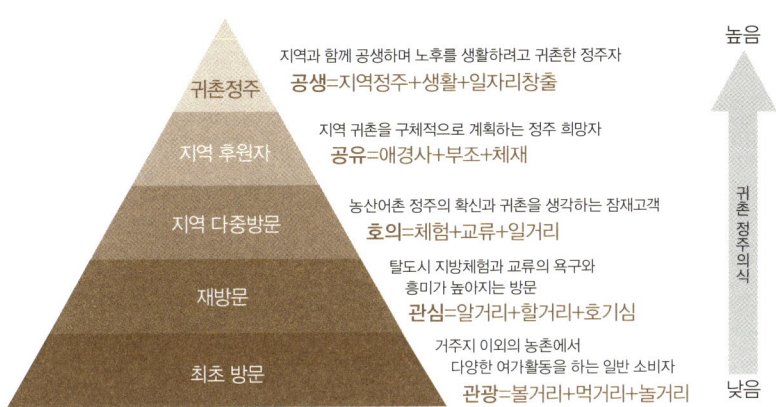

귀촌의 인식과 정주의식 변화		

귀촌정주 — 지역과 함께 공생하며 노후를 생활하려고 귀촌한 정주자
공생=지역정주+생활+일자리창출

지역 후원자 — 지역 귀촌을 구체적으로 계획하는 정주 희망자
공유=애경사+부조+체재

지역 다중방문 — 농산어촌 정주의 확신과 귀촌을 생각하는 잠재고객
호의=체험+교류+일거리

재방문 — 탈도시 지방체험과 교류의 욕구와
흥미가 높아지는 방문
관심=알거리+할거리+호기심

최초 방문 — 거주지 이외의 농촌에서
다양한 여가활동을 하는 일반 소비자
관광=볼거리+먹거리+놀거리

높음 ↑ 귀촌 정주의식 ↓ 낮음

이러한 과정을 표시하면 위 그림과 같다. 최초 방문–재방문–지역 다중방문–지역 후원자–귀촌정주까지의 5단계를 거쳐야 지역에 잘 정착할 수 있다.

실패하지 않는 귀농귀촌 3단계

선교육 후귀촌

제대로 된 귀농귀촌 교육을 받는다면 앞서 설명한 '9가지 문제'의 많은 부분을 미리 해소할 수 있다. 귀농귀촌을 알고 해야 하지만 90% 이상의 사람들은 귀농귀촌을 적당히 준비 없이 한다. 이런 귀농귀촌자는 반드시 필패한다. 농촌에서 산다고 성공하는 것이 아니다. 귀농인과 원주민, 서로에게 유익한 귀농귀촌을 모색하면서 농촌에서 갑(甲)으로 살아야 성공하는 것이다. 평지풍파 일으키고 남들이 손가락질하는데 거기서 잘살 수 없다. 혼자 '눈 가리고 아옹하는 것'은 도리도 아니고 순리를 걷는 것도 아니다.

베이비부머 은퇴가 본격화하면서 '인생 이모작'을 지원하는 귀농귀촌 프로그램이 속속 등장하고 있다. 정부와 지방자치단체 주도로 은퇴자 지원 귀농귀촌 교육이 그것이다. 정부는 농식품부와 농진청이 앞장서고 산림청이 뒤에서 후원하고 있다. 서울시도 서울시 농업기술센터와 25개 구청에서 귀농귀촌 교육을 지원하고 있다.

먼저 농식품부는 농정원(www.epis.or.kr)을 통해 교육하고 있는데 2014년도는 약 40개 교육기관에서 50여 개의 교육 프로그램을 운영하고 있다. 농정원은 애그리에듀(www.agriedu.net)에서 온라인으로 약 30여 개의 귀농귀촌 강좌를 개설했다. 누구나 로그인을 하면 강의를 쉽고 재미있게 수강할 수 있다. 농정원 온라인 교육은 귀농귀촌 교육 인정 시수의 2분의 1, 최대 50시간까지 포함된다. 즉 40시간짜리 온라인 교육을 이수하면 40시간짜리 이수증이 나오고 20시간을 인정받을 수 있다.

현재 농정원에서 인정한 귀농귀촌 교육 100시간을 이수하면 연리 3%, 5년 거치 10년 분할상환의 조건으로 2억 원의 귀농귀촌 창업자금을 융자받을 수 있으며 5000만 원의 주택건축자금도 같은 조건으로 대부해준다.

농진청은 귀농 전 단계 교육은 하지 않는다. 귀농 후 단계 교육에는 시군 농업기술센터, 시도 농업기술원에서 실시하는 교육이 있다.

2014년 귀농귀촌 지침상으로는 1박2일 관광 교육처럼 지역소개 교육은 융자 지원 교육시수에는 포함되지 않도록 농식품부에서 조정했다. 이것은 매년 상황에 따라 변화하는데 당분간은 이런 추세로 갈 전망이다.

귀농귀촌 교육받고 농촌으로 귀촌하는 것이 좋은 방법이다. 아무것도 모르고 농촌에 가서 농사짓는다고 해서 농사가 되는 것은 결코 아니다. 농사지을 준비를 해야 하는데, 먼저 마을 사람이 되는 것이 중요하다. 사람이 되어야 기술을 익히고 농업을 할 수 있다는 이치다. 시골로 간다면 함께 번영할 자세, 자조적 복지를 만들고 스스로 자립경제, 자력갱생할 수 있다는 신념을 가져야 한다. 따라서 '선교육 후귀촌'이 중요하다.

선귀촌 후귀농

교육받고 먼저 귀촌해서 살자. 귀촌한다는 것은 생활공간과 활동반경을 농촌으로 이동한다는 것이다. 도시를 동물이라고 비유하고 농촌을 식물이라고 가정한다면 동물에서 동물+식물의 형태로 자유로운 이동에서 제약을 받는다는 말이다. 직접 1차 농업은 하지 않지만 가공이나 유통, 판매, 농촌관광, 축제, 민박, 직판, 꾸러미사업 등 다양한 사업 형태로 서서히 농업에 다가가자.

귀농인과 귀촌인을 구분하는 정의는 다음과 같다. 귀농인은 통계작성 기준일 현재(매년 11월 1일) 1년 전 주소가 동洞 지역이고, 현주소가 읍·면 지역인 주민 중에서 농업경영체등록명부의 경영주, 축산업등록명부의 종축업자·사육업자·부화업자, 농지원부의 농업인으로 신규 등록한 자라고 정의한다. 귀촌인은 전원생활 등을 목적으로 농어촌으로 이주한 자이다. 단, 회사원, 교사 등 별도 직업이 있는 경우는 제외된다.

먼저 시골생활에 잘 적응하는 것이 여러 면에서 좋다. 너무 빨리 진도 나가지 말고 요모조모 살펴보면서 주변인으로 존재하는 것이 좋다. 마을에 서서히 접근하고 봉사로 인지도를 높이는 것도 하나의 방법이다. 고등학교 친구 중에 너무 쉽게 진도 나가 패가망신한 결혼, 여러 번 보았다. 결혼은 개인과 개인의 문제이지만 귀농귀촌은 가족의 문제이다.

신중하자. 신중하면 돈이 쌓이고 실수하지 않는다. 귀농귀촌 교육에서 배운 대로 하면 반은 성공한다. 교육은 기관 선택이 중요하다. 아무 교육기관에서 무턱대고 배우면 문제가 있다. 농정원 교육을 3년 이상 실시하고, 평가에서 B등급 이상 받는 교육기관을 선택하는 것도 하나의 요령이다.

귀촌이 되고 마을 사람들이 인정하고 자신도 마을이 좋다면 그때 귀농해도 늦지 않다. 귀농한다는 것은 농업을 주목적으로 해서 산다는 것을 의미한다. 가급적 45세 이하 젊은 향촌(向村)은 귀농을 권장한다. 하지만 50대 중반 이후는 귀농보다 귀촌 형태와 반농반도사하는 구조로 경제생활을 영위하는 것이 바람직하다. 늙어서 개고생한다고 남이 알아주는 것도, 돈 버는 것도 아니다.

귀촌에서 귀농으로 터닝 포인트가 되는 기준점이 있다. 하나는 과소지역에 있어서 마을 직책을 맡기는 시점이다. 마을의 이장, 지도자, 반장, 부녀회장 등 요직을 맡으라고 권하는 시기다. 그리고 이 사람 저 사람 마을 땅을 소개해주는 시기다. 시골의 폐쇄성과 외부인에 대한 불신이 어느 정도 해소됐다는 것을 의미한다.

시골생활은 나무와 같아 그 자리에서 인내하는 것이 미덕이다. 현지 인들은 그렇게 살아오고 있다. 하지만 귀농귀촌인들은 끊임없이 이동 하는 동물적 근성을 가지고 있어 이것이 쉽지 않다. 동물과 식물은 사 이좋게 지내는 관계가 아니라 일방적 관계이다. 그러나 식물이 없다면 동물은 존재하지 못한다. 동물은 식물의 고마움을 알고 조화롭게 공 존하는 방안을 모색해야 한다.

선임대 후매입

시골에 가면 먼저 임대할 집을 찾는 것이 포인트이다. 하지만 시골 은 모르는 사람에게 쉽게 집을 내주지 않는다. 그리고 귀농귀촌인이 매년 몇만 명씩 이동하니 집이 흔하지 않은 것도 현실이다. 이때 2단계 정주도 하나의 방안이다. 먼저 읍·면 소재지에 작은 아파트를 마련한 이후 행정리 지역으로 들어가는 것도 방법이다. 그리고 한 지역에 장기 적으로 방문해 친밀감을 쌓고 서로 신뢰를 형성한 이후 후원자가 되고 준주민이 되어 정주하는 것이 최상의 방법이다.

정부에 제안한다면 임대주택 사업을 활성화하라는 것이다. 시골에 귀농귀촌할 사람들에게 임대주택을 공급할 수 있는 가칭 '시골집 사업' 을 하면 좋을 것 같다. 일본의 경우 공영임대주택이 많이 있어 이들이 여기서 3~4년 살아보고 마을 사람과 친해진 다음 마을로 정착하게 한다. 서로를 알아가기 때문에 주민과의 갈등이 많이 해소된다.

정부가 민간, 공공, 지자체 가리지 않고 토지가 있으면 인프라 비용 30%를 보조해주고, 건축비용 50%를 융자해주고, 기타 비용 20%를 자부담하게 한다면 사업이 활성화될 것이다. 제도개선과 규제완화로 농업진흥구역이 아니면 임야든, 택지든, 전답이든 사업이 가능하게 하자. 가급적 한계농지를 활용해 '주거+전답' 세트형으로 장만할 수 있도록 하자. 사업이 실행된다면 도농통합이 본격적으로 이루어지고 농촌의 약점인 돈, 사람, 정보가 자연스럽게 돌아갈 것이다. 타이밍 면에서도 우리 경제가 3만 달러 선에서 요구하는 힐링, 전원생활, 농촌관광에 근접한 개념이다.

결혼은 첫눈에 반해 그날 하는 것이 아니다. 첫눈은 서로에게 호감을 갖는 정도가 어떨까. 서로 교제하다 보면 여러 가지 일이 발생한다. 산 넘고 물 건너가야 결혼에 골인할 것이다. 시골생활도 마찬가지다. '선임대 후매입'은 과오를 범하지 않기 위함이다. 시간이 지나고 시골 물정도 알아야 적당한 가격에 좋은 토지를 사기당하지 않고 살 수 있다. 귀농을 열망하는 초보자는 반드시 첫눈에 반한다. 뭘 해도 의욕이 앞서면 신중하지 못하고 오판한다. 교육을 받으면 합리적 판단에 근접한다. 귀농귀촌도 냉정한 '매의 눈'으로 바라보는 것이 중요하다.

그러기 위해서는 먼저 1~2년 임대로 살고 정말 지역이 마음에 들고 주민들도 우리 가족을 반긴다면 좋은 매물을 소개해줄 것이다. 이 경우 토지도 적정 가격에 사고 바가지도 쓰지 않는다. 한 발자국 뒤로 물러서서 지역과 마을을 본다면 대안과 비전도 함께 볼 수 있다.

한 가지 분명한 것은 농촌에는 농업 이외에 여러 가지 일들이 있으며 돈벌이가 된다는 점이다. 자신만의 분야와 관점으로 농업·농촌·농민과 자신의 취미, 특기, 기술, 지식, 지혜를 결합시키는 것이 편안하게 갑으로 살아가는 길이다.

하지만 많은 사람은 도시에서 하던 일을 지속한다는 것이 얼마나 유리한지 모른다. 불나비처럼 농업과 농사에 매진한다. 수많은 경험에 백전노장들도 농사에서 망하고 도시로 가고 농약을 먹고 쓰러지는데 도시 창업처럼 농사에 매진한다. 귀농인의 농업 5년 생존율은 얼마일까? 자신이 잘하는 것을 유리한 조건으로 만들어 승부를 거는 것이 조금이라도 유리하다. 농업은 농경영비가 많이 들어가고 있다. 농촌에서 부자를 보면 유통하는 사람이 1등 부자이다. 2등이 유통과 생산, 오로지 3등이 생산만 하는 사람이다. 곱씹어보아야 한다.

귀농귀촌 정보활용 6계명

유통하는 사람들이 농민을 보는 시각은 2가지로 구분된다. 하나는 믿을 수 있는 사람, 다른 하나는 그때그때 이익에 따라 약속을 헌신짝처럼 버리는 사람이다.

전자는 일시적으로 불편하고 손해를 볼 수 있어도 지속가능한 거래와 신뢰를 바탕으로 점점 관계가 개선되어 서로 원-원할 수 있는 관계로 성공한다. 이러한 관계는 농업을 고령화나 다른 이유로 포기할 경우 이외에는 평생 갈 수 있다.

후자는 배춧값이 폭등하면 얼마간의 이익을 볼 수 있지만 가격이 폭락하면 전혀 팔지 못하고 전부 갈아엎어야 한다. 그래서 농업은 하느님과 동업하는 장사라고 말한다. 한국에서 '농업생산을 해서 큰돈을 벌기는 하늘의 별 따기'라는 사실을 귀농귀촌인들은 모른다. 기본적으로 농업은 기초물가 안정품목으로 조금만 올라가고 가격을 떨어뜨리기 위해 비축 물량을 쏟아낸다. 약발이 먹히지 않으면 주변국에서 마구 수입해 공급한다. 그래서 대부분의 경우 큰 폭의 상승을 기대하기란 어렵다. 이 과정에서 농민이 부자가 된다는 것은 기대하지 말자.

유통상이 제일 싫어하는 소수 농민은 표리부동하면서도 철면피로 기일생산을 부정하고 오리발을 내미는 유형의 사람들(필자는 이러한 유형을 '표철오' 타입이라고 명명했다)이다. 도시 같으면 매장되지만 농촌에서는 꼭 그렇지도 않다. 삶에 찌든 일부 고령 농민들이 쉽게 밥 먹듯이 가고 있기 때문이다. 2013년 농축산물 판매금액이 1000만 원 미만 농가는 전체 농가의 63.5%(72만 5000가구)이다. 이렇게 어렵게 만든 정부가 문제인가, 아니면 이익을 따라가는 농민의 죄인가?

하지만 귀농귀촌인들은 기일생산을 부정하지 말자. 꼭 '기일생산 부정'을 하지 말자 어떻게 살아갈 수 있나 의구심이 들지만 굼벵이도 구르는 재주가 있다고 살아간다. 그것도 농촌이라는 것을 알아야 한다.

기: 기초 귀농귀촌 정보(도시정주 단계)

일: 일반 취농+영농 정보(이주 단계)

생: 생활거주 정보(귀촌 단계)

산: 산업 정보(귀촌 단계: 농업, 가공, 농촌관광, 유통 등)

부: 부동산 정보(귀농 단계: 귀촌 적응 후 부동산 매입 단계)

정: 정부 지원 정보(모든 과정에서 필요)

준비에서 자립까지,
귀농귀촌
5단계

귀농귀촌 준비의 요령은 크게 5가지로 나눌 수 있다. 1단계 귀농귀촌 결심기, 2단계 귀농귀촌 준비기, 3단계 귀농귀촌 이주기, 4단계 지역 적응기, 5단계 정착 및 자립기 등이다.

1단계: 귀농귀촌 결심기

자신이 은퇴 이후 노후에 어떻게 살아갈지를 구체적으로 파악하고 분석하는 단계이다. 도시에서 못 벌고 돈 쓰는 구조에서 살아갈 자신이 있다면 굳이 익숙하지 않은 시골로 내려갈 필요가 있을까? 아무래도 정다운 커뮤니티를 버리는 것이 부담스러울 것이다.

하지만 시골에 계신 노부모나 가족의 건강, 경제적인 부담, 전원생활의 동경, 뭔가 일을 하고 싶은 욕망 등 이유가 존재한다면 면밀히 따져보고 일시적인 로망에 의한 귀농귀촌이 아닌 현실적·합리적·과학적 귀농귀촌을 해야 할 것이다.

　결심을 하기 위해서는 다양한 정보와 자신과 유사한 사례를 찾고 공감을 하는 과정이 필요하다. 먼저 도시에서 다양한 정보를 찾는다면 귀농귀촌종합센터(www.returnfarm.com)를 가보자. 정부의 공식 사이트로 많은 정보를 얻을 수 있다. 귀농 카페 같은 곳에서 정보를 얻고 공감하는 단계는 이후이다. 귀농 카페가 좋은 것 같지만 호불호가 섞여 있다. 조금 딱딱하지만 '선공공 후민간' 영역을 살펴보는 것이 바람직하다. 이후 어느 정도 감이 있으면 왔다 갔다를 반복하면서 정보의 양을 늘리는 것이 현명하다. 이 기간은 본인이 귀농할 시기의 20% 이상을 넘지 말아야 한다. 기간이 길어지면 한가로이 시간을 허비할 수 있기 때문이다.

2단계: 귀농귀촌 준비기

가족 동의

가족의 동의를 받고 본격적인 교육을 받으면서 귀농귀촌에 대한 관심과 노력을 높이는 시기다. 농촌 정착은 이 시기의 준비 여하에 따라 다르기 때문이다. 가족 동의를 받기란 여간 어려운 것이 아니다. 가족 동의를 받을 수 있는 방법으로 '신사시대'가 있다.

신: 신뢰를 가지고

사: 사랑을 가지고

시: 시간을 가지고

대: 대안을 가지고 설득한다.

가족 동의도 없이, 아무 준비도 없이 욱하는 성질로 질러버리고 내려가면 5G 시스템으로 빠진다. 5G 시스템이란 '내 팔자가 개(G)팔자라서 도시에서 못 살고 농촌으로 내려가, 개(G)판인 동네에서, 개(G)고생하면서, 개(G)풀 뜯어먹으면서, 말년에 개(G)피 본다'는 의미다. 가족 동의를 못 받고 도시에서 철저한 준비기를 잘못 보내면 이럴 수도 있다.

교육

준비의 핵심은 교육이다. 현재 90~95% 정도가 교육도 받지 않고 귀농귀촌한다. 누가 이야기한 것도 아닌데 철저하게 5G 시스템으로 흘러간다. 정부가 70% 보조해주고 자부담 30%, 약 30만~40만 원 정도 비용이지만 외면한다. '농사 예전에 지어봤어. 그 까짓것' 이런 생각으로 내려가면 큰코다친다. 교육의 핵심은 자신에게 적합한 기여과 소득원, 살 집 마련, 주민과 협력방안, 갈등 방지 등을 포함한 사업계획의 완수이다.

도시농업

교육이 끝나면 도시농업을 실행해야 한다. 주말농장이나 베란다에 간단한 채소와 농산물을 심고 관리해 수확하는 연습이 필요하다. 이후 텃밭을 5~10평 규모로 마련해 직접 농사를 짓는 것이다. 텃밭 마련은 매년 연초에 민간과 공공이 1년 단위로 분양하고 있다.

서울시의 경우는 서울시농업기술센터에서 2~3월 초 분양한다. 도시농업은 도시생활을 하는 동안 꾸준히 작목을 바꿔가면서 준비하는 것이 좋다. 물론 정원이나 농토가 있다면 좀 더 적극적인 준비를 할 수 있다. 도시농업기에서도 1단계의 정보와 귀촌 탐방 등 농촌에 들어가서 생활하는 사람들과의 네트워크가 중요하며 지속되어야 한다.

도농교류

현재 도시민을 받을 준비가 되어 있는 마을이 1700여 개 이상이 있다. 이들 마을은 정부가 지원하는 각종 도농교류사업을 추진하는 마을로 열린 마을들이다. 행안부, 농식품부, 농진청, 산림청, 해수부, 문화부, 환경부 등 다양한 정부부처의 도움을 받아 마을을 적극적으로 마케팅하고 도농교류에 적극적인 마을이다. 이들 마을 중 하나를 선택하면 좋다. 현재 도농교류나 농촌체험을 주로 하는 사업, 즉 농식품부 농소정사업 등이 많으며 시민단체에 요청하면 1인당 하루 1만 원 내외의 비용으로 농촌마을 체험과 정보를 얻을 수 있다.

농촌 선택

마을을 선택할 시기에는 자유롭게 다녀라. 여러 마을을 체험하자. 초창기에는 농촌, 산촌, 어촌을 두루 체험하고 자신이나 가족과 가장 잘 어울리고 끌리는 마을을 결정하자.

먼저 앞서 언급한 웰촌(www.welchon.com) 사이트를 철저하게 공부하자. 전국의 자주력, 자조력이 있는 약 1700개의 우수 마을을 소개해놓은 사이트로 한국농어촌공사가 관리한다. 가급적 여기에 소개된 마을에 가면 좋다. 준비된 마을에 가면 그만큼 경쟁력이 높다. 처음부터 말도 안 되는 텃세나 갈등에 시달리지 않고 협력형 소득방안을 함께 모색할 가능성이 높다. 물론 이곳도 텃세나 왕따는 존재한다. 그래서 '선교육 후귀촌'을 언급하는 것이다.

3단계: 귀촌 실행기

도시에서의 생활을 정리하고 본격적으로 전원생활을 실행하는 시기로 가급적 비용은 적게 들여야 한다. 집은 임대하자. 선임대 후매입의 원칙을 상기하자. 돈 많은 사람이 아니라면 환금성 떨어지는 농촌에서 도시처럼 처음부터 집 장만하는 사람은 많지 않다. 농가주택을 전세로 얻고 논밭도 전세로 얻고 농사일을 시작하자. 어차피 프로는 아니다. 프로들이 하는 규모화, 기업농화, 법인화, 수출화, 농기업화는 아예 생각부터 접어라.

대신 농지에서 농약 치지 않고 유기농업으로 자신만의 품목을 생산하자. 직접 생산한 농산물을 지인들에게 공급하자. 앞서 설명한 안전하고 안심할 수 있는 친환경 농산물 방법대로 도시민 20가구에 공급하자.

꾸러미 직거래에 민박, 그리고 약간의 6차산업을 가미한다면 연수입 3000만~4000만 원은 충분히 낼 수 있다. 농촌에서 3000만~4000만 원은 도시의 6000만 원 가치가 있다. 내가 도시생활에서 먹고 싶고 필요한 농산물을 무농약으로 생산하자. 그리고 와서 보고, 알고, 놀고, 체험하고, 사서 가도록 만들자.

필자가 제안한 마을 디자인으로 지역을 활성화시키기 위한 8가지 자원을 일컫는 '유상오의 8거리'라는 것이 있다. 시골에 사람을 오게 하려면 먼저 ① 볼거리, ② 먹거리, ③ 쉴거리, ④ 알거리, ⑤ 할거리, ⑥ 놀거리, ⑦ 일거리, ⑧ 팔거리가 있어야 한다고 주장했다. 이를 농촌 마케팅과 농촌관광에 결합해 프로그램을 만들고 마을 계획을 세워 먹고살았다. 귀농귀촌을 준비하는 여러분도 마찬가지다.

4단계: 지역 적응기

지역 적응기에는 시골로 이사해서 처음 2년 정도 적응기를 가진다. 낯설고 물 다른 시골에서 생활하기가 그리 만만할까. 제일 먼저 해야 할 것이 주변 사람들과의 관계개선이다. 시골생활에 잘 적응하는 방법은 무엇인가? 필자는 '아가잘있나'로 정의했다.

구분	어려움	가	나	다	라	마	바	사	아	자	치	계
	귀농귀촌 과정에서의 애로사항 분석											
적응기	4.1. 이주 후 초기 지역적응 어려움	○	○							○	○	4
	4.2. 초기 정착 과정에서의 생계 유지		○				○	○			○	4
	4.3. 정착 단계에서의 멘토링 부족			○							○	2
	4.4. 영농계획 / 귀촌사업계획 컨설팅 미흡	○	○							○	○	4
	4.5. 농사시설 및 영농자금 확보의 어려움		○				○		○			4
	4.6. 농사 및 농업경영 기술 습득의 어려움		○				○	○	○	○		5
	4.7. 농산물 판매의 어려움	○	○				○	○	○			5
	4.8. 교통 문제		○							○		2
	4.9. 주택 마련	○			○							2
	4.10. 농지 원부 마련		○									2
	4.11. 문화적 생활의 어려움		○							○	○	3
	4.12. 의료, 복지 등 생활환경 문제									○		2
	4.13. 자녀교육	○	○		○					○	○	5
	4.14. 귀농·귀촌협의회 지원	○			○							1
	4.14. 농지 확보(전용, 임차, 매입 등)	○					○	○	○	○		6
안착기	5.1. 노동력 확보	○	○					○			○	4
	5.2. 지역사회 주민과의 관계 형성	○	○	○	○						○	6
	5.3. 소득원 확보 문제		○		○	○	○		○			6
	5.4. 자립여건 불확실	○	○					○				3
	5.5. 자금 부족으로 인한 농지 확보의 어려움		○		○	○	○				○	5

주) 기호로 표시한 자료 출처는 다음과 같다. 가: 유상오(2011), 나: 차광주(2010), 다: 송용섭·황대웅(2010), 라: 장동현(2009), 마: 조창완(2009), 바: 강대구동(2006), 사: 서만웅·구자인(2005), 자: 김형용(1998), 차: 성주인·김성아(2012), *김경섭(2012.4)의 귀농포럼 발제내용을 참고로 작성

시골에 가면 어디를 가나 갈등은 있다. 하지만 '아가잘있냐'만 외치고 실천하면 큰 문제 없이 해결된다.

아: 아는 척하지 말기(학식)

가: 가진 척하지 말기(재산)

잘: 잘난 척하지 말기(재능)

있: 있는 척하지 말기(교양)

나: 나를 낮추기, 나대지 말기

지역 적응 단계에서는 동네 어른들께 알아도 묻고 몰라도 묻는다. 여쭈어보고 실천하고 아침에 일찍 일어나고 어른 보고 인사하면 된다. 마을회의에 나대지 않고 부역이나 청소에 빠지지 말고 묵묵히 일하다 보면 평판이 좋아진다.

리더가 되거나 갑으로 살고 싶다면 사람, 돈, 정보가 나를 통해 오고 가는 허브를 만들자. 마을의 창구 역할을 하면 갑이 될 수 있다. 현재 그것은 이장이 하는 역할이다. 이장은 군 자치행정과 면 총무, 산업계, 군 농업기술센터에서 흐르는 계통을 타고 있다. 이것 말고 민간에서 흐르는 역할을 내가 하자. 나대는 역할이 아니라 농산물 팔아주고, 민박하고, 도시민 불러 마을에서 체험하게 하자. 한두 번이 아니라 시스템적으로 정기적인 프로그램을 돌리는 것이 좋다. 이것이 지역에 적응 잘하고 갑으로 사는 방식이다.

적응기에는 주택 및 농지를 임대하고 전문교육을 받고 자신만의 업을 세우는 것이 중요하다. 그리고 '아가잘있나'를 실천하면서 지역정주 여부를 판단하자. 주민과 협력형 소득 모델을 창출하고 내가 행복할 수 있는가? 이것이 판단의 근거이다.

5단계: 안착 및 자립기

5단계에서는 지역정주의 판단, 주민과의 관계, 소득과 행복을 찾을 수 있다고 판단되면 본격적으로 지역에 뿌리를 박고 살자. 안착 및 자립기는 3년이면 충분하다. 지역 적응기 2년, 자립기 3년으로 5년 이후에는 귀농귀촌인이 아니라 지역민 혹은 농민으로서 지역에 살아야 한다. 정부도 그것을 원하고 있다.

5단계에서는 주택 및 농지를 본격적으로 구입하고 도시 자본을 투자해도 좋다. 더 이상 큰 갈등이 없다는 전제 아래 협력형 소득사업을 전개하자. 소득이 늘어나고 나도 억대 부농의 꿈을 키워볼 수 있다.

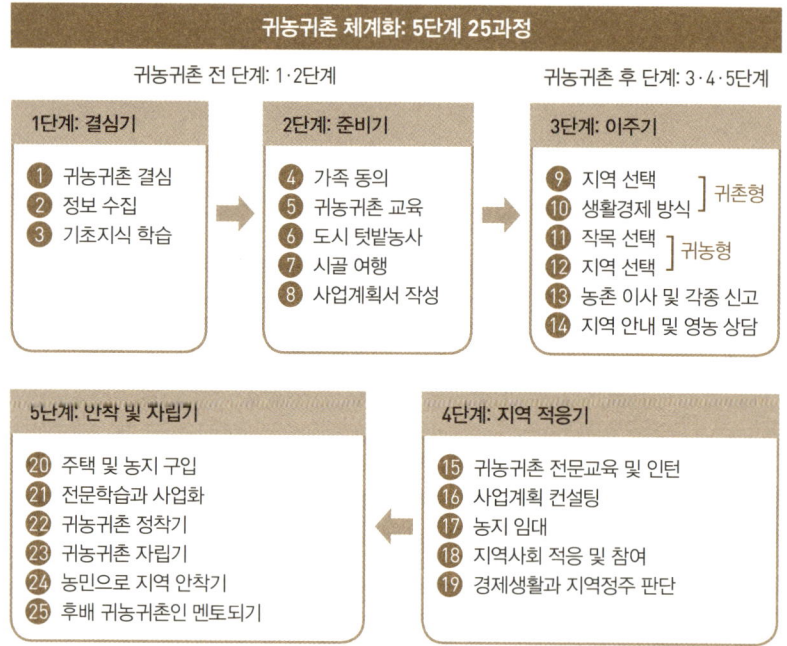

귀농귀촌 체계화: 5단계 25과정

귀농귀촌 전 단계: 1·2단계   귀농귀촌 후 단계: 3·4·5단계

1단계: 결심기
1. 귀농귀촌 결심
2. 정보 수집
3. 기초지식 학습

2단계: 준비기
4. 가족 동의
5. 귀농귀촌 교육
6. 도시 텃밭농사
7. 시골 여행
8. 사업계획서 작성

3단계: 이주기
9. 지역 선택] 귀촌형
10. 생활경제 방식
11. 작목 선택] 귀농형
12. 지역 선택
13. 농촌 이사 및 각종 신고
14. 지역 안내 및 영농 상담

5단계: 안착 및 자립기
20. 주택 및 농지 구입
21. 전문학습과 사업화
22. 귀농귀촌 정착기
23. 귀농귀촌 자립기
24. 농민으로 지역 안착기
25. 후배 귀농귀촌인 멘토되기

4단계: 지역 적응기
15. 귀농귀촌 전문교육 및 인턴
16. 사업계획 컨설팅
17. 농지 임대
18. 지역사회 적응 및 참여
19. 경제생활과 지역정주 판단

하지만 돈 많이 들어오면 우환도 같이 들어오니 5000만 원 선에서 재미있고, 즐겁고, 건강하게 살자. 여기서 팁 하나를 보자. 필자가 만든 조어 중에 '작은비놀부'라는 것이 있다. 흥부네 집은 비가 와도 큰비가 오고 물난리가 나서 부자가 못 됐다. 하지만 놀부네 가옥은 위치를 잘 잡아 큰비는 비껴가고 물 빠짐도 좋아 언제나 작은 비만 온다. 그래서 '작은비놀부'라는 말을 만들었다. 은퇴 이후 시골살이의 귀감이 되는 말이다.

작: 작게 소박하게 살자.

은: 은혜를 베풀며 살자.

비: 비워가며 욕심 부리지 말고 살자.

놀: 놀면서 즐겁게 살자.

부: 부지런히 건강하게 살자.

귀촌지
선정이
가장 중요하다

　귀농귀촌의 여러 과정에서 귀촌 지역 찾기가 가장 중요하다. ① 어디로 갈 것인가, ② 가서 무엇을 할 것인가, ③ 어디서 살 것인가가 핵심이다. 이 3가지가 결정되면 귀촌의 여러 과정에서 70~80% 이상이 결정된 것이다.

　중요한 것은 선교육 후귀촌, 선귀촌 후귀농, 선임대 후매입과 같은 원칙들을 따라가는 것이다. 다음 그림에서 표시된 점선 안으로 나타내는 부분이 지가가 저렴한 부분을 표시한 구역이다. 이들 구역으로 간다면 최저 비용으로 최고의 효율을 얻을 수도 있다.

　이들 블루오션 지역은 거의 대부분 산악지역 아니면 과소지역 혹은 어촌지역으로 구성되어 있다. 한마디로 접근성이 좋지 않은 지역이다. 크게 본다면 백두대간과 소백산맥, 지리산 주변 지역, 전남 해안도서를 포함하는 지역이다.

귀촌의 유형 3가지

귀촌의 유형은 크게 여유형, 필수형, 전략형 등 3가지로 나누어볼 수 있다.

여유형

경제적 여유가 있으면 어느 지역이나 귀촌 선택이 가능하다. 이러한 유형은 자신의 거주지에서 2시간 이내의 경관과 접근성이 좋은 지역을 선택하는 것이 바람직하다. 예를 들면 서울에서 가평이나 양평, 남양주를 선택할 수도 있다. 은퇴 후 전원생활과 농작물을 생산해 지인

귀농귀촌지 선정요령

1. 백두대간으로 가라.
2. 싼 땅을 찾아라.
3. 산촌을 찾아가라.
4. 경매나 공매를 활용하라.
5. 먼저 임대나 전세를 1~2년 살고 정이 들면 땅을 사라.
6. 시골은 서울이 아니다-환금성이 제로라는 것을 명심하라.
7. 토지거래는 공시지가의 3배 이하에서 하면 성공이다.
8. 삶터는 겨울에 결정하라-벗겨놓고 보면 토지를 알 수 있다.
9. 특별한 경우가 아니면 지역을 결정하고 농업을 결정하라.
10. 농업을 먼저 결정할 경우 지자체 지원 조건을 따져라.
11. 농업은 사양산업이다. 반드시 부가가치를 창출할 분야를 선택하라.

과 나누어 먹는다. 이들은 경제적 여유가 있는 가정으로 1가구 2주택의 소유자가 많으며 봄부터 가을까지는 전원주택에서, 겨울에는 대도시에서 살아가는 유형이다.

조금 다른 유형으로 은퇴 이전에 주중에는 대도시에서 거주하고 금요일 저녁부터 일요일까지는 시골에서 거주하는 형태도 있으며, 은퇴 이후 그 지역에서 계속 살아가는 유형으로 바람직한 형태를 가진다.

필수형

현금보유 능력 1억 이하로 경제적 여유가 없으며 도시에서는 장차 빈곤층으로 추락할 가능성이 있는 사람들로 농촌으로 피난 가야 하는 유형이다. 베이비부머의 40%는 지도에 표시되어 있는 블루오션 지역으로 귀촌하는 것이 바람직하다. 이 지역은 국토이용 계획상의 과소지역이다. 영어의 J자처럼 생겼다고 해서 J자축이라고 부른다. 지가가 낮고 인구가 적은 과소지역이므로 지자체의 인구 유입을 환영하는 지역이라는 것을 알아두자.

전략형

자신의 귀농 목적이 명확해 지역 선정보다는 사업 유형이 중요한 유형이다. 예를 들면 성주에 가서 참외 농사, 상주에 가서 곶감 농사, 무안에 가서 양파 농사 등 자신이 품목이나 사업 유형을 미리 정한 경우이다. 전략형의 경우 U턴이 I턴이나 J턴보다 유리하다. 30~40대부터 10여 년 이상 충분히 고민하고 부모·형제 등 가족이 전략지역에서 수십 년 농사 경험과 지역 기반을 가지고 있다면 권장한다. 전략형은 지역연고가 명확하다면 초기부터 시너지 효과를 내고 기존 농업소득보다 3~4배 이상 소득을 내는 경우를 보았다. 지역연고와 관계에 자신이 있다면 도시에서 개고생하지 말고 젊을 때 귀농하는 것도 좋다.

　정부가 귀농귀촌을 정착시키려면 농가주택에 대해 '양도소득세 규정을 전면 개정'해야 한다. 수도권을 제외한 일정 규모 이하 주택은 양도소득세 부가규정에서 '15년 보유 양도세 면제'라는 혁신적인 조치가 필요하다. 이것은 도농교류를 뛰어넘어 도농통합과 도농융복합을 만들어 국가경쟁력을 높일 수 있는 방안이다.

이도향촌을 위한 준비사항

　　　　　　　　가장 먼저 살펴야 할 사항은 얼마나 많은 사람이 해당 지자체를 선택했나이다. 자신이 ① 귀촌, ② 귀농, ③ 귀촌+귀농 유형 중 어디를 선택할지 명확하게 하는 것이다. 그리고 지자체 단체장의 의지, 농식품부 도시민 유치 지원사업 집행 여부, 지원사항을 살펴보아야 한다. 연고가 있는 도시에서의 거리와 교통편도 중요하다. 다음으로 가족 내력으로 아이가 학교에 다닌다면 교육, 은퇴 이후라면 보건·의료 등이 중요하다.

　우리나라는 아직 모든 지자체의 종합 매뉴얼을 소개한 귀농귀촌 종합 소개서가 없다. 일본의 경우 (재)지역활성화센터에서 2년 단위로 지자체 지원 매뉴얼이 나오고 있다.

지자체에서 향촌민向村民들에게 지원할 사항으로는 ① 지역정보 제공, ② 멘토 지원, ③ 주택 지원, ④ 도시민 유치지원사업(2013년 현재 약 40개의 지자체가 지원을 받고 있다. 전체 160여 개 시도 중 40개 면 25% 정도가 지원을 받고 있다. 지원 기준이 있어 열심히 잘하는 지자체를 정부가 평가해서 준다), ⑤ 기타 사항 등이다. 이러한 지원사항이 자신에게 얼마나 적합한지를 판단해야 한다. 즉 자신이 경제생활을 영위할 수 있는 조건과 합치하는지를 잘 고려해야 한다는 말이다. 지원여건에 대해서는 지역 매력을 먼저 파악하고 이후 지자체 지원을 고려해야 한다(현재 지자체 지원이 더 중요하다고 주장하는 전문가도 있지만 필자는 자신의 지역을 보는 매력이 지자체 지원보다 우선한다는 견해를 갖는다. 제일 좋은 것은 이 2가지가 공존하는 유형일 것이다.)

다음으로 개인들이 자신의 취미 선호도를 통해 선택해야 할 사항을 소개하는 것도 요구된다. 즉 자신이 바다, 산지, 관광지, 역사지, 생태지, 농업지, 예술지, 휴양지 등을 갈 것인지를 먼저 선택할 수 있도록 자료를 주어야 한다.

귀촌에서는 지역 선택이 매우 중요하다. 바다가 보이는 곳, 늘 역사나 예술이 숨 쉬는 곳, 농업을 하는 곳, 어디를 선택하는가에 따라서 생활이 달라진다. 가급적 복합적이면 좋다. 바다가 보이는 산지이면서 관광과 휴양을 하고 생산도 되는 곳, 찾아보면 있다. 예를 들어 남해, 해남, 진도, 삼척, 울진 등 많이 있다.

마지막으로 개인이 꼭 고려해야 할 사항이 있다. 기후의 온화성, 생활 편리, 지자체의 주택 지원, 학교, 병원, 쇼핑, 교통 등 지역 인프라

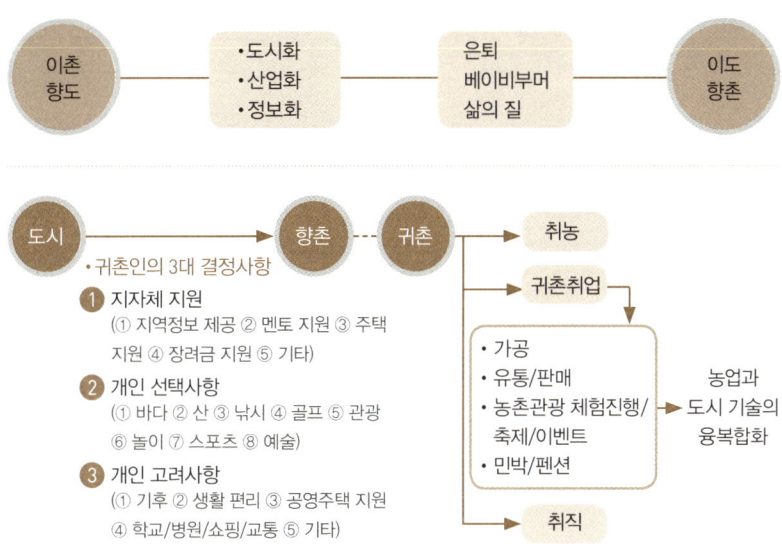

는 귀농귀촌 선택 이전에 꼭 고려해야 한다. 이러한 사항이 제대로 반영되지 못하고 결정되었을 때 많은 후회를 할 수 있다. 심한 경우 지역에 적응하지 못하고 결국 다른 지자체로 이사하거나 혹은 도시로 돌아와야 한다.

향촌하기 전에 '선학습 후선택'을 해야 한다. 취농을 할지, 창업을 할지, 취직을 할지를 결정해야 한다는 말이다. 지역과 소득원을 충분히 알지 못하면 결국 실패하기 마련이다.

실제 지자체의 지원 모습

160여 개 지자체 중에는 향촌의 중요성을 인식하지 못한 곳이 많다. 예를 들어 중앙정부의 가이드라인과 대치되는 지자체도 많다. 귀농귀촌 교육을 받으면 창업자금을 융자해주어야 하는데 연령제한을 하는 지자체가 많다는 것이다. 현재 연령제한은 민원과 요구에 의해 고령화되는 추세이다. 현재 대부분의 지자체는 60세에서 65세까지 귀농귀촌 창업자금을 지원해주는데 경우에 따라서는 55세까지만 지원해주는 지자체도 있다. 젊은 귀농인을 받고 싶은 지자체 입장도 이해하지만 헌법에는 연령제한을 금지하고 있다. 모든 국민은 법 앞에 평등하다. 만약 행정소송을 한다면 지자체가 패소할 가능성이 많은 사항이니 신중해야 한다.

현재 농식품부가 시행하고 있는 다양한 귀농귀촌 교육을 확대 재편해야 한다. 독립적인 귀농귀촌종합센터(www.returnfarm.com)가 서울 등 5대 광역시에 설치되고 농협과 농어촌공사에서 공익적인 서비스 지원도 이루어져야 한다. 또 지속적으로 귀농귀촌에 대한 정보와 교육을 제공하고 원주민들의 텃세를 조정할 기능과 기구도 귀농귀촌종합센터 안에 두어야 한다. 일선 지자체에서도 귀농귀촌 관련 갈등 중재 기구를 두고 귀농귀촌종합센터에는 조정기능을 두는 것이 귀농귀촌 법령에 들어가야 하겠다.

현재 농협은 귀농귀촌 활성화를 위해 중앙회 차원에서는 일부 교육만 하지 능동적으로 대처하지 못한다는 인상이 강하다. 한마디로 농

지자체 악성사례

사례 1. 농림부 가이드라인 위반: 사례자 소개

농림부 귀농귀촌 교육을 받고 고향에 귀촌하려고 하나 60세가 넘는다고 귀촌 창업자금 지원을 못 하겠다고 함

사례 2. 귀농귀촌 과정상 지역결탁형 문제점: 건축비, 토목비, 정화조 설치 비용과다 청구, 과다 시설요구형 등 추가비용이 들어가도록 규제를 강화하고 지역 이미지를 나쁘게 만듦

사례 3. 인허가 핑퐁: 인허가를 절차를 받아 시행하려고 하나 이장 도장과 주민동의서를 받아 오라는 둥, 마을에 기부를 하라는 둥 법에 저촉되는 사항을 공무원이 조장하거나 방임하는 행위

사례 4. 유지, 국공유지 통과 금지: 국공유지를 통과하는 것을 엄격히 금지해 사유재산에 심대한 피해를 입히고 있으면서 무조건 안 된다고 막무가내 고집을 피우는 지자체가 의외로 많음

식품부 예산 지원이 없어 못 한다는 말만 되풀이하고 있다. 농협이 살아남기 위해서는 정부에 기생하지 말고 스스로 고령화되어 가는 농촌에서 후계농 확보방안을 마련해야 할 것이다.

또 중요한 것으로 민간 교육기관이 전문성과 창조성을 갖고 귀농귀촌 교육에 매진할 수 있도록 시설 지원, 인건비 지원 등이 요구된다.

좋은 이미지의 지자체 지원 유형

사례 1. 진안:귀촌인들의 일자리를 약 20여 개 창출해 안정적인 귀촌생활을 유지할 수 있도록 지원

사례 2. 봉화: 귀촌인 임대주택을 건설해 지자체가 저가로 귀촌인에게 공급

사례 3. 상주: 민간이 운영하는 귀촌센터를 설립해 상주시와 민간이 유기적인 협력관계를 유지해 운영

사례 4. 고창: 교육을 먼저 시키고 과정을 수료한 사람에게 선배 귀농귀촌인들 이 땅, 집, 농업을 소개해주면서 멘토가 됨

사례 5. 완주: 로컬푸드센터를 중심으로 직거래와 6차산업을 활성화시키고 있 으며 귀농귀촌인의 참여로 안정적인 소득창출

보건복지부가 민간 요양원 시설 설립에 적극 보조금을 투입해 노인 복 지 확충에 기여했듯이 농식품부도 전문 교육기관 확충에 노력해야 하 겠다.

이를 통해 귀농귀촌 예비자의 인식 변화와 지속적인 교육 효과를 창조하고 향후 농촌에 정착한 이후에 신구 주민 상호 간에 도움이 될 수 있도록 유도해야 한다. 중앙정부 차원의 귀농귀촌 가이드라인과 백 서를 매년 발간하고, 지자체 특성을 나타낸 귀촌 정착 지원 매뉴얼 발 간도 아쉬운 대목이다.

또한 정부의 예산부처는 지원사업 표와 같이 정책 모니터링, 자녀학습 지원, 소득개선사업, 귀농귀촌인 6차산업 활용 예시집, 민간의 전문 교육기관 설립 지원 등이 선도적으로 준비해 귀농귀촌인들이 좀 더 편안하고 쉽게 정주할 수 있는 여건을 만들어야 할 것이다.

귀농귀촌
준비
8계명

은퇴 후 시골로 귀촌해 생활할 준비가 됐다면 도시를 떠나 은퇴 준비를 할 9계명을 외우자.

(1) 지금 바로 귀촌 준비를 시작하라

귀촌은 정년 후 한다고 해도 여러 가지 준비할 것이 많다. 꼼꼼한 준비와 폭넓은 경험이 실패하지 않는 귀촌을 이끌 수 있다. 40~50대에게 기다림의 비용은 생각보다 크다. 귀농귀촌을 접하면서 배우는 것이 최상의 교육 방법이다. 직접 자신이 주도할 수 있는 귀촌 준비를 하자.

귀촌해서 경제적인 안정이 중요하다. 소득은 농업과 관련된 다양한 가능성에서 얻어라. 도시에서 생활한 기반을 농업과 연관시켜라.

꼭 명심할 것은 안전하고 안심할 수 있고 신선한 농산물 생산이 중요하다는 점이다. 신뢰는 그동안 수십 년 쌓아놓은 인간관계로 충분히 형성해야 한다. 중요하기 때문에 다시 강조한다. 2안(안전+안심)2신(신선+신뢰)만 충실히 해도 된다. 2안2신을 기억하자.

(2) 귀촌 전문가의 도움을
반드시 받아라

농업 전문가는 많다. 하지만 귀촌 전문가는 드물다. 아마 이런 분야를 공부하고 심리상담이나 경제, 소득 상담을 한다면 먹고사는 데 도움이 될 것이다. 귀농귀촌에 도움을 받거나 동반자가 될 전문가를 사귀어두면 효율적인 시골생활 준비를 할 수 있다.

우리나라의 귀촌 전문가들은 그리 많지 않다. 하지만 대학교수, 농촌경제연구원, 정부 관련 기관의 공무원, 전문가, 시민단체 등 50여 명의 전문가들이 있다. 이들과 친하게 지내고 컨설팅을 받는 것이 좋다. 이들 전문가는 귀농귀촌종합센터에 문의를 해보면 알 수 있다.

귀촌 전문 컨설팅 기관은 한국귀농귀촌진흥원이나 그린코리아컨설팅을 제외하고는 아직 없다. 하지만 정부 레벨에서는 한국농어촌공사의 도농복합추진단에서 귀촌 관련 서비스를 하고 있다. 서비스의 질은 아직 충분히 정비되지 않은 수준이다.

(3) 가족이 함께 준비하라

일본의 경우를 보면 은퇴 후 농촌으

로 돌아가 사는 것에 대해 여성보다는 남성들이 더 전원생활을 원하고 있다. 여성들이 왜 농촌으로 돌아가기를 꺼리는지 조사해보니 친구가 없어서 외롭다, 쇼핑생활이 힘들다, 병원이나 문화생활이 불편하다 등이 그 이유에 속했다.

귀촌 준비는 가족, 특히 부부가 같이 해야 의미가 있다. 아내는 도시생활을 고집하고 남편만 농촌에 돌아간다면 아무 의미가 없다. 가급적 공감대를 확장하고 농촌생활이 노후 안정적이라는 근거로 설득을 해야 한다. 그리고 돈 많은 부자라면 몰라도 도시에서의 서민생활은 점점 더 불편할 것이다. 부부가 함께 노후를 준비하면 노후가 2배 이상 즐겁다.

최근에는 남편이나 아내가 먼저 농촌에 가서 기반을 잡고 나중에 정년 후 가족이 오는 유형도 많다. 가족이 시골로 가서 귀농귀촌한다는 합의가 이루어지지 않으면 어려움에 직면한다. 따라서 귀농귀촌 전 단계에서 반드시 가족 동의를 받자.

(4) 은퇴 후 농촌에서 할 일을
지금부터 시작하라

앞으로 국가의 국민연금 체계가 대폭 손질되지 못한다면 연금은 파탄 날 것이다. 그래서 국가도 일하는 국민의 노후를 보장하는 체계로 변할 것이다. 국민 스스로 자조적 복지 체계를 만들어나가라는 말이다. 도시에서 할 일 없이 무료한 노후를 보낼 생각이 아니라면 귀촌 후 농촌에서 자신이 은퇴 후 하고 싶은 일들을 계획하는 것이 대단히 중요하다. 은퇴 준비는 빠르면 빠를수록 기회와 가능성이 많다. 일하지 않고는 건강한 노후를 보낼 수 없다는 말을 명심하자.

그렇다면 농촌에서 무엇을 할 수 있는가? 도시에서 하던 일을 농촌에 맞게 변형시켜 하면 좋겠다. 즉 반농반도사이다. 예를 들어 도시에서 컴퓨터 프로그램 관련 일을 했다면 농촌에서 도농교류나 농산물 직거래를 위한 소프트웨어 개발을 지원하면 좋겠다. 도시에서 영업을 했다면 농촌에서 농가 민박을 기획해주거나 농산물을 서울로 직거래 배달을 해주어도 좋겠다. 생각해보면 얼마든지 농촌과 도시를 이어주는 가교 역할을 할 수 있는 일이 많다.

(5) 농촌에 초기 투자를 하지 마라

농촌에 초기 투자를 한다는 것은 잘 모르는 일에 적극적으로 뛰어든다는 것과 마찬가지다. 먼저 2년 정도 적응하면서 탐색하고 판단하자. 자신이 잘할 수 있는 가치창출 분야를 확보한 다음에 투자해도 늦지 않다.

매번 강조하지만 처음에는 쉽고, 소박하고, 작고, 가벼운 것부터 시작해 소형, 중형으로 사업을 확대하는 것이 귀촌 투자의 순리다. 농촌은 외부에서 바라보는 농촌과 너무나 다르다.

어떤 경우는 전혀 상식이 통하지 않는 주민들도 있으며 이해관계에 따라 돌변하기 쉬운 곳도 농촌이다. 한 번 관계가 나빠지면 조정이나 중재도 어렵다. 집과 농지를 사고 완전히 정착했다면 도시처럼 다른 곳으로 이사할 수도 없다는 점을 알아야 한다.

만약 농촌에서의 노후생활이 실패했을 때나 사고나 질병으로 인해 경제활동이 어려워질 때 어떻게 할 것인가를 생각해야 한다. 가급적 투자는 적게 하고 자신에게 알맞은 노동과 소득으로 건강한 노후생활을 할 수 있다면 대성공이다.

(6) 도시와 농촌을 평생 연결하라

노후자금은 평생을 두고 장기적으로 마련해야 한다. 직장에서 퇴직한 것을 은퇴라고 생각하지 마라. 새로운 일을 찾는다면 그 역시 은퇴가 아니다. 도시에서 농촌으로 떠나는 것은 삶의 방식을 전환하는 것이라고 가볍게 생각하자.

중요한 것은 21세기 지식기반 시대에서는 노마드nomad가 중요한 키워드라는 점이다. 라틴어로 '유목민'을 뜻하는 노마드의 개념은 지금으로부터 30여 년 전 미디어학자인 마셜 맥루한Herbert Marshall McLuhan이 처음 예견했다. 그는 "21세기의 사람들은 빠르게 움직이면서 전자제품을 이용하는 유목민이 될 것"이라며, "이들은 세계 각지를 돌아다니지만 어디에도 집은 없을 것"이라고 내다봤다. 또 프랑스 경제학자인 자크 아탈리Jacques Attali도 "21세기는 디지털 장비로 무장하고 지구를 떠도는 디지털 노마드 시대"가 될 것이라고 말했다.

한편 일상 소비행태에서도 노마드적 경향은 두드러지고 있다. 자유와 개방, 홀가분하고 쾌적한 삶을 추구하는 노마드족이 늘어나면서 이들의 유목 성향은 이제 21세기의 주도적 소비 흐름이 되고 있다.

귀농귀촌인들이 농산어촌에서 살아가려면 노마드적인 성향, 즉 동물적 성향과 정착민들이 가진 식물적 성향을 적절히 구사해야 할 것이다. 반은 동물이고 반은 식물인, 필요에 따라 순발력 있게 변화할 수 있는 새로운 반동반식半動半植이 되어야 한다. 앞으로는 귀농귀촌인들도 디지털 노마드 성향과 정착민의 특성을 반영해나갈 것이다. 이들의 성격은 장소에 구속받지 않지만 소통과 연결을 다양하게 확대시키며 농업을 생산하고 유통시킨다는 특징이 있다.

귀농귀촌인들이 살아가는 방식은 도시와 농촌을 연결하는 노하우나 콘텐츠를 가진다는 점이다. 도시와 농촌을 연결할 방안을 찾는 것이 은퇴 후 다양한 가치를 창출하는 방안이고 지속가능한 경제생활을 즐기는 방법이다.

(7) 끈끈한 인간관계
네트워킹을 만들어라

농촌에서 돈을 버는 방법은 재테크 능력이 아니라 시간이다. 서로 돕고 이해하는 인간관계는 다양한 농업 지식과 교훈을 주민들로부터 얻을 수 있는 복리다. 도시의 개념으로 환산한다면 연 10% 이상의 수익을 거둘 수 있다.

지역 사람들과 사이좋게 지내는 연습을 귀촌 전부터 하자. 그렇다고 아부한다거나 퍼주라는 말이 아니다. 좋은 이웃과 지역 간의 인간관계는 죽을 때까지 복리로 늘어난다.

도시에서 아무도 축복해주지 않는 쓸쓸한 죽음보다 산소까지 이웃이 같이 가주는 죽음이 행복하지 않은가. 농촌에서 살아가려면 훈훈한 마음과 남들을 배려하는 자세가 필요하다.

(8) 그린투어를 익혀라

농촌에서 앞으로 수십 년을 살아간다면 그린투어를 익혀야 한다. 그린투어란 농촌에서 농업을 중심으로 체험하고 익히는 것을 목적으로 하는 관광 형태를 말한다. 그린투어는 농촌관광이라고도 한다.

그린투어를 익혀야 하는 이유는 농가소득 증대와 단절된 시골생활에 소통의 흐름을 불어넣을 수 있기 때문이다. 또 기본적으로 농촌생활에서 부가가치가 가장 높은 형태의 관광과 지역 마케팅을 동시에 수행할 수 있기 때문이다.

그린투어는 마을을 한 차원 높게 변화시킬 수 있다. 마을의 볼거리, 먹거리, 쉴거리를 개발하고 지산지소를 통해 마을 사람들의 소득을 높이면서 마을의 명품화를 가속시킬 수 있는 방법이다.

그린투어에 관한 책자와 내용은 다양하게 소개되어 있다. 농식품부나 농진청, 한국농어촌공사 홈페이지를 통해 다양한 정보를 접할 수 있다. 농촌에 정착하기를 원한다면 그린투어에 대해 꼭 공부하기를 권장한다.

고소득 망고 재배로 성공

제주 서귀포시 토평동 봉수네 농장은 망고 향기로 가득 차 있다. 시쳇말로 대박 난 집이다. 그는 애플망고를 재배해 먹고 산다. 그는 스스로 준비해 남들이 가지 않는 길을 가고, 고생하고, 땀과 눈물을 흘렸고 성공했다. 그 과정을 말하기는 쉽지만 견디고 인내하는 과정은 혼이 있어야 가능하다.

농장주 고봉수 씨는 40대 중반이다. 농장주가 애플망고에 한눈에 반한 건 10여 년 전이다. 가까운 친척의 애플망고 농장을 구경하면서 감이 왔다. 주황색이 빨갛게 변해가면서 식감을 자극하고 향기로운 냄새에 취하면서 빠져들기 시작했다.

하지만 열대과일, 특히 기후와 풍토, 토양이 다른 조건 속에서 애플망고를 재배한다는 것은 희망과 설렘만으로 가능한 것이 아니다. 한마디로 애플망고 농사는 귀농 초보자에게는 어울리지 않았다. 처음 재배한 애플망고 농사는 실패로 돌아갔다. 애플망고 작목반이나 재배법도 없었고 제대로 된 재배책자도 국내에서는 찾을 수가 없다.

그는 인도에서 애플망고 재배책자를 구해 주경야독했다. 낮에는 애플망고 농사를 지었고, 밤에는 영문 책을 번역하며 공부했다. 책에서 설명한 대로 원칙을 따라, 망고 농사를 지었다. 그리고 나무와 흙의 특성에 따라 봉수네 망고농장의 특성에 맞는 재배법을 다시 일지로 쓰기 시작했다.

그 과정에서 실패를 연속하며 반드시 성공하겠다는 일념으로 매번 다시 도전했다. 먼저 기존의 시설재배 하우스는 애플망고의 재배 특성을 담을 수 없다는 판단 아래 하우스를 개조했다. 관수와 습도를 조절하고 겨울에 가온을 쉽고 저렴하게 할 수 있는 방안을 연구했다.

그는 "애플망고는 열대과일이기 때문에 반드시 가온이 필요합니다. 동절기 유류비 절감을 위해 제습난방기 개발이 요구되는데, 제습난방기는 공기 중 따뜻한 습기를 빨아들여 물을 데워 보관한 뒤 난방 시 열기를 빼내 보온하는 시스템"이라고 설명했다.

고 대표가 이런 전문적인 기계를 만들 수 있는 것도 대학에서 기계공학과를 전공해서 많은 기계를 보고 뜯어내고 하면서 들인 창의와 열정의 결과이다. 그의 망고 하우스는 온도가 그리 높지 않다. 유류비도 절감되고, 사람이 일하기에도 적당한 온도이다. 다른 하우스에 비해 쾌적한 공간에서 일을 하면서 효율도 올라가고 비용도 적게 든다.

애플망고는 묘목을 심어서 5년 후 수확할 수 있다. 애플망고는 꽃 피고 150일이 지나야 수확을 시작하는데 애플망고 6000~7000개의 꽃 중에 하나만 망고 열매가 된다. 애플망고의 꽃이 워낙 무거워서 일일이 끈으로 묶어주는 것이 요령인데 주인이 직접 해야 한다. 12월 말 가온해서 20일 정도면 꽃이 피는데 한꺼번에 개화하는 것이 아니다. 주인과 망고나무가 한 호흡이 되어야 한다. 약 60일 동안 이 나무 저 나무 돌아다니면서 꽃피는 순서대로, 열매가 생성되는 대로 한 알 한 알 하우스 천장의 프레임과 열매줄기를 매달아준다. 열매가 자라면 적당한 크기와 맛을 위해 적과를 하고 5~7월 사이에 수확을 한다.

고 대표는 귀농한 지 6년이 되었다. 그는 망고 재배를 위해 수없이 많은 밤을 인터넷 정보 검색으로 지새우고, 망고 재배기술 교육과 도서를 통해 스스로 기술을 터득했다. 초기 귀농에서 어려움은 이루 말할 수 없이 많았다. 초기 비용과다. 처음에 망고와 한라봉을 재배하면서 입식비용도 문제가 되었다.

고 대표는 이제 안정적인 성장세를 만들어나가기 시작했다. 남들이 하지 않는 품종이지만 열정과 노력으로 대안을 만든 사례이다. 자신이 원하는 것을 가족 동의 후 바로 시작하고 이제는 다른 농가를 컨설팅해주는 봉사정신에 경의를 표한다. 그는 "농촌생활의 성공은 근면함이라고 생각한다면서 낭만적인 귀농은 실패하며, 무리한 투자도 금물이며 철저한 자기관리와 끝까지 문제해결을 하는 진돗개 정신이 필요하다"고 강조했다.

3장

귀농귀촌,
6차산업이 답이다

귀농귀촌,
농사에
올인하지 마라

귀농귀촌과 6차산업

귀농귀촌해서 바로 농민이 되기란 솔직히 쉽지 않다. 하지만 귀농인들의 대부분은 잘못된 정보로 무조건 농촌으로 내려가면 농민이 되고 농사를 지어야 한다는 강박관념에 사로잡혀 있다. 귀농귀촌=농부+농업+농사꾼. 예를 들어 대부분의 사람은 이런 공식과 같은 생각을 가진다.

이런 가치를 가진 사람의 대부분은 개고생을 하다 개피 보고 그중 일부는 개죽음으로 가는 경우도 있다. 왜 사람들은 동경하던 농촌에서 자신의 로망을 실현하려고 무던히도 노력하지만 허무하게 자살이라는 개죽음으로 이어질까?

가는 길을 몰라서 그렇다. 자신이 잘하는 것, 늘 일상에서 하던 것을 벗어나 전혀 경험 없고 모르던 것을 의욕만 가지고 할 수는 없는 일이다. 동물이 식물이 될 수는 없다. 최대한 가까이 갈 뿐이다. '반동반식' 혹은 '반농반도사'를 철저하게 실천하는 것이 성공 노하우이다.

가만히 자신의 성장 과정과 도시에서의 직장을 생각해보자. 뭐든지 한 번에 되는 일이 없었다. 많은 노력과 희생, 헌신과 열정으로 하나하나 이루어나간 것이다.

한국인의 일생 중에 제일 큰 일은 어느 대학에 가느냐가 중요하다. 가만히 고3 시절로 돌아가 보자. 매일 아침에 일어나는 것이 전쟁이었다. 1년 고생이 리어카에서 사무직으로 바뀐다. 명문대에 가면 일생이 보장된다. 대학이 바뀌면 신랑 얼굴과 경제단위가 변한다. 수많은 수식어로 공부를 독려했다. 그런 준비 끝에 대학에 가고 새로운 인생이 시작되었다.

귀농귀촌도 마찬가지다. 좀 더 탐구하고 배우고 익혀야 살아간다. 농촌은 냉엄한 전장이라는 것을 잊어서는 곤란하다. 여행객으로 가는 농촌과 귀농인으로 가는 농촌은 다르다. 눈으로 보는 농촌과 피부로 느끼는 농민, 공동체 앞에서의 농민, 정다운 이웃과 돈 앞의 주민 모두 다른 얼굴을 가진다.

삶의 현장에서 농민은 우리가 도시에서 대하는 일반 상식과 건전한 사고를 하는 사람이 아니다. 실제 치열한 전장에서 생활하는 노전사와 같다는 판단이 옳을지도 모른다. 누가 그렇게 만들었나? 정부의 농산물 개방정책과 FTA, 보조금 정책, 도시민의 무관심, 우리 농업·농촌에 대한 몰이해 등 종합 선물세트가 지금의 상황을 만들었다.

결론을 말한다면 귀농귀촌해서 45세 이하는 귀농해도 상관없다. 희망과 꿈, 젊은 도전정신이 있는 사람들이기 때문이다. 열심히 노력하자. 절대 약자로 사는 소농이 되지 말고 정부 정책과 한 호흡으로 가라. 기업농, 법인농, 수출농, 전문농이 되어 규모화와 기능을 갖춰라.

기능성 우수 농산물을 생산해 일본과 중국으로 수출하자. 그것이 젊은 청년 귀농이 살아갈 길이다. 기능성 농식품을 만들기란 쉽지 않다. 열심히 연구하고 지역의 농업기술센터와 협력하고 농진청 박사들의 도움을 받아라. 그들의 존재 이유는 당신이 원하는 기술을 지원하기 위해서이다. 공복은 시민을 위해 헌신해야 한다. 시민과 더불어 창조하고 살아가는 것이 국익을 위해 필요하다.

45세 이상 되는 중장년은 6차산업이나 자신이 잘할 수 있는 취미와 농업·농촌·농민을 결합하자. 그것이 살길이다. 그렇지 않고 다 늙어서 평생 한 번 쓰지도 못한 근육을 나이 60에 다시 사용하려면 이건 귀농이 아니라 죽을 맛이다. 한마디로 개고생하는 지름길이다.

요즘 중장년 부부싸움에서 앞서 설명한 5G전법을 쓴다. 먼저 여성이 기습공격을 한다. "내 팔자가 개팔자라서, 개 같은 놈하고 엮여서, 지금껏 개고생을 하다가, 이제 개피 보고, 개죽음을 할 판"이라고 '선빵'을 날리면 거의 기선이 제압된다. 5G전법이란 개c자가 들어가는 단어를 5개 이상 사용할 때 쓰는 방법이다. 어찌 보면 자학적인데 부부싸움에는 요긴하게 쓸 수 있다.

중장년의 귀촌도 마찬가지다. 잘못 엮이면 개팔자가 되고, 개피 보고, 개 같은 인생이 될 수 있다. 그래서 먼저 지역 선정을 잘하고 내가

귀농귀촌 반드시 실패한다… 귀농귀촌 필패 6계명(무조종 잘사소)

- 제1계명=무리하게 시작하라

  농촌에 돈들이지 말고 벌어서 확장하자. 융자 얻고 '벌어서 조금씩 갚으면 되지'라는 생각은 오산이다. 무리한 대출, 결국 감당치 못하고 무너진다.

- 제2계명=조급한 마음을 가져라

  토지계약을 알아볼 때 느긋해야 한다. 여러 사람이 보고 갔다. 오후에 계약한다 등에 속지 말자. 이런 말을 '충실히' 따르면 반드시 물건을 산다.

- 제3계명=종합화하지 마라.

  귀농귀촌은 전천후 모두를 알아야 한다. 한 가지만 잘해서는 곤란하다. 좋은 귀농귀촌 경영자는 농장의 모든 일에 정통해야 한다.

- 제4계명=잘할 수 있는 '경험'과 '적성'을 포기하라

  '내가 잘할 수 있는가'보다 '어떤 아이템이 돈인가'에 관심을 갖는다. 적성이나 성격, 그리고 경험과 소질이 반영되는 반농반도사로 승부하자.

- 제5계명=사업계획 필요 없다.

  생각 없이 몸만 부지런한 사람. 부지런히 발품을 팔지만 정작 중요한 사업계획을 빠뜨리면 귀농귀촌 과정에서 실패한다.

- 제6계명=소문을 그대로 믿어라

  "블루베리 뜬다." "효소장사를 해야 돈 번다." 소문을 그대로 믿으면 믿는 도끼에 발등 찍힌다. 소문보다 직접 발품을 팔자. 꼼꼼하게 확인하자.

농촌에 가서 무엇을 할 것인가를 생각하고 충실하게 준비해야 한다. 낭만적 귀촌, 재미있는 귀촌, 행복한 귀촌은 누가 주는 것이 아니라 스스로 개척하고 만들어나가는 것이다.

45세 이상 되는 분들은 필자의 이야기를 따르면 실패 확률을 크게 줄일 수 있다. 자신이 잘하는 일을 하자. 취미가 일이 되고 일이 봉사가 되는 일을 도시에서부터 찾고 그것에 평생 매진하자. 그것이 살길이다.

자신이 하던 제일 잘하거나 좋아하던 전문성이 있는 일과 농업·농촌·농민이 결합한 일자리가 6차산업이다. 굳이 6차산업이 아니라도 좋다. 자신이 잘하고 좋아하는 일을 하면서 밥 굶지 않는다면 그것이 좋지 않은가.

시골에서 새로운 사람들과 잘 어울려 지내려면 그들과 달라야 한다. 그들이 원하는 것을 다른 방식으로 공급해야 한다. 갑이 되는 공급 방식을 연구해야 한다. 이것은 코치와 선수의 관계이다. 혼자 하기란 결코 쉽지 않다. 귀농귀촌 멘토의 도움이 절실히 필요하다.

6차산업의 시스템 구성

농산어촌에는 유·무형의 풍부하고 다양한 '지역 자원'이 있다. 예를 들어 농림수산물, 바이오매스, 자연, 에너지, 풍경, 전통문화 등 다양하다.

6차산업화는 지역 자원을 쓰임새 있게 활용하여 농림어업자(1차산업 종사자)가 지금까지의 원자재 공급자뿐만 아니라 스스로 협력하여

6차산업 개념과 효과

1차산업		2차산업		3차산업
농산물 생산 특산물 생산 기타 유·무형 자원	×	식품 제조·가공 특산품 제조·가공 공산품 제조 등	×	유통·판매 체험·관광·축제 외식·숙박·컨벤션 치유·교육 등

1차 × 2차 × 3차 = 6

부가가치 증대
지역경제 활성화
공동체 회복 및 생산적 복지

소득 1차산업 → 6차산업

일자리 1차산업 → 6차산업

자료: 농식품부(2014), 《6차산업 창업 매뉴얼》

가공(2차산업), 유통 및 판매(3차산업)에 종사하면서 경영의 다각화를 추진하여 농산어촌의 고용 보장과 소득 증가를 목표로 하는 것이다. 이러한 사업 다각화(6차산업화)는 지역 활성화에 연결되고 일자리 창출에 일익을 담당하고 있다.

일본의 경우 6차산업화·지산지소법은 2011년 3월 1일 '지역 자원을 활용한 농림어업자 등에 의한 신사업 창출 및 지역 농림수산물의 이용촉진에 관한 법률', 통칭 6차산업화법이 시행되었다.

우리나라 6차산업법은 농식품부가 주도하고 박민수, 이운용 의원이 입법대표 발의해 2014년 5월에 국회를 통과했다. 6차산업법은 소득과 자원을 종합적으로 추진함으로써 농림어업 등의 진흥을 도모하는 것과 동시에 식량 자급률의 향상에 기여하는 것을 목표로 한다.

구체적인 6차산업법 내용은 농림축산식품부 장관이 실태조사 등을 거쳐 5년마다 농촌융복합산업 기본계획을 수립·시행토록 했으며, 농촌융복합산업 사업자 인증을 희망하는 농업인 등의 사업계획 평가를 통해 인증 여부를 결정하도록 하고, 인증받은 사업자에 대해서는 창업 및 판로 지원 등 다양한 지원책을 시행하도록 하고 있다.

귀농귀촌인들에게 도움되는 내용으로 기존에는 가공시설 내에서도 판매장을 둘 수 없어서 가공생산된 제품을 팔 수 없었지만 이번 제정법을 통해 이러한 문제도 해결했다. 즉 농촌융복합산업 사업자는 농지법상 농지에 설치된 농촌융복합산업 가공시설 내의 일부에 자체적으로 생산한 제품을 판매하기 위해 판매장을 둘 수 있도록 한 것이다.

이로써 귀농귀촌 4대 규제 중 2개가 해결되었다. 먼저 4대 규제는 민박 조·석식 제한, 농업인 생산물 식파라치 신고포상제, 농가 농식품 생산판매 제약, 자가생산한 농산물 가공에 대한 부가세 등이다. 이 중 식파라치는 2014년 3월 식약처 고시로 해결되었고, 농가 농식품 생산판매 제약은 이번 법으로 해결되었다. 6차산업법은 국회 청문회에서 농경연의 김용륜 박사와 박천창 능김마을 대표가 활약했고, 귀농귀촌법은 필자와 명지대학교 송재일 교수가 청문회에서 의원 질의를 막아냈다.

다시 일본의 법을 조금 더 보자. 일본은 6차산업법에 앞서 농림어업과 타 산업의 연계를 촉진하고자 하는 법률로서 '농상공제휴촉진법'을

일본의 6차산업 성공지원책

6차산업화·지산지소법에 따라 종합화 사업계획 등이 인정된 경우, 재정지원과 인적지원 등의 지원책을 받을 수 있다.

【6차산업화·지산지소법에 의한 각종 법률의 특례 조치】

– 농림어업자 등을 위한 무이자 대출자금(농업개량자금)의 대출 대상자의 농림어업자 등 이외(촉진사업자)의 확대 및 상환기한·거치기간 연장(상환기한: 10년→12년, 거치기간 3년→5년, 농업개량자금융통법 등)

– 산지직송에 의한 야채계약 거래의 교부금지원 대상산지를 확대(야채생산 출하안정법)

– 직매시설 등을 건축할 때의 농지전용 등 절차를 간소화(농지법, 낙농진흥법)

– 시가화 조정구역 내에서 시설 정비(개발행위)할 경우의 심사절차를 간소화(도시계획법)

– 식품가공·판매에 대한 자금을 채무보증의 대상에 추가(식품유통구조개선촉진법)

【사업자의 대처에 대한 지원】

• 대출

– 농림어업을 위한 무이자 대출자금(농업개량자금) 대출(한도: 개인 5000만 엔, 법인·단체 1억 5000만 엔)

– 단기 자본(슈퍼S 자금) 대출(한도: 개인 1000만 엔, 법인 4000만 엔, 금리

1.5 %(2013년 8월 19일 현재))

- 보조

  – 신상품 개발, 판로개척 등에 대한 보조율 올림(보통 1/2 → 인정자 2/3)

  ★신상품 개발을 위한 시제품 생산에 대한 장비 렌털·리스 비용과 시장 평가 실시, 판로 개척을 위한 상담회에 참가, 팸플릿의 작성비 등을 지원·새로운 가공·판매 등에 종사 경우에 필요한 시설 정비에 대한 보조(보조율 1/2)

  ★실시 주체를 6차산업화·지산지소법 또는 농상공제휴촉진법의 인정을 받은 민간단체 등에 한정

- 출자

  – 농림어업 성장 산업화 펀드에서 출자(상한액: 새로 설립하는 합작법인 자본금의 1/2)

먼저 만들었다. 우리는 6차산업법에 이러한 조항을 넣었지만 아쉬움이 남는다.

농촌 경제 활성화를 위해 지역의 기간산업인 농림수산업과 상업, 공업 등의 산업 간 연계(농상공 제휴)를 강화하는 것은 축구의 링커와 같다. 허리가 약해버리면 아무것도 못 한다. 농상공 산업 간 시너지 효과를 발휘시키기 위해 각각 경영 자원을 유효하게 활용해 실시하는 사업활동을 촉진하는 것은 대단히 중요하다.

시스템이 구성되어 있지 못하면 백약을 써도 소용이 없다. 먼저 법, 제도를 완비해 사람들이 창업시장 안으로 들어올 수 있도록 해야 한다. 다음은 규제완화를 해서 좋고 우수한 물건을 생산하고 잘 팔아 부자가 될 수 있도록 도와야 한다. 마지막으로 브랜드 가치를 창출할 수 있도록 평가하고 컨설팅을 지원해 스스로 자생력을 갖도록 도와야 한다. 즉 시스템 정비, 규제완화, 성공 지원이 톱니바퀴처럼 서로 물려 돌아가야 귀농귀촌인과 지역민 모두가 살아남을 수 있다.

6차산업 시작하기

6차산업은 농업과 수산업 등 1차산업과 식품, 가공, 유통, 판매를 함께하는 경영 형태를 나타내는 용어이다. 일본 도쿄대학교 명예교수 이마무라 나라오미(1934년생으로 농업경제학자, 1차산업을 발전시킨 6차산업의 옹호자로 알려져 있다)가 만든 조어이다. 농업과 다양한 분야가 융합하는 사업 다각화를 6차산업화라고 부른다.

구체적으로 6차산업에 대해 살펴보자. 농업, 수산업은 산업 분류로는 1차산업으로, 농축산물·수산물의 생산을 하는 것이다. 6차산업은 농축산물·수산물의 생산뿐만 아니라 가공+식품(2차산업), 유통·판매(3차산업)에도 농업인이 주체적이고 종합적으로 참여하는 방식이다. 가공비와 유통 마진 등 지금까지 3차산업의 사업자가 가지고 가던 부가가치를 농업인 스스로 얻어서 농업을 활성화시키자는 것이 6차산업의 본질이다.

6차산업을 창시한 이마무라 교수는 오이타 현 출생으로 1957년 도쿄대학교 농학부 농업경제학과를 졸업하고, 1964년 동 대학원에서 박사 학위를 받았다. 1968년 신슈대학교 조교수, 1974년 도쿄대학교 조교수, 1982년 교수를 역임했다. 1984~85년 미국 위스콘신대학 객원연구원, 1994년 정년퇴임, 명예교수, 일본여자대학교 교수, 2002년 은퇴해 지금도 강연을 하고 있다. 그는 일본 농업경제학회 회장, 미가米價심의회 위원, 축산진흥심의회 회장, 농정심의회 회장, 초대 식량농업·농촌정책심의회 회장 등을 역임했다. 그리고 도시농산어촌교류활성화기구 이사장, 일본농업법인협회 이사, JA 개혁추진회의 의장 등을 역임한 원로 학자이다.

이마무라 교수가 주창한 6차산업이라는 명칭은 농업 본래의 1차산업뿐만 아니라 다른 2차·3차산업을 가져올 수 있다는 산술적 개념에서 출발했다. 즉 1차산업+2차산업+3차산업을 덧셈하면 '6'이 되는 것을 모방한 조어였다.

이마무라는 1차산업인 농업이 쇠퇴하면 아무 의미가 없다고 보고 있다. 즉 1차산업이 0차산업이 된다면, 다시 말해 농업이 죽고 없어진다면 산업은 의미가 없다고 주장한다. 즉 산업의 단순한 덧셈을 대신해 유기적이고 종합적인 결합을 도모한다는 의미로 곱셈($1 \times 2 \times 3 = 6$)을 해야 한다고 제창하고 있다. 농업의 브랜드화, 소비자에게 직접 판매, 농가 레스토랑 경영 등을 예로 들 수 있다. 1차산업에 부가가치를 붙여 고도화를 목표로 하는 관점에서는 1.5차산업화와 유사하지만,

6차산업은 가공·유통을 복합화시킨다는 관점이 더 명확하다.

우리나라 농림축산식품부에서는 6차산업을 '농촌에 존재하는 모든 유·무형의 자원을 바탕으로 농업과 식품·특산품 제조·가공(2차산업) 및 유통·판매, 문화·체험·관광 서비스(3차산업) 등을 연계함으로써 새로운 부가가치를 창출하는 활동'이라고 규정하고 있다.

6차산업을 어렵게 생각하지 말자. 도시에서 수십 년 생활하고 일하면서 얻은 지식과 기술, 재능은 무엇일까? 대부분 사람은 2차와 3차산업에 종사했을 것이다. 이것을 1차인 농촌마을에서 생산한 것과 결합·융합·복합해서 창조하자. 이것이 6차산업이다.

주민과 함께하는
협력형 소득사업 만들기

6차산업을 결정할 때 자신이 주가 되어야 한다. 일단은 자력갱생, 자립경제를 이루어야 주민과 협력형 소득사업도 할 수 있다. 시골 사람들의 특징을 보면 관찰, 판단, 주도권 빼앗기, 억누르기, 갑甲으로 군림하기를 일상적으로 잘한다. 관계에서 을乙이 되면 숨죽이지만 언제든 기회가 있으면 다시 갑이 되기 위해 애쓴다.

귀농귀촌을 하면서 농촌이나 농민을 보는 시각이 다양해져야 한다. 유구한 농업 문화, 폐쇄적 기질, 은근과 끈기, 시련이 와도 갈대처럼 다시 일어서는 저항정신 등 다양한 특성을 가지고 있다. 이러한 기질은 평소에는 잘 나타나지 않지만 위기 상황이 도래하면 반드시 돌출한다.

어쩌면 우리의 슬픈 역사와 관련이 있는지도 모르겠다. 3년에 한 번씩 1000여 차례 외침에서 우리가 민족정기와 단일민족의 자부심을 가질 수 있는 방식과 지금의 지역민들이 귀농귀촌인에게 하는 방식은 일맥상통할지도 모른다.

일단은 귀농귀촌 정착에 성공해야 한다. 성공은 경영 능력이고 마케팅 능력이다. 중요한 것은 농민은 돈이 없고 설사 있더라도 쓸 줄 모르는 사람들이 대부분이라는 점이다. 도시민으로부터 돈과 정보와 지식을 벌어야 한다는 것이다. 도시민이 무엇을 원하는 줄 알아야 한다. 도시민은 안전하고 안심할 수 있으며, 신선하고 깨끗하고 신뢰받는 농산물을 선호한다.

유기농이면 금상첨화지만 재배가 어렵다. 처음에는 유기농, 무농약, 저농약 농산물을 생산할 수 없으니 그것을 유통하는 것이 좋다. 농사 마진보다 유통 마진이 크다. 농산물 가격 사이클의 몇 년치 추세선을 가지고 있다면 다양한 재주도 부릴 수 있다.

유통을 통해 시장과 현장을 안다면 직접 농업을 연습해보는 것이 좋다. 농업 연습에는 제일 좋은 방법이 현장에서 장기 알바를 뛰는 것이다. 앞서 설명한 '교동공장'을 다시 상기하자.

교: 교육받고

동: 동네 사람들에게 친교와 봉사를 하면서

공: 공무원을 멘토로 만들고 상담이나 어려운 점을 이야기하고

장: 장기 알바를 하면서 농업을 익히자.

장기 알바를 하면 농사짓는 방법, 병충해, 품목, 소득, 유통, 이익 등 모든 것을 알 수 있다. 중요한 것은 매일매일 일지日誌를 작성해놓는 것이다. 가급적 사진과 글을 날짜별로 컴퓨터에 정리하자. 먼저 중요한 것은 수첩에 메모하고 저녁에 컴퓨터에 정리해놓는다. 아무리 피곤해도 오늘의 일지를 기록해놓자. 메모와 정리 노트와 사진을 쌓는 것이 자신의 사업계획을 완성하고 연습하는 지름길이다. 농업에는 왕도가 없다. 한 걸음 한 걸음 가는 것이 가장 빠른 길이다.

농업도 알고 유통도 안다면 이후에 3농 사업을 해도 된다. 농업은 이제 더 이상 농사가 아니다. 과학이고 경영이고 투자이다. 가공을 한

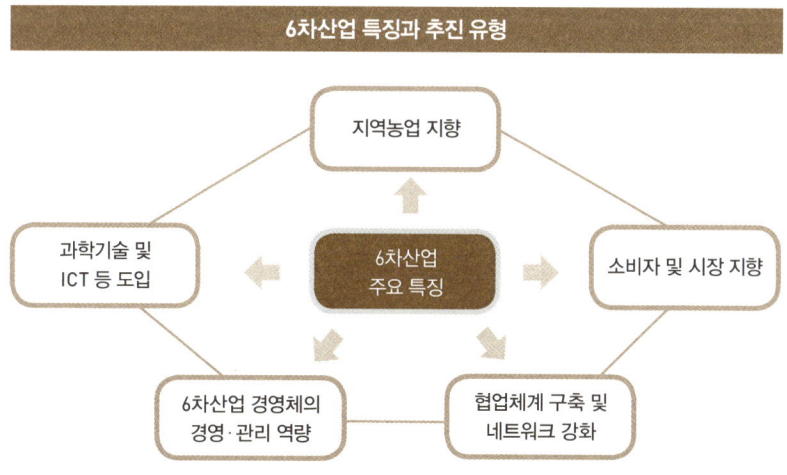

자료: 농식품부(2014), 《6차산업 창업 매뉴얼》

다면 가내수공업을 시작해 영세 규모에서 수많은 경쟁자와 경쟁해서 승리해야 한다. 그때 비로소 일자리가 창출되고 일손이 부족해야 마을 사람들을 고용할 수 있다. 가급적 원재료는 마을이나 이웃마을에서 구입하는 지산지소 형태를 갖추자. 이것이 지역 내 경쟁력과 상호부조하는 길이다.

일자리가 창출되는 과정까지 도달했다면 행정의 도움을 받자. 규모화를 해도 문제가 없는 시기에 온 것이다. 규모화를 하더라도 장기적인 관점에서 작게 시작하자. 그것이 남는 장사이다. 마을과 협력형 소득 모델은 1차 원재료를 마을에서 구입해 가공해서 팔고 이익의 일부를 마을에 적립하는 형식이 될 것이다. 이는 지역민과 귀농귀촌인이 공생하는 형태에서 시작해 공영하는 가장 좋은 방법이고 도시민과 농민이 함께 사는 길이다. 시작했으면 최선을 다하자. 죽기 살기로 하자.

6차산업
활성화 사례 1:
이천 스프레이 국화

경기도 이천시 호법면은 이철호 국화이야기 대표(53)가 귀농한 곳이다. 서울에서 산업디자이너로 활약하다 고향마을로 귀농했다. 필자가 그를 처음 접한 것은 2013년 6월 경기도 농업기술원의 귀농귀촌 현장실습 사업설명회에서였다.

그때만 하더라도 햇병아리 귀농 신입생이던 그가 6개월 만에 거인으로 성장했다. 농진청과 함께 현장평가를 가서 본 그의 농장은 화려했다.

농업 자동화 시설

전자동으로 물을 공급하고 LED 조명을 설치하는 등 '정보통신기술ICT: Information & Communication Technology' 관

리로 노동력을 40% 이상 줄이는 효과를 보고 있었다. 비닐하우스에서는 스프레이 국화가 생산되고 있었는데 연매출은 2억이 넘어간다. 인터넷으로 스마트폰 연결 작업 중 따라 들어간 4200m²(1300평)의 비닐하우스는 온실이 아니라 과학 현장이었다.

전자동 시설로 물과 양분(수액 형태)이 공급되는 하우스 안에는 파릇파릇한 국화 줄기들이 자라고 있었다. 인사를 주고받는데 비닐하우스 천장에서 가림막이 자동으로 내려오고, LED 조명이 켜지고 있었다. 습도, 온도, 수분, 약제 등이 자동으로 조절된다. 이 대표는 "겨울에는 햇빛이 부족해 조명을 2~3시간 더 하도록 설정해놨다"고 했다.

하나하나 사람 손을 거쳐야 했던 일들이 자동화되면서 온 종일 비닐하우스에 매여 있어야 했던 농업인의 일과도 달라졌다. 이 대표는 "자동 채광과 수분 공급 시스템 덕에 국화 파종부터 수확까지 걸리는 기간 100일 중 60일은 여유롭게 지낸다"고 했다. 이 대표는 이미 자동화된 재배 장치를 인터넷으로 연결하는 작업을 준비하고 있다.

2013년 3월 귀농한 이철호 대표의 국화 재배용 비닐하우스는 채광과 물·양분 주기가 모두 ICT에 따라 자동 조절된다. 뒤편 기둥에 매달린 수분과 양액(양분) 공급 조절기, 비닐하우스 천장의 차양막 시설, 환풍기 등이 자동 시스템을 구성하고 있다.

이 대표는 "농업 자동화 시설은 사실 생소한 것이 아니다"며 "이미 국내에서도 파프리카 농장과 딸기 농장 및 양돈 농장 등에서 적용되어 고령화된 농촌에서 큰 힘을 발휘하고 있다"고 설명했다.

다만 국화 재배농장에서의 농업 자동화 시설Farm Automation System 활용은 본인과 본인의 멘토가 운영하는 농장이 첫 사례라고 말했다. 그는 "현재 인건비를 최소화하기 위해 혼자 농사를 짓고 있다 보니 자동화 시설이 꼭 필요했다"며 "이 같은 자동화 시설이 현재의 농촌에 꼭 필요한 아이템이라고 생각한다"고 말했다.

이어 "현재 농촌은 극심한 고령화 상태에 놓여 있는데 자동화 시설은 고령의 농민들 일손을 도울 수도 있고, 힘든 육체노동을 꺼리는 젊은이들이 더욱 쉽게 농업으로 눈을 돌릴 수 있는 하나의 계기가 될 수 있다"고 자동화 시설의 농촌 도입의 필요성을 강조했다.

현재 그는 농업 자동화 시설에 인터넷을 통해 농장이 아닌 곳에서도 필요한 작업을 할 수 있도록 하는 ICT를 접목시키기 위해 노력 중이다. 그래서 찾아낸 방법이 인터넷이나 스마트폰 등을 통해 시간과 장소의 제한 없이 손쉽게 농장에 필요한 부분을 조작할 수 있는 ICT의 구축이라고 했다. 그는 우리 농촌과 농업의 발전을 위해 이 같은 기술이 널리 보급될 수 있도록 시스템 개발과 보조금 지원 등 정부와 관계기관의 도움이 절실하다고 제안했다.

인터넷이 연결되면 스마트폰이나 태블릿PC로 국화에 물이나 양분을 주고, 인공조명을 하는 일이 가능해진다. 또 어떤 환경에서 국화 재배실적이 가장 좋았는지를 분석해 다음에 재배할 때는 당시의 수분, 양분, 일조량을 최적最適 수치에 맞출 수 있게 된다.

귀농 동기와 과정

2013년 3월부터 고향 이천에 돌아와 국화 재배를 하는 이 대표에게 농업은 철저한 비즈니스이다. 3년 전부터 귀농을 준비해 전문 지식이 상당했고, 자동화된 재배 시스템을 갖추기 위해 5억 원이 넘는 자본 투자를 해놓은 상태였다. 이 대표 스스로도 자기를 '경영자'라고 부른다. 국화이야기라는 법인 이름도 직접 지었고, 로고도 스스로 디자인했다. 디자이너이니까 당연하다. 그는 시간이 나면 예술작품을 농장 앞마당에 설치한다. 1990년대 후반 유무선 겸용 전화기로 히트를 쳤던 아망떼 모델이 그가 디자인한 것이다. 그는 25년간 휴대폰과 복사기, MP3, PDA 등 각종 가전제품 디자인 분야에서 활약한 베테랑 디자이너였다.

1961년생, 우리 나이로 50대 중반을 바라보는 그는 2011년 지하수 개발을 추진하다 실패한 뒤 귀농 프로그램을 들으며 착실히 농업경영을 준비했다.

그는 이천시 농업기술센터에서 '스프레이 국화(관상용 국화)' 재배에 대한 노하우를 습득했고, 멘토인 김성도(57) 씨도 만났다. 어느 날 부친의 밭 옆에 있는 한 비닐하우스에 우연히 들어가게 된 이 대표는 그곳에서 스프레이 국화를 재배하고 있던 자신의 멘토인 김성도 씨를 만나게 됐다.

김 씨는 인천 출신으로 이웃마을에서 국화 재배를 했는데 텃세 강한 마을에 비닐하우스를 늘리려고 계획하고 있었다. 이철호 대표가 후배 이장에게 잘 봐주라고 해서 마을에 농장을 만들 수 있었다. 김성도 씨는 국화 재배 경력만 17년이 넘은 '고수'로 대규모 투자와 관리 노하우가 필요한 국화 재배에서 이천시 일대 귀농자들의 후견인 역할을 하고 있다.

이것이 인연이 되어 본격적인 밀월 관계가 형성되었다. 이 대표는 "농업기술을 알려주는 선도농가도 김성도 씨의 농가였고, 그 후로 밭에 시설하우스를 설치한 뒤 5개월 동안 밤낮없이 김 씨의 농가를 찾아 국화 재배기술을 배우기 위해 매진했다"며 "귀농에서 좋은 멘토를 만나는 것은 매우 중요한 요소라고 생각한다"고 말했다.

이 대표는 그렇게 멘토의 농가와 자신의 밭을 오가며 조금씩 농사꾼의 모습을 갖춰나갔다. 서울로 올라온 그는 국화 재배와 관련된 서적 등 각종 정보를 수집했다. 이 대표는 "사전 리서치를 통해 수익성도 알아보며 최악의 경우를 대비했다"며 "국화 농사의 장점은 다른 농사가 1년에 1~2번밖에 수확을 못 하는 데 비해 7번까지 가능하다는 것이었다. 승산이 있어 보였다"고 국화 재배를 선택한 이유를 설명했다.

농작물 재배에 적용되는 ICT. 국화 재배는 1년에 4모작을 한다. 이 대표가 관리하는 크기의 비닐하우스는 대략 매출 2억 원, 수익률 50% 정도가 가능하다. 이 대표는 추가로 비닐하우스를 1개 더 짓고, 별도의 국화 체험공간을 운영하는 계획을 세워놓고 있다. 이 대표가 법인 이름을 국화이야기로 지은 것은 나중에 체험공간을 마련하고 싶은 소망 때문이다. 이 대표의 부인은 두 자녀와 함께 서울 오류동에 머물면서 1주일에 1~2번 정도 농장에 다녀간다.

행정과 연계

이 대표는 관계 기관들을 찾아 귀농 상담도 자주 받고, 또 농촌진흥청과 이천시, 면사무소 등 행정기관을 직접 찾아다니며 귀농 지원금도 받았다. 그리고 2013년 3월에는 이천시농업기술센터에서 실시하는 귀농귀촌 현장실습 지원사업 프로그램에 대한 정보를 접하고 곧바로 교육을 신청했다.

경기도 농업기술원에서 실시하는 귀농귀촌 현장실습 지원 사업설명회에 참여했다. 여기서 필자는 전문가로, 이 대표는 사례 발표자로 만났다. 필자는 그의 사례 발표 속에서 노력과 열정을 높이 평가했다. 그러한 정성이 통했는지 2013년도 11월 '귀농귀촌 현장실습 지원사업' 전국 평가에서 영예의 대상을 받았다.

그는 국화 재배를 선택한 이유에 대해 "산업과 디자인 분야의 전문성을 활용해 국화 재배기술을 창의적으로 응용하면 승산이 있을 것이라고 판단했다"고 말했다.

농업을 6차산업과 연계한 지역 관광상품으로

1차	2차	3차
현장실습 교육	귀농귀촌 연찬회 사례 발표	연수생 농장경영

농업을 6차산업과 연계한
지역 관광상품으로

이 대표의 꿈은 단순히 많은 국화를 수확해 돈을 버는 데 그치지 않는다. 이 대표는 "이천 지역은 교통망이 좋아 외지에서의 접근성도 좋고, 프리미엄 아울렛과 함께 이천 쌀 축제를 비롯해 각종 축제가 많이 열리는 지역"이라며 "이 같은 기반을 접목시켜 이천 지역의 또 하나의 관광상품인 '국화마을'을 만드는 것이 꿈이다"라고 자신의 포부를 밝혔다.

그는 "국화는 시설재배를 통해 사계절 내내 작목이 가능한 품종인데 현재 국내에는 국화 상설재배 지역이 없다"며 "지역에서 농민들이 농장이면서 사계절 상설 국화 전시장인 국화마을을 조성해 체험농장 및 판매장을 운영한다면 많은 사람이 수시로 찾는 좋은 관광상품이 될 것이라고 생각한다"고 지역 발전을 위한 새로운 비전을 제시했다.

이 대표는 끝으로 예비 귀농인들을 위한 당부도 잊지 않았다. "농사라는 건 절대 쉽게 볼 업종이 아니다"며 그는 "내가 지금 이만큼의 결실을 보고 있는 것도 오랜 시간 준비한 결과라고 생각한다. 부디 귀농을 쉽게 생각하지 말고, 충분한 고민과 준비를 거쳐 도전하길 권한다"고 말했다.

이 대표의 꿈은 고향마을에 다양한 귀농귀촌인이 모여 플라워빌을 만드는 것이다. 꽃과 나비, 벌과 새가 비닐하우스에서 노래한다. 이것을 보고 사람들이 맛있는 원두커피와 식사를 한다. 주변에서 생산된 농산물을 사 가지고 간다. 이것을 귀농귀촌인이 함께 경영한다. 이러한 꿈을 실현하기 위해 이철호 대표는 6차산업에 대한 공부를 열심히 하고 있다.

6차산업
활성화 사례 2:
횡성 에덴양봉원

귀농과 평범한 농부

　　　　　　　22년 경력의 꿀벌지기 윤상복(46) 에
덴양봉원(www.honeyfarm.net) 대표가 언제 누구를 만나든 항상 전하
는 것은 우리나라 농업의 미래를 향한 비전이다. 그를 한마디로 표현한
다면 꿀벌 전도사이다. 누구에게나 다가가 꿀벌의 효용을 이야기한다.

　윤 대표가 귀농하기 전에 에덴양봉원은 보통 농가처럼 꿀을 채집해
양봉조합이나 도매상에 납품했었다. 수입이 늘지 않았고, 소비 촉진을
위해 소포장을 개발하는 것 같은 생각은 전혀 하지 않았다.

　1962년에 꿀벌 2통으로 시작해서 지금은 양봉 200군, 찰옥수수
4950m², 감자 990m²를 생산하고 있다. 윤 대표는 "벌꿀은 부자지간
에도 속인다"라는 말을 먼저 꺼낸다. 벌꿀 시장의 신뢰가 땅에 떨어졌

고 가짜가 판친다는 말을 우회적으로 표현한 것이다. 이런 현실에 자성의 목소리를 내고 벌꿀 시장을 끊임없는 자정 노력으로 자신의 벌꿀과 관련 업계를 브랜드화해놓은 입지적 인물로 손꼽힌다. 이 같은 성공은 시간이 흐르며 자연스레 이뤄진 것이 아니다. 수차례의 실패와 좌절이라는 아픔을 딛고 끊임없이 도전하며 얻은 인내의 결과이다.

윤 대표가 고교 시절까지 가장 싫어했던 것은 다름 아닌 '꿀벌'이다. 부친이 1962년 에덴양봉원을 개원해 양봉을 중심으로 복합영농을 하면서 매일 밤낮없이 집 안으로 날아드는 꿀벌 때문에 집을 뛰쳐나가고 싶었다. 실제 윤 대표는 가업을 잇는 대신 고교 3학년 1학기를 마친 후 바로 벌을 떠나 취업 전선에 뛰어들었다. 하지만 고향에 대한 그리움으로 그의 외지에서의 생활은 5년을 넘기지 못했다.

그러나 지난 1993년 고향으로 돌아와 24살의 젊은 나이에 양봉을 시작한 그는 '참담함'에 고개를 떨어뜨릴 수밖에 없었다. '가짜 벌꿀'의 득세로 '진짜 벌꿀'에 대한 신뢰도가 곤두박질친 데다 그나마 꿀을 생산할 벌 역시 개체 수가 점차 줄어드는 등 양봉 시장이 침체 일로였기 때문이다.

핵심 키워드 3가지로
스타가 되다

아무리 어려워도 살아날 구멍은 있는 법. 그는 여러 가지 고민 끝에 막가파식 전법을 사용했다. 그의 해법은 간단하고 명료했다. '벌이 없으면 키우고, 낮은 신뢰도는 높이면 된다'는 것이 그의 신조이다. 윤 대표에게 6차산업의 핵심 키워드는 3개가 있다.

첫째, 적극적인 변화를 수용하라. 그는 과거의 고정식 양봉에서 벗어나 양봉 산업의 혁신을 추구하고 이동양봉을 통해 1차산업적인 소득 극대화를 만들었다. 이동양봉은 고정양봉 방식과 달리 꽃을 따라 전국을 누비는 어려운 과정이다. 그는 이를 통해 한겨울에 경남 창원으로 벌통을 싣고 내려가 양봉 텐트에서 추위를 견디며 벌들의 세력을 키우고 여주, 횡성을 거쳐 철원까지 이동하며 소위 꿀통이라 불리는 양봉 군을 200통 규모로 늘렸다.

둘째, 인터넷을 통해 알리고 팔아라. 1993년 귀농한 이후 IMF 시절 너무 힘들어 자살을 결심하던 방황기가 있었다. 그는 꿀을 생산해 직접 서울 서초구청을 포함한 대도시 직거래 장터와 백화점 등을 뛰어다니며 판매에 역점을 두었지만 매출은 2000여 만 원을 넘지 못했다. 윤 대표가 다시 활력을 찾은 것은 2000년 농촌진흥청의 지원으로 홈페이지를 제작한 이후였다. 2000년 이전에는 그는 도메인이 무엇인지도 몰랐다. 2000년 홈페이지를 구축해 운영하며 사람들과 벌에 대해 소통하며 쏠쏠한 재미를 느꼈다. 그 결과인지 2003년 전국 홈페이지 경진대회 최우수상과 대통령 표창까지 받았다.

그는 여기서 멈추지 않고 확실한 디지털 농업을 위해 경희대학교 사이버대학에서 4년간의 과정을 졸업했다. 부인 한애정 씨도 동일 과정을 거치고 있다. 그렇게 그는 농촌 교육농장의 꿈을 키웠다. 현재 에

에덴양봉원 홈페이지

덴양봉원의 홈페이지는 연간 3만 5000명이 방문하는 사이트가 됐고 3500명의 단골 고객도 확보했다. 결국 윤 대표를 지옥에서 천당으로 구한 것은 정부 지원을 살피고 이용한 현명함이었다. 또 소비자의 요구에 부응하는 맞춤형 상품을 개발하고 인터넷 판매와 농촌관광을 접목해 고부가가치의 6차산업으로 변신하고자 하는 노력이었다.

셋째, 농진청 교육농장 지정 이후 깊이 있는 체험교육의 실시다. 2008년 금융위기 이후 매출이 정체하자 제품 생산만으로는 더 이상 도약이 어렵다고 생각한 윤 대표는 대안으로 농장 안에 시장과 만남, 소통 기능을 넣기로 했다. 꿀벌이 보여줄 수 있는 것과 인간과 같은 조직력, 질서 등을 관광상품화하기로 작정했다. 그는 준비기간을 거쳐

2011년 국내 최초로 양봉 분야 교육농장으로 농진청에서 지정받을 수 있었다.

지정 이후 본격 운영에 들어간 그의 농촌 교육농장은 총 7가지의 다채로운 프로그램으로 2011년 한 해만 해도 357명의 학생이 다녀갔으며 2012년부터는 꾸준히 300~400명이 찾아오고 있다. 매출 역시 이전보다 최소 4배 이상 급증하며 억대 농업인의 대열에 오르고 있다.

에덴농장의 농촌체험관광은 단순하게 만들어진 것이 아니다. 2008년부터 4년간의 준비기간을 거쳐 학생들과 소통하는 체험 프로그램을 마련했다. 또 일회성 체험이 아닌 다회차, 학년별 교육을 통해 학생들의 생태 체험과 인성 함양에 도움을 주는 프로그램 운영이 주효했다. 여기에는 지금은 은퇴했지만 농촌진흥청 신영숙 과장과 박경숙 지도관의 역할이 컸다.

농업 마케팅 전문가인 윤선 박사는 에덴양봉원의 좋은 점 9가지에 대해 이렇게 말한다.

① 타이틀에 가족들 등장

② 차별화된 상품

③ 꿀을 이용한 요리 포스팅

④ 꿀벌의 수집 과정

⑤ 다이어리 정리

⑥ 앨범 관리

⑦ 유익 정보 마케팅

⑧ AS 관리

⑨ 이용하기 편리한 홈페이지 자유 게시판

에덴양봉원의 6차산업화

1993년부터 지난 20여 년은 고난의 가시밭길이었다. 특히 IMF까지 지옥 시절은 죽음을 이겨내며 소비자 신뢰도를 확보하던 시기였다. 엎친 데 덮친다고 했던가. 1999년 변함없이 이동양봉에 나섰지만 원인도 모른 채 벌들이 모두 죽거나 꿀통을 나섰던 벌이 돌아오지 않았다. 이전에도 이런 일들이 가끔 있었지만 이렇게 심각하지는 않았다. 이 같은 어려움은 무려 2005년까지 7년간이나 지속됐다. 여기에 원추각막 이식수술로 야간 운전까지 버거워지면서 그는 결국 2005년 이동양봉을 포기해야 했다.

그 과정 속에서도 한국양봉협회와 유기농협회에 가입해 정보 교환에 힘쓰며 좋은 꿀 생산에 주력했다. 특히 자신의 벌꿀을 알리기 위해 전국 자치단체와 농협 등과 연계해 대도시 직거래 판매에 나서 만나는 고객들에게 리플릿과 명함을 나눠주며 자신의 벌꿀의 우수성을 알리기 위해 노력했다.

눈 상태가 나빠지고 어려움이 닥쳐도 자신의 꿈이 되어버린 양봉 자체까지 포기할 수 없었던 그는 또 다른 선택을 했다. 먼저 홈페이지 구축을 통한 디지털 농업을 소비자들에게 좀 더 쉽게 소개하고 이를 바탕으로 신뢰받는 농업을 전개하는 것이다. 그리고 그동안 배우고 익힌

양봉에 대한 지식으로 소비자 인식을 변화시키고 꿀벌 체험을 하는 구상의 시기가 온다.

2006년 윤 대표는 꿀벌의 생애, 몸 구조, 생태 등을 모조리 알기 위해 수년간 꿀벌 연구에도 매진했다. 이를 토대로 꿀벌 교육장, 꿀벌 전시관, 생태 및 꿀 채밀 체험실 등 다양한 시설도 마련했다. 이 같은 수년간의 노력과 공부 끝에 그는 자신의 에덴양봉원을 2011년 정부의 농촌 교육농장으로 지정받았다.

1차산업화

1962년 당시 윤상복 대표의 부친인 윤주영 씨가 할머니의 병 구환을 위해 벌 2통으로 양봉을 시작해 지금은 양봉 200군, 찰옥수수 4950㎡, 감자 990㎡ 등을 가족(총 4명)이 생산하고 있다.

2차산업화

벌꿀의 소비 촉진을 위해 6가지 종류의 소포장(300g, 500g, 1000g, 유리병 600g, 1200g, 2400g)을 개발했고, 소비자 구매수요를 분석해 벌꿀 선물세트도 11종을 개발했다. 또한 천연 항생제로 쓰이는 프로폴리스 액상제품을 OEM 방식으로 생산·판매함으로써 소득을 올리는 데 효자 상품이 되었고, 사업기반을 확고히 하게 되었다.

2000년 이전에는 드럼통 단위로 도매로 납품만 하던 일에서 탈피해 소포장을 만들어 도시 소비자와 직거래를 위해 포장박스 디자인을 만들고 '에덴벌꿀'이라는 상표도 만들어 특허청에 상표 등록을 마쳤다.

또한 매년 20~30차례씩 서울 서초구청을 비롯한 관공서, 백화점, 농특산물 직거래 장터에 참가했으며 2000년 말 홈페이지를 구축해 전자상거래를 통한 직거래를 활성화했다.

3차산업화

에덴양봉원은 다양한 꿀 관련 제품을 직거래 장터 및 백화점 등 대형 유통업체와 직거래했으나 현재는 인터넷 홈페이지를 통해 전량 직거래 판매하고 있다. 각종 양봉 기자재, 포장용기, 세계의 양봉산물, 대형 말벌집 등 약 30여 종 400여 점을 전시해 농촌체험 교육소재로 활용하고 있다. 벌꿀 제품의 판매 다각화를 위해 건설협회, SK D&D, ㈜교보, 총각네야채가게 등에 선물용으로 납품하고 있다.

이러한 6차산업화를 통해 2012년 기준 매출 1억 6500만 원, 방문객 500명의 소득을 올리고 있다. 구체적으로 보면 인터넷 및 직거래 벌꿀 판매를 통해 1억 5000만 원이다. 세부 항목으로는 벌꿀 7000kg, 찰옥수수 1만 2000통, 밀납 500kg, 프로폴리스 500개, 로얄제리 25kg 생산 등을 하고 있다.

또 농촌 교육농장을 통해 1500만 원(방문객: 500명)의 소득을 올리는데 꿀벌 미니전시관(108㎡), 꿀벌교실(99㎡), 잔디마당(330㎡), 벌꿀 채밀학습장(66㎡) 등에서 매출이 나고 있으며 향후 교육농장 특성화와 농촌관광과 연계해서 소득이 더욱 높아질 전망이다.

6차산업 성공과 향후 계획

에덴양봉원은 지난 20년 동안 시대의 요구에 맞게 변화해왔다. 즉 소비자 중심의 생산과 포장 단위의 변화, 소비자를 찾아가는 마케팅과 홍보 등을 통해 브랜드 인지도가 상승하면서 직접 판매가 가능해졌다. 그 비결은 '소비자의 목소리에 귀 기울이기'다.

농촌 교육농장 운영 시 돈보다는 학생들이 자연생태와 꿀벌을 보면서 인성이 바뀌는 모습에 보람을 느끼고 있다. 일회성 교육이 아닌 시리즈 형태의 다회차 교육을 통해 재방문율을 높이는 프로그램을 운영하고 있다. 결국 체험교육 재방문율이 제고되어 매출 상승으로 이어진다.

3대의 가족과 부부가 함께하는 즐거운 일터이자 생활공간, 교육농장으로 운영하고 있다. 에덴양봉원 윤상복 대표는 가장 자신 있는 양봉과 농촌 교육농장을 접목해 학생들에게 꿀벌 생태교육을 하는 농장주이자 교사가 되고 싶어 한다. 초·중·고등학교의 정기적인 농촌체험 교육활동을 통해 진로·직업 체험, 식생활 교육 프로그램 등을 개발·운영하는 교육농장으로 발전해 연간 3000명 이상의 방문객 유치와 연간 2억 5000만 원의 매출을 올려 명실공히 대한민국에서 양봉 관련 최고의 교육농장으로 성장하는 것을 목표로 하고 있다.

교육농장 '꿀벌학교'에서 배울 수 있는 것으로 '친근한 꿀벌' '화목한 꿀벌' 등 학년별, 계절별로 교육 프로그램을 마련했다. 또 가족 단위로 많이 찾아오기 때문에 가족이 함께 즐길 수 있는 체험 프로그램도 다양하게 운영하고 있다.

체험 프로그램 내용

- 꿀벌을 주제로 마인드맵 그리기
- 야외 생태학습장(꽃밭) 및 양봉장에서 꿀벌 생태 관찰하기
- 미션 꿀벌맨: 꿀 나르기, 꽃가루 나르기, 꿀벌 비행
- 점심 메뉴로, 밥을 꿀벌 모양 캐릭터로 만들기 체험
- 프로폴리스 비누 만들기

6차산업
활성화 사례 3:
모쿠모쿠농장

연구소 탄생 비화

모쿠모쿠농장은 일본의 미에 현 이가 시에 있는 농업 테마파크이다. '모쿠모쿠 もくもく'란 우리말로 '뭉게뭉게'라는 의미다. 연기나 구름이 피어오르는 모양을 연상해 꿈과 이상이 애드벌룬처럼 피어오르는 것을 상상해 만들었다. 모쿠모쿠농장은 창업 당시부터 '맛과 안심의 양립'을 주제로 '스스로 생산' '스스로 가공' '스스로 판매'를 주창했다. 통합 경영과 유통 시스템을 확보하면서 농업의 새로운 가치를 계속 만들고 있다.

지금은 6차산업화가 주목받고 있지만, 모쿠모쿠농장은 이미 1988년 창업 당시부터 6차산업 콘셉트를 설정해 끊임없이 변화시켜오고 있다. 2014년 현재 모쿠모쿠에는 연간 50만 명이 방문하고, 그룹 전체 매출은 약 500억 원이다. 농업에서 6차산업화의 성공 사례로 소개하는 일도 많아졌다.

현재 국내외에서 모쿠모쿠 노하우를 배우려 매년 많은 사람이 견학하고 있다. 견학자들의 요구는 다양하다. '자신의 지역에서 건강하게 지내고 싶다' '지역농업을 전하는 장소를 만들고 싶다' '식육의 노하우를 알고 싶다' 등이 이유이다.

모쿠모쿠를 찾는 사람들의 공통된 마음은 하나이다. 그 지역의 '음식과 농업과 자연=농촌 산업'을 모토로 하여 지역을 활성화시키고 싶다는 것이다. 이런 마음을 가진 사람들은 모쿠모쿠의 동지다.

모쿠모쿠는 일본의 농촌 산업을 아직 저개발이라고 보고 있다. 이들은 소비자와 생산자, 산업 간 전후방 연계를 통한 융복합이 환태평양경제동반자협정TPP: Trans-Pacific Partnership(아시아·태평양 지역국 간에 진행 중인 광역 자유무역협정FTA을 말한다)에 지지 않는 일본 농업을 만들 수 있다고 확신하고 있다.

농촌 산업이란?

농촌에는 여러 장점이 있다 푸른 하늘 아래 논과 밭이 펼쳐져 그 주위를 녹색의 농촌과 논밭이 아름다운 어메니티 정경을 선사한다. 또 논에서 쌀이, 밭에서 신선한 채소가 생산된다. 농작물이 생산될 수 있으면 그들을 가공한 농산물을 만들 수 있다. 농작물과 가공품이 있으면 그것을 파는 가게와 음식점이 나온다.

가게에 많은 사람이 오면 농가에서 만드는 채소는 더 팔리게 된다. 가게가 잘되면 유사 업종이 생겨나게 되고 채소 판매량이 늘어나면 소득이 증가한다. 이러면 도시에 나갔던 농가의 아들과 딸이 돌아올지도 모른다. 귀농귀촌은 소득과 관계, 환경이 중요하다.

자연환경이 풍요롭고 매력적인 일을 하는 장소가 있으면 도시에서 감성이 풍부한 젊은이들이 귀농귀촌하는 일도 꿈이 아니다. 젊고 유능한 인재들이 농촌으로 돌아오면 다양한 가능성을 구체화시킬 수 있다.

모쿠모쿠농장은 농촌의 6차산업이 가지는 강점을 유기적인 연결을 통해 지역을 활성화하는 소비자와 농민을 연결하는 산업을 만들고 있다. 아무도 거들떠보지 않았던 농촌에 흔한 강점을 활용하여 지속적으로 일할 수 있는 장소를 만든다.

농촌 공간은 어디든지 있다. 농촌이라면 농산물도 있다. 가공품이나 물건을 파는 지혜는 지금은 없을지도 모르지만, 공부하면 계속 생성된다. 중요한 것은 아이디어와 상상력을 통해 도시소비자가 원하고 좋아하는 상품을 창조해나가는 것이다. 만약 귀농귀촌할 마을이 있다면 그것을 어떻게 계획하고 설계하며 마을의 주민을 지도자로 양성할지를 생각해야 할 것이다.

중요한 것은 농촌 산업에 필요한 것은 마을에 거의 갖추어져 있다는 점이다. 뜨거운 가슴을 가진 사람과 농민과 사랑하며 열정적으로 협력형 공동사업을 할 수 있는 기상을 가진 사람이 필요하다.

6차산업은 새로운 기업을 설립하는 것이 아니다. 지금까지 농촌, 농업, 농민이 가지고 있는 여러 가지 사업체를 귀농귀촌인과 더불어 융복합하고 연계해서 새로운 시스템을 만들어가는 것이다.

업무 방식을 조금 바꿔보는 것, 생각을 조금 비틀어보는 것, 여기에 새로운 산업이 태어나는 기회가 숨어 있다. 이러한 형태는 농민보다 도시에서 다양한 삶을 살다 온 귀농귀촌인이 유리하다.

모쿠모쿠농장은 일본 내에서 6차산업 전도사로 통한다. 1988년 농장 설립부터 회원 조직을 발족하고 7만 명의 진성회원으로 육성해오고 있다. 이들에 대한 직거래와 꾸러미사업이 모쿠모쿠를 먹여 살리고 있다.

모쿠모쿠의 사업 방향

모쿠모쿠는 6차산업의 근간인 다양성과 산업을 결합해 소비자에게 공익을 주고 공익을 통해 살아가는 형태를 띤다. 일종의 NPO와 같은 형태이다. 기업이 시민단체와 같은 형태라니 조금 의아해할 수도 있지만, 우리나라의 희망재단이나 완주 로컬푸드센터가 모쿠모쿠와 유사한 형태이다.

모쿠모쿠는 1995년 농업생산부와 공방부를 만들어 본격적인 농업 생산을 규모화해서 조합원에게 공급하는 시스템을 만들었다. 1997년에는 지역 빵공방, 파스타공방, 파파비어홀(지역 맥주를 생산해 공급하는 맥주 레스토랑)을 오픈해 현재까지 성업 중이다. 2001년에는 온천을 오픈하고 있다.

모쿠모쿠에 가면 레스토랑에서 안전하고 안심할 수 있는 음식을 먹

는다는 장점이 있다. 건강에
좋은 자연식이라는 인식에 여
성 고객이 많다. 이러한 인식
덕분인지 11시에 오픈하면 1인
당 2만 원 하는 정식이 130석
규모에 바로 만석이 된다. 예약
을 하지 않으면 1시간 30분에
서 2시간을 기다려야 식사할
수 있다.

그렇지만 모쿠모쿠를 가치 있게 해주는 것은 철학과 사업 방향이다.
모쿠모쿠는, 첫째 소비자의 니즈를 모든 사업에 우선한다. 둘째, 농업
의 6차산업화를 철저하게 실행한다. 즉 1차 농업생산과 2차 햄 만들
기, 3차 레스토랑, 통판, 체험, 팩토리 팜 등을 추진하고 있으며 특히
농촌관광 성격의 이벤트가 활성화되어 있다. 셋째, 철저하게 지산지소
를 준수하고 가공품은 지역 산물을 사용한다. 넷째, 6차산업의 각 그
룹을 통합 운영하고 융복합한다. 다섯째, 소비자가 공감할 공익활동
을 지속적으로 전개한다.

이러한 사업으로 모쿠모쿠는 일본 내에서 가장 성공적인 농기업으
로 성장하고 있다.

6차산업
활성화 사례 4:
교토네기

교토 대파로 전국을 제패하자

　　　　　　　　야마다 토시유키 사장은 1962년 교
토 농가의 차남으로 태어나 도쿄에 아오야마라는 기성복 외판원으로
있다가 32세에 귀농했다. 그의 생산품목은 1000년 전통의 교토 대파
를 재배하고 판매하는 것이다. 일본은 라면을 무척 즐긴다. 라면에는
파가 꼭 들어가는데 관동라면 가게를 중심으로 컷 파(대파를 기계로 커
팅해 냉동 보관한 것을 해동해서 판매하는 영업) 등을 판매하는 6차사업화
를 시작한다.

　안정적인 출하량을 확보하기 위해 교토부 내 생산농가와 제휴, 구
조九條파 생산자 단체를 발족한다. '독립지원 연수생 제도'를 마련하고
귀농자의 홍보에도 힘을 쏟고 있다. 2014년 1월에는 전국의 파의 산지

와 함께하는 '호와 일본 주식회사'를 설립해 가고시마 현과 나가노 현의 농업생산법인과 함께 통일 브랜드 '베지레쿠토' 전국 판매망을 구축했다.

야마다 사장의 말대로 대파로 전국을 제패한 순간이다. 그는 교토에 그치지 않고 전국의 생산자와 연계로 새로운 6차산업화를 추진하고 있다. 필자가 방문한 시기에 '헤세이 25년도(2013년) 6차산업화 우수사례 표창'에서 그는 농림수산부 장관상을 받았다. 기자들이 쇄도하는 가운데 필자와 야마다 사장은 인터뷰를 진행했다. 이후 6차산업화를 추진하는 전국 각지에서 강연 요청에 정신이 한동안 없을 것 같았다.

야마다 사장 인터뷰

야마다 씨는 세일즈는 알지만 "6차산업화를 목표로 경영을 공부했으면 좋겠다"고 말했다. 사업 전개 도중에 2007년 실패를 통해 처음으로 경영을 배운 야마다 씨가 말한다. 야마다 사장이 생각하는 농업 비즈니스는 '농업은 땅의 역사를 전달하는 것'이라고 보고 있다. "역사와 장소가 같이 간다면 브랜드 파워가 형성되고 그것을 소비자가 인식한다. 결국 스토리텔링을 어떻게 하느냐가 브랜드 파워로 이어진다. 본래 농작물의 맛을 생산자가 어떻게 잘 전달할지가 6차산업화의 포인트가 된다"라고 덧붙인다.

10억 원의 매출 목표

교토부府가 인증한 '교토의 전통 채소'의 대파는 엽육이 얇고, 특유의 향기가 있어 맛이 진하다. 야마다 씨는 항상 재배 방법을 연구하여 품질 향상과 작업의 효율화를 도모하고 있다. 대학 졸업 후 의류 업계에서 일하고 있던 야마다 씨는 28세 때부터 독립하고 싶다는 생각을 하고 있었다. '무엇이 하고 싶은가'라는 구체적인 것이 아니라 시대의 흐름으로 향후 농업이 간직되어 가는 것만은 느끼고 있었다고 한다.

집은 농사를 짓고 있고, 심부름한 적은 있었지만 농업에는 아마추어였다. 그는 농업에 대한 막연한 동경과 아오야마 시절의 세일즈를 결합하면 뭔가 이룰 것이라는 기대를 가졌다. 야마다 씨는 근무하던 회사를 그만두고 32세에 고향 교토로 귀농했다.

첫해 야마다 씨가 제일 먼저 실시한 것이 매출 목표의 설정이다. 그 금액은 10억 원. 야마다 씨는 "숫자에 근거하지 않습니다. 허름한 의류 업계에서 세일즈맨으로 있었을 때는 한 점포에서 1억 원을 목표로 하고 있던 적도 있었고, 농업도 비즈니스라는 생각이 근저에 있었습니다. 하지만 농업을 알고 있으면 이런 목표는 세우지 못하겠지요"라고 회고했다. 귀농 1년 매출은 4000만 원으로 목표에 미치지 못하고 있었으며 아버지와 둘이서 아무리 열심히 일해도 10억 원 목표를 달성할 수 없다고 자탄했다.

야마다 씨는 생산체제 재검토를 아버지에게 건의했다. 아버지의 반대를 무릅쓰고, 연중 수확이 가능한 '구조파'만을 재배하기로 했다.

스스로 가격을 결정하고
판로를 개척해나간다

구조파는 1일 약 3톤의 대파를 수확하고 공장에서 가공한다. 공장은 HACCP 인증을 받고 전국으로 가공한 파를 출하한다. 지금까지 가업에서는 양배추, 무, 채소 등을 재배하고 있었지만, 구조파에 맞춤으로써 비용은 줄이고 효율성은 상승했다. 매출은 1억 6000만 원까지 성장했지만 아직 목표에는 닿지 않는다. 그런 가운데 야마다 씨는 '네기屋'이라는 교토 특유의 산지 중개업자의 모임에서 '파를 가공하고 식당에 판매한다'는 힌트를 찾아냈다.

가공과 대파 컷으로, 고객은 주로 라면가게를 상대했다. 이것도 교토가 아닌 도쿄나 다른 대도시를 표적으로 했다. 교토의 현지 업체와 충돌을 피하기 위해 야마다 씨는 푸른 대파를 사용하고 있는 관동의 라면가게를 표적으로 했다. 당시는 파 뿌리 쪽의 흰색 파가 주류였던 관동의 라면가게였지만, 돼지뼈 라면의 열풍으로 청파도 매력을 가질 것이라고 야마다 씨는 확신했다.

그는 도쿄의 라멘 야에 가서 "'교토 구조대파' 농가가 왔습니다. 생산자가 직접 판매하기 때문에 쌉니다"라고 목청껏 말했다. 야마다 씨의 승리 순간이었다. 관동의 라멘 야에서 붙기 시작한 청파의 열기는 일본 전역으로 번져가기 시작했다.

구조파를 잘라 판매하는 야마다 씨의 6차산업화가 시작되었다. 단맛이 응축된 구조파의 인기는 점점 높아갔다. 귀농해서 7년이 경과된 시점에 목표로 했던 매출 10억 원을 달성했다.

농작물의 맛, 6차산업의 포인트

필자가 가본 야마다 사장의 공장은 HACCP 인증을 통해 전 과정 자동화가 되고 있었다. 자른 파를 씻은 물은 1회마다 버리고 염소를 사용하지 않고 오존 살균이 실시되는 등 철저한 위생관리가 이루어지고 있다. 2008년 중국 냉동만두 사건이 일어나 중국에서 파의 수입이 스톱되었다. 이후 일본은 국산품의 안심·안전한 상품을 요구하는 시대가 되었다.

이것을 기회로 포착한 야마다 씨는 100억 원의 매출 목표를 내걸고 생산체제를 강화하기 위해 구조파 생산자 단체 '아들과 파 위원회'를 발족시켰다. 지금까지 100건의 계약 농가와의 계약 내용을 검토하고 재차 24개의 생산자와 계약을 맺어 "아들과 파 위원회와 계약한 농가에는 JGAP 인증 획득에 노력했다. 그는 생산 농가에 회사의 판매 계획에도 참가해주는 등 당사의 경영에 중요한 파트너가 되어달라"고 요청했다.

이러한 야마다 사장의 노력에도 2011년 동일본 대지진에서는 거래처 관련 폐업으로 적자와 2012년에는 26년 만의 추위 영향으로 흉작에 빠졌다. 이것을 교훈으로 한 야마다 사장은 기후나 자연재해에도 이길 수 있는 가공품의 강화에 나섰다.

매출 목표의 30%를 가공품에 할당했다. 그는 "가공품도 만들면 좋다고 하는 것은 아니고, 맛있고, 팔리는 것이어야 합니다. 프로와 함께 양념, 포장 디자인 등을 진행했습니다"라고 말했다. 그러면서 그는 "6차산업화의 포인트는 본래의 농작물의 맛을 생산자가 어떻게 잘 전달할까, 거기가 중요합니다"라고 말한다.

4장

귀농귀촌,
6차산업으로 준비하기

귀농귀촌
창업
성공공식표

6차산업 준비를 위한
사업계획표 만들기

　　　　　　6차산업으로 귀농귀촌 창업을 준비하고 실전적으로 자신의 상황을 점검해보자. 지금까지 자신의 처지를 발판으로 귀농귀촌 결심과 동기, 가족의 동의를 얻고 '앞으로 어디서 어떻게 경제생활을 할까'를 함께 고민했다. 이 과정에서 계속 주문한 사항이 자신이 열정을 가지고 잘할 수 있는 일과 3농 결합이다. 구체적인 목표가 없는 상태에서 귀촌은 실패 그 자체이다.

　실패하지 않으려면 처음부터 끝까지 자신이 좋아하는 일을 찾아라. 농촌에서 자신이 좋아할 수 있는 일을 하면서 돈 벌 궁리를 해야 한다. 만약 못 찾았다면 농촌으로 갈 생각을 하지 마라. 오히려 도시에서 근근이 살아가는 것이 나을 수도 있기 때문이다.

귀촌 초기에는 가급적 대규모 농사를 짓지 마라. 모든 농사에서 친환경이나 유기농업을 제외한 관행농업은 점점 경쟁력이 떨어질 것이다. 필자가 농촌에서 해야 할 권장사항으로는 자신의 직업이나 자신이 잘할 수 있고 좋아하는 일을 농업과 연관해서 하라는 것이다. 이 말은 앞으로도 귀에서 '반농반도사'라는 소리가 들릴 정도로 많이 할 것이다.

가급적 자신이 해오던 일을 70%, 농업과 연관된 일을 30% 범위 안에서 상호 결합시켜 시작하기를 권한다. 처음부터 반농반도사는 아니다. 사업 추이를 보아 점차 농업 비중을 절반 정도까지 늘릴 수 있다. 그러나 처음부터 농업 비중을 높이는 것이나 많은 돈을 투자하는 것은 위험하다. 안전하고 잘할 수 있는 분야에서 작은 규모의 성공을 맛본 후 재투자해도 늦지 않다.

만약 자신이 잘할 수 있는 분야가 없어 농업을 해야 한다면 반드시 지역을 먼저 선택하고 그다음 농업을 선택해야 한다. 지역 특성에 대한 고려 없이 농업을 먼저 선택하면 반드시 망한다. 농업은 갈수록 경쟁력이 떨어지는 분야이다. 100% 몰빵으로 농사에 뛰어든다면 어렵다. 특히 50대 이후에 진입한다면 희망이 없다. 왜냐하면 농업과 하늘, 땅, 기후환경을 익히는 데 5~10년 정도 걸리기 때문이다. 이후 경영 조건을 따져 흑자를 내는 데 또 시간이 필요하다. 그러고는 은퇴해야 할 시기다. 뼛골 빠지게 일하는 것이 소원인 사람이라면 소원대로 하자. 반드시 농업보다 먼저 지역을 선택하자. 지자체도 돈이 아닌 네트워크를 지원하는 곳으로 가야 한다. 지자체도 잘못 선정했다가는 골로 가는 수가 있다. 남들이 많이 가는 곳을 선택하면 반은 성공할 수 있다. 지자체장 의지와 귀농귀촌에 대한 열정이 있는 곳으로 가라.

지금부터 설명하는 귀농귀촌 성공공식표는 필자의 졸저《귀촌창업 부자들》에서 빠지거나 미진한 부분을 보완한 것이다. 특히 귀촌소득 형태나 생활 형태, 갈등 조정방안에 대해 새롭게 추가했다. 그리고 사업계획 형태도 다양한 내용을 보완했다.

귀농귀촌 성공공식표를 작성하고 보완하다 보면 자신의 귀촌 계획이 완성되고 스스로 구체적인 이미지가 그려진다. 귀농귀촌은 낭만이나 이상만으로는 절대 달성할 수 없다. 원주민 속에서 생존해야 하고 그들과 협력형 소득 모형을 만들어내야 가능하다.

6차산업형 귀농귀촌 성공공식표

● 성함 :

● 주소 :

● 생년월일 :

● 전화 ·

● 최종학력 :

● 최종직업 :

① 다음 중 자신이 좋아하는 분야는 어떤 것입니까?

선호 분야	
융복합	농공업, 농상업, 농서비스, 6차산업
원예	채소, 과수, 화훼, 특용, 시설재배
축산	대가축, 중소가축, 가금, 양어, 특수동물
가공	농산식품 가공, 축산식품 가공
농자재	농기계, 농기구, 비료, 농약
유통	저장, 판매
농촌관광	체험농장, 교육농장, 민박, 펜션
교육	체험교육, 어린이 교육, 중고생 교육, 성인 교육
축제/이벤트	각종 농가 단위 축제 기획, 이벤트 기획, 힐링·문화·예술 등 기획
선호항목	1) 2) 3)

② 귀촌 예상 지역을 3개 고르시오.

귀촌 예상 지역 구분	
경기	가평군 고양시 과천시 광명시 광주시 구리시 군포시 김포시 남양주시 동두천시 부천시 성남시 수원시 시흥시 안산시 안성시 안양시 양주시 양평군 여주군 연천군 오산시 용인시 의왕시 의정부시 이천시 파주시 평택시 포천시 하남시 화성시
강원	강릉시 고성군 동해시 삼척시 속초시 양구군 양양군 영월군 원주시 인제군 정선군 철원군 춘천시 태백시 평창군 홍천군 화천군 횡성군
충북	괴산군 단양군 보은군 영동군 옥천군 음성군 제천시 증평군 진천군 청원군 청주시 충주시
충남	계룡시 공주시 금산군 논산시 당진군 보령시 부여군 서산시 서천군 아산시 연기군 예산군 천안시 청양군 태안군 홍성군
경북	경산시 경주시 고령군 구미시 군위군 김천시 문경시 봉화군 상주시 성주군 안동시 영덕군 영양군 영주시 영천시 예천군 울릉군 울진군 의성군 청도군 청송군 칠곡군 포항시

경남	거제시 거창군 고성군 김해시 남해군 마산시 밀양시 사천시 산청군 양산시 의령군 진주시 진해시 창녕군 창원시 통영시 하동군 함안군 함양군 합천군		
전북	고창군 군산시 김제시 남원시 무주군 부안군 순창군 완주군 익산시 임실군 장수군 전주시 정읍시 진안군		
전남	강진군 고흥군 곡성군 광양시 구례군 나주시 담양군 목포시 무안군 보성군 순천시 신안군 여수시 영광군 영암군 완도군 장성군 장흥군 진도군 함평군 해남군 화순군		
제주	서귀포시 제주시		
기타	인천) 강화군 옹진군 부산) 기장군 달성군 울산) 울주군		
순위	1)	2)	3)

③ 귀하의 귀촌창업에 대해 구체적인 내용을 설명해주십시오.

구체적인 창업내용	
1. 초기 사업계획 작성?	• 귀농 교육시기 사업계획 작성 여부 • 구체적인 사업 아이템에 대한 계획 • 귀촌 장소 선정, 소득원 계획 • 사업 구상, 계획, 설계, 전문가 의견 확보 여부
2. 소득원 경영계획	• 직장과 농촌창업의 차이점 습득 • 경영계획 • 회계장부 정리 • 사업 전반에 대한 컨설팅 • 재고품에 대한 관리처분
3. 고객관리 계획은?	• 생일 • 결혼 • 애·경사 • 사용후기
4. 반품처리 계획은?	• 농산품생산배상책임(PL)의 한계
5 소득원 수정 계획은?	• 교체 • 확대 • 복합

6. 계획과 실행은?	• 계획 • 실행 • 평가 • 반영 등(기록 유지)
7. 시장조사 계획은?	• 일 • 주 • 월 • 계절 • 년
8. 홍보, 광고, 판촉은?	• 입소문 • 방송 • 신문 • 인터넷(블로그) • 잡지
9. 남이 따라올 때는?	• 새로운 아이템으로 승부
10. 고객만족 계획은?	• 방문 • 전화 • 우편 • 메일 • Anti 의견 청취 및 게재

④ 귀하께서 생각하고 있는 귀촌 유형은 어떤 것입니까?

귀촌생활 유형		선택
1. 이민형	도시에서 농촌으로 이사 오고 주민등록을 이전한 생활 형태	
2. 계절생활형	농번기에는 농촌생활, 이외 계절에는 도시생활을 하는 형태	
3. 주말생활형	주말에 전원에서 생활하고 싶은 유형	
4. 주중생활형	주중에 전원생활하고 주말은 모도시로 돌아오는 형태	
5. 노후생활형	은퇴 후 노후를 시골에서 보내는 형태	
6. 출퇴근형	도시에 직장을 가지고 인근 농촌에서 생활하거나 농촌형 직장에 취직하는 형태	
7. 기타	( )	

⑤ 귀하께서 고려하는 귀촌의 사업 형태는 어떤 방향입니까?

귀촌 사업 유형		선택
1. 생계형	귀촌을 통해 주 소득을 창출하는 형태	
2. 부업형	농창업을 부업으로 하거나 취미농으로 하는 형태	
3. 탈출형	도시에서 탈출해 전원에서 생활하고 싶은 유형	
4. 기회형	시골에서 새로운 창업기회를 찾는 형태	
5. 동업형	농창업을 주제로 다양한 동업을 창출하는 형태	
6. 기타	( )	

⑥ 귀하께서 생각하는 귀촌의 소득 유형은 무엇입니까?

귀촌 소득 유형			선택
전업형	1. 농업형	농업을 통해 주 소득을 창출하는 형태	
	2. 농촌형	농촌과 관련된 일을 통해 소득을 창출하는 형태	
	3. 농민형	농민과 관련된 일이나 지원사업을 통해 소득을 얻는 형태	
	4. 농촌관광	농촌관광을 통해 소득을 얻는 형태	
	5. 6차복합	6차산업이나 융복합산업으로 소득을 창출하는 형태	
	6. 가공	식품 가공이나 주류 제조 등으로 소득을 얻는 형태	
	7. 유통	농산물이나 물품을 도농 간에 유통해서 소득을 얻는 형태	
	8. 취직형	농기업이나 농업법인에 취직해서 소득을 얻는 형태	
부업형	1. 민박형	시골에서 부업으로 민박을 경영하는 형태	
	2. 취미농	취미로 허브나 약초 등 좋아하는 농업을 하는 형태	
	3. 텃밭형	자투리 텃밭에 먹거리를 경작하는 소농 형태	
	4. 체험농장	도시민이 동식물 체험을 안내하는 농업	
	5. 가공형	가내수공업 형태로 자신이 생산한 작물을 가공판매	
	6. 꾸러미형	자신이 생산하거나 주변 농산물을 네트워크로 판매	
	7. 기타	( )	

⑦ 자신이 생산하는 상품에 대한 이해는 어느 정도입니까?

자가생산품 이해	
1. 업종, 판매할 상품, 서비스의 총칭은?	1. 구체적인 아이템은? 2. 핵심 노하우는?
2. 어디에 좋은가?	1. 기능성 식품 2. 특징
3. 무엇을 선정할 것인가?	1. 선정 이유 2. 자신의 선호 3. 경제성
4. 어디서 창업할 것인가?	1. 창업 특성 2. 창업 적지 3. 지자체 지원
5. 어떻게 팔 것인가?	1. 고객 마케팅 2. 홍보방안
6. 고객관리는 어떻게 할 것인가?	1. 노하우가 있는가? 2. 특별 서비스
7. 사후처리는 어떻게 할 것인가?	1. 반품 시 대처 2. 고객 불만 해결

⑧ 귀하의 귀촌 아이템 선정 시 외부 고려사항은 어떤 것이 있는지 설명해주십시오.

아이템 선정 시 외부 고려요인	
1. 잠재고객 파악	1. 인맥관리 2. 필요한 물품 여부
2. 경쟁자 파악	1. 지역 내 경쟁자 2. 지역 외 경쟁자
3. 공급 능력 파악	1. 통계 파악 2. 전문가 의견
4. 위험부담 감소요인	1. 농보험 가입 여부 2. 재해재난 정보
5. 법적 규제 여부 확인	1. 법률사항 2. 관련 법

⑨ 귀하의 귀촌 아이템 선정 시 고려할 내부 고려사항은 어떤 것이 있는지 설명해주십시오.

아이템 선정 시 내부 고려요인	
1. 생산환경	1. 설비 및 기계 사용 2. 생산, 사업, 토질 등 조건
2. 경험 유무	1. 유 2. 무
3. 성격	1. 적극적 2. 소극적
4. 체력	1. 강 2. 약
5. 전문성	1. 유 2. 무
6. 자금규모	1. 3억 이상 2. 1~3억 3. 1억 미만
7. 다양한 능력 기술	1. 2.

⑩ 다음 사항에 대해 귀하의 의견을 구술해주십시오.

귀촌 창업 구상	
1. 귀촌설계	1. 2.
2. 업종 선정	1. 2.
3. 귀촌지 탐색	1. 2.
4. 종합 타당성 검토	l. 2.
5. 사업계획서 수립	1. 2.
6. 사업 추진상 주요 사항	1. 2.

| 7. 귀농귀촌 성공요인 | 1. |
| | 2. |

⑪ 귀촌을 한다면 어떤 조건에서 할 수 있습니까?

귀촌 조건 유형	
1. 자본(돈)	1. 자기자본 2. 차입자본
2. 조직(사람)	1. 가족 2. 노동자 고용
3. 물자(상품)	1. 자가 생산 2. 물품 구입
4. 경영(마케팅)	1. 자가 경영 2. 전문가 혹은 외주

⑫ 자신이 잘할 수 있는 사항을 고르시오.

귀촌 창업 10계명	
1. 나의 귀촌 창업을 널리 알린다	
2. 도시에서 충분한 귀촌 창업 준비를 한다	
3. 교육은 무조건 참석한다	
4. 농품목보다는 지역을 먼저 선정한다	
5. 지식이나 기술을 충실히 준비한다	
6. 지자체 정책과 멘토, 시스템을 확인한다	
7. 성공한 귀촌인을 찾아간다	
8. 도시에서 하던 일을 농촌과 농업에 접목한다	
9. 전후방 효과를 보며 사업계획서를 작성한다	
10. 자신이 잘할 수 있는 분야를 선택한다	

⑬ 귀하의 귀촌 창업에 대해 구체적인 내용을 설명해주십시오.

창업방안 내용	
1. 어디서 할 것인가?	• 고향 • 타향 • 시골
2. 누구의 땅인가?	• 보유 • 구입 • 임대
3. 어떤 창업을 선택할 것인가?	• 기능성 • 신개발종 • 기성사업과 농업의 결합 • 수입과 연관된 농창업
4. 창업 기술력은 있는가?	• 설비 및 기술 • 생산과 마케팅 • 경영 및 관리
5. 자금계획은?	• 자기자본 • 타인자본 • 유동성
6. 어떻게 가공할 것인가?	• 단순가공 • 가공 • 추출
7. 어떻게 팔 것인가?	• 자가 • 택배 • 인터텟 • 쇼핑몰 • 홈페이지
8. 결제는 어떻게?	• 현금 • 계좌이체 • 인터넷 • 카드 및 지로

⑭ 귀하께서는 귀촌 창업에 대해 어떤 의견을 가지고 계십니까?

귀촌 창업의 육하원칙	
1. 추력상품(what)	1. 2.
2. 구매동기 촉진책(why)	1. 2.
3. 목표고객(who)	1. 2.
4. 노동시간(when)	1. 2.
5. 귀촌입지(where)	1. 2.
6. 판매방식(how)	1. 2.
7. 가격책정(how much)	1. 2.

⑮ 귀하께서는 주민과의 갈등해소 방법을 가지고 있습니까?

갈등해소 방법	
1. 주요 갈등요인이 무엇인지 아는가?	• 토지 • 사람 • 문화
2. 갈등이 일어나면 해결책은 있는가?	• 중재 • 조정 • 합의
3. 갈등조정을 지원해줄 멘토는?	• 공무원 • 주민 중 유력인사 • 귀농귀촌 선배 • 지역 지인
4. 공무원과 친한가?	• 갈등조정을 내 편이 되어 해준다 • 합리적으로 조정한다 • 잘 모르겠음

5. 갈등해소 교육은 받았는가?	• 20시간 이상 받았다 • 10시간 이하 받았다 • 안 받았음
6. 갈등 유형과 사례에 대한 이해?	• 완벽히 이해 • 어느 정도 이해 • 잘 모름
7. 도시민과 농민의 차이점을 알고 있나?	• 5가지 이상 알고 있음 • 알고 있음 • 잘 모름 • 전혀 모름

6차산업형 귀촌 성공을 위한
육하원칙

성공 귀촌을 위한 육하원칙六何原則, five W's and one H을 테스트해보자. 매스컴에서 기사를 작성할 때 기본적으로 지켜야 할 원칙이 있다. 6가지 기본 요소라고 할 수 있는 육하원칙이다. 귀촌을 준비하고 있다면 가장 손쉬운 방법으로 육하원칙에 따라 일목요연하게 정리하고 테스트해보는 것도 의미가 있다. 귀촌에 대한 관심이 있고 귀촌을 준비해보려는 은퇴 준비자들이라면 다음 사항을 점검해보자.

① 귀촌 주체(who)
'누가' 귀촌을 하는가? 혼자, 부부, 가족 등이 있다. 귀촌자 간의 단합과 팀워크가 있는지, 어느 정도 귀촌 준비를 했는지, 모두가 찬성하고 있는지, 도시에서 구체적인 준비를 했는지 등이 기본적으로 고려되어야 한다. 귀촌자가 어떤 자질과 능력을 갖추고 있는가 하는 것이 매우 중요하다.

항목	3	2	1
1. 귀촌 주체는 결정되어 있는가?	있음	보통	없음
2. 귀촌자 간의 단합과 팀워크가 있는가?	있음	보통	없음
3. 어느 정도 귀촌 준비가 되어 있는가?	있음	보통	없음
4. 가족들이 찬성하고 있는가?	있음	보통	없음
5. 도시에서의 구체적인 준비가 되어 있는가?	있음	보통	없음
6. 귀촌에 대한 어떤 자질이 있는가?	있음	보통	없음
7. 남들과 차별화되는 특별한 능력이 있는가?	있음	보통	없음
8. 건강한 신체와 정신을 소유했는가?	있음	보통	없음

② 귀촌 시기(when)

'언제'는 바로 귀촌의 시기 혹은 타이밍이라고 할 수 있다. 귀촌의 시기는 손뼉으로 치는 박수와 같다. 양손이 잘 맞으면 소리도 크고 경쾌

항목	3	2	1
9. 귀촌 시기는 구체적으로 결정되었는가?	있음	보통	없음
10. 귀촌 타이밍에서 고려되는 요소를 알고 있는가?	있음	보통	없음
11. 주변 사람들과 충분히 상의하고 있는가?	있음	보통	없음
12. 현재 살고 있는 주택의 처리방안이 나왔는가?	있음	보통	없음
13. 도시에서 쉽게 떠날 수 있게 준비되어 있는가?	있음	보통	없음

하다. 만약 엇박자가 난다거나 맞지 않는다면 소리는 작거나 들리지 않을 것이다. 귀촌 아이템에도 귀촌의 시기가 있으며, 귀촌 진입이 너무 빨라도 혹은 너무 늦어도 실패할 수 있다.

③ 귀촌 예정지(where)

'어디서'라는 것은 귀촌할 장소를 말한다. 귀촌 예정지는 단순히 경관만 좋아서는 안 된다. 자신과 귀촌할 사람들과 살고 있는 원주민들의 궁합도 중요하다. 가서 무엇을 할 것인가도 원주민과 이야기해야 한다. 부부가 서로 궁합이 다르면 부부로서 살 수 없듯이 지역의 풍토와 환경, 원주민과의 궁합, 지자체의 지원 등도 귀촌에서는 대단히 중요하다.

항목	3	2	1
14. 귀촌 예정지 인문 현황에 대해 잘 알고 있는가?	있음	보통	없음
15. 귀촌지의 사람들과 친밀도는 있는가?	있음	보통	없음
16. 원 거주지에서의 접근성은 좋은가?	있음	보통	없음
17. 귀촌지의 기후, 풍토, 토질에 대하 알고 있는가?	있음	보통	없음
18. 귀촌 예정지에서 농사 경험이 있는가(주말농원)?	있음	보통	없음
19. 귀촌 예정지에 멘토가 있는가?	있음	보통	없음

④ 귀촌 아이템(what)

'무엇'을 만들고 판매할 것인가 하는 문제를 말한다. 이것은 귀촌 아이템과 직결된 것으로서, 관련 분야에서 경험을 쌓은 후에 귀촌하는 것이 필요하다. 민박과 음식업을 하겠다는 사람이 조리사자격증이나 호텔관리론도 모른다면 어렵다. 또 지역 음식에 대한 전문적인 지식이 없다면 곤란할 것이다. 이 경우에는 지역의 호텔이나 식당에서 몇 개월간 근무를 해보는 것도 많은 도움이 될 것이다.

항목	3	2	1
20. 도시에서 귀촌 아이템 분야에 경험이 있는가?	있음	보통	없음
21. 전문 아이템은 선정이 돼 있는가?	있음	보통	없음
22. 농사경험은 있는가?	있음	보통	없음
23. 귀촌지에서 차별화할 특기는 있는가(주조, 음식, 민박 등)?	있음	보통	없음
24. 전문기술에 대해 학습 경험이 있는가?	있음	보통	없음

⑤ 귀촌 방법(how)

'어떻게'는 귀촌의 제 요소를 어떻게 결합시켜 경영하는가 하는 문제를 말한다. 기술 개발, 자금 조달, 홍보 및 마케팅, 시장 개척, 인사 관리 등의 여러 문제를 어떻게 관리하고 운영할 것인가 하는 것을 말

항목	3	2	1
25. 귀촌 후의 경영 계획은 작성했는가?	있음	보통	없음
26. 간편회계를 작성할 수 있는가?	있음	보통	없음
27. 자신을 홍보하고 마케팅을 할 수 있는가?	있음	보통	없음
28. 홈페이지는 있는가?	있음	보통	없음
29. 도시의 지인을 고객으로 만들 수 있는가?	있음	보통	없음
30. 예상하지 못한 문제에 대한 해결 능력이 있는가?	있음	보통	없음

하는데, 귀촌자는 자기 나름의 경영철학과 전략을 갖고 있어야 할 것이다.

⑥ 귀촌 철학(why)

'왜'는 무엇 때문에 귀촌을 하는가와 같이 귀촌의 목표를 분명하게 해야 한다는 것이다. 또한 귀촌 과정에서 일어나는 수많은 문제와 의사결정에 대해 '왜'라는 질문을 스스로 하고 또한 자신 있게 대답할 수 있어야 한다.

항목	3	2	1
31. 자신이 왜 귀촌하는가에 대해 설명할 수 있는가?	있음	보통	없음
32. 귀촌 목표가 분명한가?	있음	보통	없음
33. 귀촌 후 3년간 버틸 자신이 있는가?	있음	보통	없음
34. 원주민과 잘 지낼 자신이 있는가?	있음	보통	없음
35. 농민들을 좋아하는가?	있음	보통	없음
36. 농촌을 좋아하는가?	있음	보통	없음
37. 농창업을 좋아하는가?	있음	보통	없음

실제 도시민이 귀촌을 준비하는 과정에서 농촌생활과 귀촌 준비에서 농가경영까지 하려면 여러 가지 사항을 고려해야 한다. 이런 준비가 없이 막연한 꿈을 찾아가서 실패한 경우가 많다. 여러분도 그런 경우인지 아닌지를 꼭 테스트해보자.

6개 분야 총 37개의 항목에 대해 111점 만점이다. 90~111점 사이의 점수를 획득했다면 언제든지 귀촌해도 잘 적응할 수 있는 최상의 능력을 지닌 사람이다. 70~89점 구간의 점수를 얻었다면 농촌으로 귀촌해 가서 생활해도 나쁜 평판을 받거나 문제를 일으켜 지역에서 퇴출되지는 않을 것이다.

50~69점 안의 점수를 받은 사람들은 아직 귀촌 준비가 되어 있지 않은 사람들이다. 지금 귀촌을 한다면 성공 확률은 50% 이하로 많은 노력을 해야 할 것이다. 좀 더 시간을 갖고 노력해야 한다. 37~49점 정도의 점수를 받은 사람들은 귀촌 준비를 이제 시작하는 사람이다. 초보자라고 보아도 무방할 것이다.

만약 2년 이상 준비를 했다면 귀촌이 자신에게 적합한지 여부를 심각하게 고민해야 할 것이다. 귀촌해서 적응하지 못한다면 경제적·정신적 손실은 매우 클 것이다. 또 한 번뿐인 인생의 황금기를 헛되게 소비해서는 안 될 것이기 때문이다.

점수	특징
90~111	최우수: 당장 귀촌해서 잘 살 수 있음
70~89	우수: 농촌에 가서 정착할 수 있으나 좀 더 노력을 해야 함
50~69	적응: 도시에서 준비를 하면서 농촌과 농창업 경험을 익혀야 함
37~49	준비: 귀농귀촌에 대한 다양한 준비를 해야 함

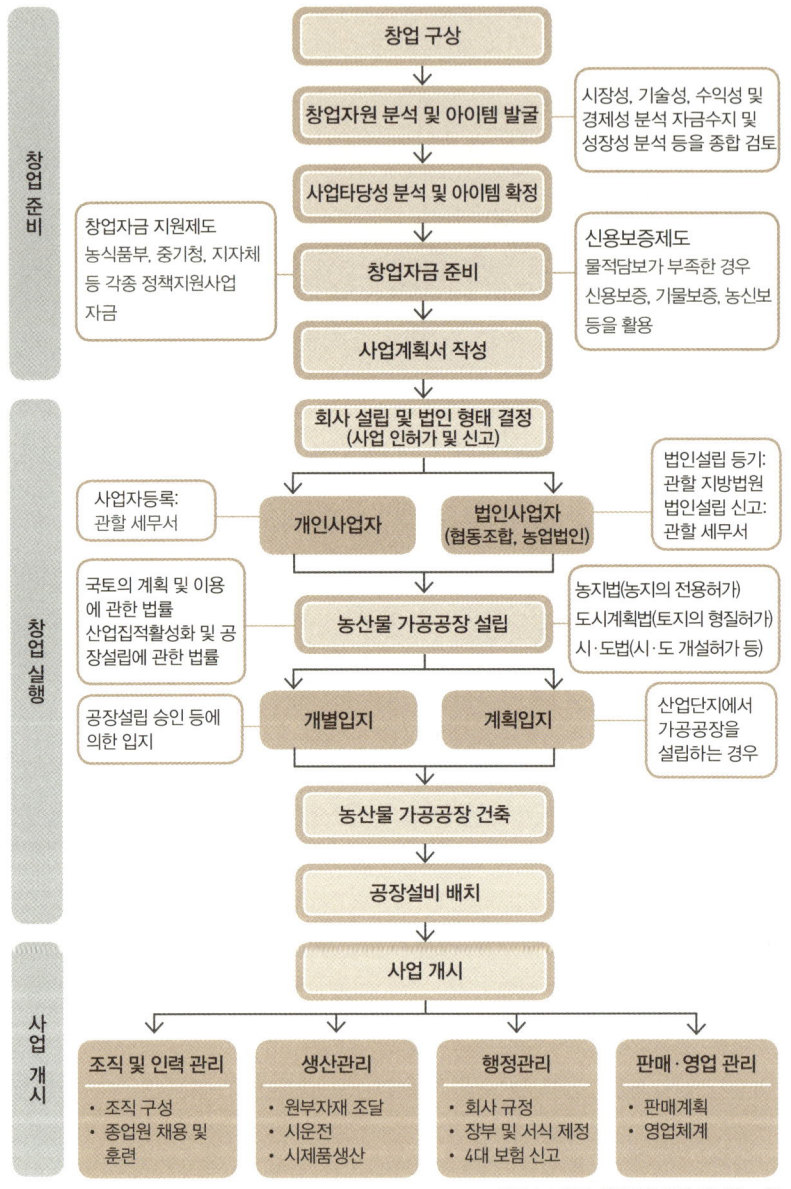

6차산업형 창업 프로세스

창업 절차 및 프로세스(농식품 제조·가공)

창업 준비

창업 구상

창업자원 분석 및 아이템 발굴 — 시장성, 기술성, 수익성 및 경제성 분석 자금수지 및 성장성 분석 등을 종합 검토

사업타당성 분석 및 아이템 확정

창업자금 지원제도 농식품부, 중기청, 지자체 등 각종 정책지원사업 자금 — 창업자금 준비 — 신용보증제도 물적담보가 부족한 경우 신용보증, 기물보증, 농신보 등을 활용

사업계획서 작성

창업 실행

회사 설립 및 법인 형태 결정 (사업 인허가 및 신고)

사업자등록: 관할 세무서 — 개인사업자 / 법인사업자 (협동조합, 농업법인) — 법인설립 등기: 관할 지방법원 법인설립 신고: 관할 세무서

국토의 계획 및 이용에 관한 법률 산업집적활성화 및 공장설립에 관한 법률 — 농산물 가공공장 설립 — 농지법(농지의 전용허가) 도시계획법(토지의 형질허가) 시·도법(시·도 개설허가 등)

공장설립 승인 등에 의한 입지 — 개별입지 / 계획입지 — 산업단지에서 가공공장을 설립하는 경우

농산물 가공공장 건축

공장설비 배치

사업 개시

사업 개시

조직 및 인력 관리	생산관리	행정관리	판매·영업 관리
• 조직 구성 • 종업원 채용 및 훈련	• 원부자재 조달 • 시운전 • 시제품생산	• 회사 규정 • 장부 및 서식 제정 • 4대 보험 신고	• 판매계획 • 영업체계

자료: 농식품부: 《6차산업 창업 매뉴얼》, p.89

장래성
있는 일을
작게 시작하라

가능한 한 '소작가쉽'을 갖고
몸으로 시작하라

농촌에 돈 들이지 말라는 것이 필자의 신념이다. 농촌에 돈 들이면 쉽고 편할 것 같지만 사실은 정반대이다. 예를 들어 주민들에게 잘해주면 주민들이 나를 인정하고 좋아할 것 같다. 맞는 말일 수도 있고 정반대로 병조새(병신+쪼다+새끼)로 볼 수도 있다. 하지만 한 번 한 행동은 주민들에게 각인되어 다시 그 행동을 바라고 요구하게 된다. 다음에 지금보다 더한 친절을 바라고 높은 강도의 것을 요구하게 된다.

이런 일들이 반복되면 농촌생활이 자신을 위한 것인지, 자신이 마을 주민의 머슴인지 구분이 안 되는 경우도 간혹 있다. 가능한 한 돈

들이지 않는 저자본으로 시작하자. 어렵지만 주민과 같은 눈높이에서 시작하는 것이 좋다. 돈으로 하는 것이 아니다. 땀과 고통, 인내로 주민에게 배운다. 주민들도 아무에게나 배우는 것이 아니다. 선도농가 강소농에게 배워야 살 수 있다.

2014년 4월에 발표된 통계청 자료를 보면 2013년 12월 1일 현재 우리나라의 농가는 114만 2000가구, 어가는 6만 가구(내수면 제외), 임가는 9만 5000가구로 전년 대비 각각 0.8%, 1.9%, 2.6% 감소했다. 거꾸로 보면 임업이 제일 힘들어 사람들이 감소한다고 볼 수 있다.

농림어가 인구의 고령화는 도시를 포함한 전체 인구의 고령화(12.2%)보다 빠르게 진행된다. 농가 인구의 고령화율이 37.3%로 평균의 3.06배로 매우 높은 수준이다. 농가 경영주는 70세 이상(37.7%), 어가 경영주는 60대(32.7%)가 가장 많으며 평균연령은 65.4세이다.

영농 형태별로 보면 전년 대비 식량작물·과수·축산 농가는 증가

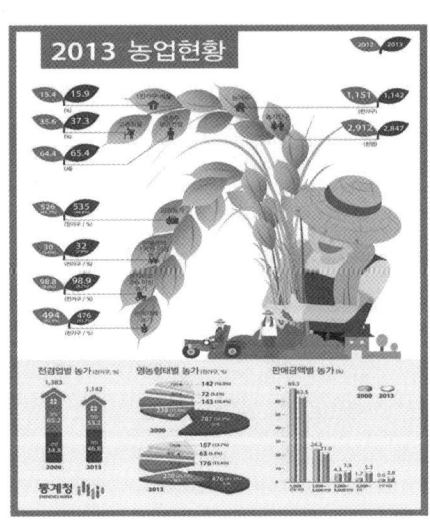

하고 논벼, 채소·산나물 농가는 감소하는 추세이다. 주요 구성을 보면 논벼가 전체 영농 구성비의 41.7%, 채소·산나물이 23.7%, 과수가 15.4%, 식량작물이 8.7%, 축산이 5.5% 등의 순이다. 결국 논벼를 어떻게 감소시키고 고소득

작목으로 이전할 것인가를 판단해야 한다.

농축산물 판매금액이 1000만 원 미만인 농가는 전체 농가의 63.5%(72만 5000가구)이고, 1억 원 농가는 2.8%(3만 2000가구)이다. 5000만~1억 원까지는 5.3%, 3000만~5000만 원까지는 7.4%로 분포하고 있다. 전년보다 판매금액이 1억 원 농가는 8.1%, 5000만~1억 원 농가는 5.8% 각각 증가했음을 알 수 있다. 이처럼 고소득층은 증가하고 있지만 전반적으로는 저소득의 심화와 점점 가난해지는 추이를 볼 수 있다.

판매금액별 영농 형태를 보면, 5000만 원 미만 구간에서는 논벼, 5000만~1억 원은 채소·산나물, 1억 원은 축산 농가가 가장 많이 분포했다. 농축산물 판매처는 농협·농업법인이 32.4%로 가장 많고, 소비자 직접 판매(22.4%), 수집상(12.0%) 순으로 전년보다 농축산물 가공업체(17.6%), 친환경 농산물 전문 유통업체(9.8%), 소비자 직접 판매(6.0%)는 증가했고, 농축산물 소매상(-17.4%), 수집상(-5.8%), 도매시장(-5.7%) 등은 감소했다.

결국 5000만 원 이상 소득을 올리는 8.1%에게서 배워야 한다. 가급적 1억 이상 고소득을 올리는 선도농가에서 농업, 마케팅, 판매, 경영을 배우자. 그것이 농촌에서 성공하는 방법이다. 아무에게나 배워서는 안 된다. 선수들에게 배워야 선수가 된다.

그렇다면 선수는 누가 소개해주나? 농촌진흥청에서 주관하는 귀농귀촌 현장지원실습이 선수에게 배우는 길이다. 가르치면서 돈도 준다. 농진청에서는 매년 560명에게 월 80만 원을 5개월 동안 지원하는 제도가 있다. 지역 적응, 농업 학습, 전문 품목관리, 경제적 안정 등 매우 좋은 제도이니 꼭 활용하길 바란다.

가급적 초기에 돈 투자하지 말고 몸으로 배우고 익혀라. 그것만이 가장 빠르게 농촌·농민·농업 현실을 배우는 길이다. 한 6개월~1년 정도 선도농가에서 장기 알바를 하는 것도 좋은 방법이다. 농촌에서 돈 많이 버는 사람들은 나름대로 이유를 가지고 있다. 그들이 원주민이든 귀농귀촌인이든 원인과 과정, 결과가 존재한다. 가급적 성공한 농업인과 어울리며 배우고 그들의 방식을 익혀라. 그것이 농촌에서 성공하는 길이다.

그러기 위해서는 가벼워야 한다. 적응하고 배우고 익히기 위해서는 나의 것을 버려야 한다. 가급적 선입견을 없애고 있는 그대로를 흡수해야 한다. 그것이 농업·농촌·농민을 이해하는 방법이다. 충분히 배운 다음에 나의 것을 융복합시켜 나의 모델을 만들자.

한마디로 3농을 배운 이후 도시의 5도(도시 지식, 도시 지혜, 도시 기술, 도시 경력, 도시 재능)를 3농과 결합시키자. 그리고 나의 네트워크에 순기능을 연계시키자. 안전하고 안심하고 신선하고 신뢰받는 깨끗한 농산물을 공급하자. 그리고 도시민을 나의 집, 우리 마을로 초청해 내가 먹고 있는 농산물이 2안2신의 먹거리라는 것을 증명하자.

그러면 돈도 벌리고 살 만한 생활력을 갖출 것이다. 그러기 위해서는 소작가쉽(소박하게+작게+가볍게+쉽게)을 갖고 몸으로 시작해야 한다. 결국 3농5도를 융복합하고 새로운 밥상공동체를 도농이 함께 만드는 것이 대한민국이 2050년을 향해 순항하는 길이다.

평생 하던
일과
연관시켜라

평생 하던 일, 하찮은 것이 아니다

최근 필자는 오래된 구옥을 헐고 신축 건물을 도시에서 짓고 있다. 집짓기는 생각보다 어렵다. 생각하고 판단해야 할 일, 민원, 공무원과의 관계, 시공사 달래기, 건설 분야 부문장 상대하기, 디자인, 컬러, 조화와 균형, 기능성과 예술미 등 초보자가 하기에는 무척 무리가 따르는 분야이다.

10여 년 동안 그래도 국내 최고의 건축기관인 대한주택공사에서 연구부장을 했었다. 나름대로 단지계획, 환경계획, 도심 재개발, 각종 정부 정책에 대한 제안도 했다. 나름대로 잘나가던 30대가 있었다.

하지만 직접 현장에서 막일꾼들과 접하면서 많은 점을 배우고 느꼈다. 탁상공론이라는 것이 무엇인지 뼈저리게 배우는 좋은 시절을 보냈다.

공사가 마무리되어 가는 시점에 굴착기를 운전하는 소사장이 현장에 왔다. 1964년생이다. 도시에서 굴착기로 평생 밥 벌어 먹었는데 고향 옥천에 가서 깻잎 농사를 짓겠다고 한다.

필자도 상주 산에 굴착기가 있고 굴착기 운전하는 것만 보아도 어느 정도인지는 알고 있다. 소사장의 실력은 거의 수준급이다. 양쪽 폭이 10㎝ 정도밖에 여유 공간이 없어도 기계 집어넣고 작업을 하며 바닥을 빗자루로 쓰는 정도의 기술력을 보유하고 있었다.

그는 이제 이 직업을 하기도 그렇고 시골 가서 깻잎 농사나 짓겠다고 한다. 당신이 평생 해오고 가장 잘하는 것이 굴착기이니 시골 가서 굴착기 농사나 지으라고 목소리를 높였다. 시골에 가면 3~5월까지는 굴착기 일이 많다. 일이 없을 때 취미농을 하고, 좋아하는 돌쌓기를 하라고 충고했다.

굳이 깻잎 농사를 하고 싶다면 고향 옥천보다는 금산 추부면이나 밀양으로 가라고 했다. 농사는 기술력이 중요하고 작목반과 브랜드 가치가 중요하다. 선수에게 제대로 배워야 돈 벌지 그렇지 않으면 개통된다.

옥천에서 산다면 이원면 쪽에 가서 묘목과 굴착기를 연계시키는 일을 하는 것이 좋겠다고 했다. 조경수는 3만 달러 시대의 산업이고 평생 할 수 있으며 원예, 조경, 환경의 미래는 전도양양하기 때문이다. 현장에는 반드시 굴착기가 있어야 한다. 굴착기와 농업, 굴착기와 지역산업, 굴착기의 개발과 보전, 수많은 일이 이루어질 수 있다. 만약 노임을 1만~2만 원 깎아준다든지, 일을 조금 더 해준다고 하면 금방 고객이 몰려온다. 그러면 농업도 배우고 좋은 친구도 만들고 품앗이도 할 수 있다.

굴착기, 목수, 보일러, 용접, 전기, 너무너무 좋은 직업이다. 이렇게 농촌에서는 좋은 직업을 버리고 깻잎 농사에 전념한다. 깻잎 농사는 보기보다 허리와 손목, 목이 매우 아픈 품목이다. 겨울에 하우스 비용도 많이 들고 한중 FTA가 체결된다면 유통기간이 긴 깻잎, 중국산이 지배할 수도 있다. 새롭게 시골 가서 개고생하지 말고 자신이 평생 해오고 잘하는 부분과 3농을 결합시키자. 그것이 농촌에서 잘 사는 방법이다.

굴착기 소사장은 일장 연설을 듣고 《3천만 원으로 은퇴 후 40년 사는 법》 책도 한 권 선물로 받았다. 말이 나온 김에 소개하자면 절판된 이후 시중가 1만 1000원짜리가 YES24에서 중고 가격으로 1만 7000~3만 9000원에 팔리고 있다. 가격이 많이 내려가서 그렇지 절판 당시에는 최저가가 3만 원 선이었다. 또 대부분의 책에 밑줄이 그어져 있다고 한다.

며칠 후 소사장에게서 연락이 왔다. 책을 읽어보고 느낀 점이 많았다고 한다. 그리고 귀농귀촌 교육을 받고 농촌에 내려가겠다고 한다. 자신은 교육받은 적이 별로 없고 학창 시절에도 공부에 취미가 없다고 한다. 그래도 교육받고 연습하고 익혀야 한다. 자신의 전문성은 잘 유지하면서 농촌 사회, 주민들을 배우고 이해하고 익히는 것이 중요하다.

그가 교육받고 고향 옥천에 간다면 묘목과 굴착기에 관련된 일을 하면서 시간이 날 때 관리지역 임야를 매입해서 대지로 형질변경하라고 했다. 돌 예쁘게 조경석으로 꾸미고 과일나무, 꽃나무 심고 잔디밭 깔아서 임야 매입가격의 5배만 받고 팔라고 했다. 아마 먹고사는 데는 지장이 없을 것이다.

자신이 평생 해오던 일, 일로서의 굴착기, 취미로서의 정원 꾸미기를 할 것이다. 그래도 시간이 나면 마을마다 돌아가면서 하수도 정리나 마을 일을 공짜나 실비로 해주면 존경받는 인생 후반부를 보낼 수 있을 것이다.

평생 하던 일은 내가 전문가다

한국인의 일은 세계적이다. 노동시간은 당연히 톱이다. 최근에는 노동강도도 세계적인 수준으로 높아지고 있다. 그동안 업무 집중도는 많이 떨어졌지만 이것도 최근에는 선진국 수준으로 올라가고 있다.

한국인들은 한 직장에서 오래 근무하는 것을 미덕으로 여겨왔다. IMF 이후에는 평생직장 개념이나 연공서열이 많이 무너졌지만 그래도 한 군데 잘 버티고 있는 것이 좋다는 인식이다.

한 직장에서 오랫동안, 아니 평생을 일하면 하나만 보아도 열을 아는 수준의 예지력을 가진다. 그 일에서는 내가 전문가이다. 하지만 그 일이 회사를 그만두면서 끝나는 것이 아니다. 생활에 연장되어야 하고 지역으로 이입되어야 한다. 경우에 따라서는 직장과 귀농귀촌지가 연계되어 새로운 협력형 사업 유형도 성립한다.

선진 기술이나 지식은 물과 같다. 언제나 높은 곳에서 낮은 곳으로 흐른다. 내가 가진 지식은 결코 하찮거나 직장 밖에서 사용할 수 없는 것이라는 선입견을 갖지 말자. 선입견은 자신을 한정하고 능력을 부정하는 편견으로 흐를 수 있다.

대한민국의 많은 사람은 수출해서 먹고산다. 수출이라면 전문가가 많다. 이들도 농촌에는 매우 필요한 존재이다. 대부분의 농산물을 수출하려 하지만 지자체에는 전문가들이 없다. 선수가 없다 보니 대행사들이 수수료를 먹고 수출한다. 하지만 클레임에 걸리고 문제가 생기면 무척 어려운 일들이 발생한다. 농산물은 신선도가 생명이기 때문이다. 이런 문제를 대행사나 단위농협에서 하기 어려운 일들도 많다. 언어장벽, 전문성 부재, 시스템의 몰이해 등 한 번 문제가 생기면 시간이 걸리고 상품은 폐기해야 한다. 이런 일들이 두세 번 반복되면 수출은 지역에서 물 건너간다.

평생 해오던 일이라면 이런 것들은 누워서 떡 먹기다. 실제 일본계 반도체 회사에 다니던 A씨가 있었다. 그는 동네에서 어빠('어리버리 띠빠빠'를 줄인 은어)라고 불린다. 혼자 정착한 다음 가족들을 귀농시킬 요량으로 생활한다. 그는 영어와 일어에 능숙하고, 부장 생활을 마치고 45세에 귀농했다. 동네 사람들은 어수룩한 그를 '어빠'라고 놀리며 이 일 저 일 짓궂게 시켰다. 동네 사람들의 눈에는 시골 일을 도통 모르고 어리버리했다. 그는 동네 사람이 될 심정으로 군말 없이 같이 즐겁게 했다.

그러던 어느 날 군수와 농협 지부장, 군 의회 의장이 노랑머리를 데리고 마을에 왔다. 그리고 초라하기 그지없는 '어빠'한테 가서 군수님이 인사하고 손을 잡으면서 저자세로 말을 한다. 김 영감 말로는 군수보다 높은 것 같다고 했다.

더욱 놀라운 것은 어빠가 영어를 우리나라 말처럼 유창하게 말하고 노랑머리와 뭔가를 이야기하면서 군의 높은 어른들에게 설명해주는 것이었다. 대부분의 사람은 꿀 먹은 벙어리였다.

이후 어빠는 사라졌다. 대신 김 사장님이 계셨다. 동네 어른들은 자부심이 생겼다. 다른 마을 사람과 이야기할 때는 김 사장 이야기가 자연스럽게 나온다. "김 사장, 참 사람이 됐어. 어른 공경하고 인사 잘하지. 마을 일에도 헌신하고 있지."

어느덧 '어빠'는 마을의 자랑이자 상징이 되어 있었다. 동네 어르신들은 능청스럽게 말한다. "어빠는 쉬운 것은 못하고 어려운 것만 빠지지 않고 잘해 '어빠'여요. 그래도 우리는 '어빠'가 좋고요. 군에서도 우리 동네를 업신여기지 못해요. 이게 다 '어빠' 때문이지요."

평생 하던 일과 3농의 융복합화

평생 자신이 하던 일과 농업·농촌·농민을 융복합시키자. 이 책의 주제이며 도시민이 도시를 떠나 농촌에서 살아갈 수 있는 방법이다. 또 부자가 될 수 있는 비전을 제시하는 해결책이기도 하다. 자신이 해오던 일은 전문성과 관록이 붙어 타의 추종을 불허하는 사례가 많다. 특히 한국인들은 전문성에 융통성, 창조성까지 있어 그 일이 성공할 확률이 높다.

반면 다른 사람들을 인정하지 않으려는 면과 자신보다 조금 못하다 싶으면 깔보거나 업신여기는 측면도 강하다. 그래서 농산어촌에서 자신이 계속해오던 일과 3농을 결합시키는 일은 생각보다 쉽지 않다.

먼저 자신이 해오던 것을 작은 규모로 시작하자. 사무실을 내고, 사업자등록을 하지 말고 작은 규모로 이웃을 도와주고 내가 먹을 것 정도의 규모로 시작해서 반응을 보자. 이 단계 이전에 선귀촌을 하고 지역민과 어느 정도 융화가 되었을 때 가능한 것이다. 농촌에 처음 내려가서 소통도 전혀 되지 않는 상태에서 무언가를 한다는 것은 서로에게 큰 충격이 될 수 있다.

상호 간에 소통과 친교가 된 이후 작은 규모로 자신이 해오던 것을 하자. 그것을 농업·농촌·농민과 연계시켜서 서로 시너지 효과를 볼 수 있는 방법을 생각해보자. 중식요리를 해오던 사람은 마을 자기 집에 2000원짜리 중국집을 만들자. 2000원인데 자기가 농사짓는 농산물을 조금씩 중국집에 가져다주는 것이다. 감자며 양파며 고구마며 오이며 각종 농산물이 식재료로 들어가 세상에 하나뿐인 중국집이 되며 마을 사람들이 사랑하는 동네 커뮤니티 센터가 될 수도 있다.

도시에서 건축업을 하는 사람들은 집수리나 귀농귀촌인 집짓기를 도와주면 이것도 새로운 직업이 될 수 있다.

귀농귀촌인은 2013년까지 약 15만 세대, 30만 명 이상이 1990년부터 농촌에 정주한 것으로 추정된다. 정부의 통계는 약 10만 8000여 세대, 20여 만 명이 귀농귀촌한 것으로 나와 있다. 2010년까지는 귀농

통계만이 잡혀 있으며 2011년부터 귀농귀촌 통계가 나오고 2012년부터는 통계청의 공식 통계로 제공되고 있다.

수많은 사람이 도시에서 농촌으로 이동하며 수많은 직업군이 새롭게 도시와 농촌을 융복합시킬 것이다. 정부가 지금 해주어야 할 사항은 시스템 형성과 규제완화, 제도개선 3박자가 들어가서 새롭게 신선하게 자연스럽게 귀농귀촌을 정착시킬 수 있도록 돕는 것이다.

귀농귀촌인들에게 도농융복합을 알리고 농촌 정착에 도움을 주는 교육기관도 민간에서 설립하려고 한다. 농식품부도 토지가 있다면 건설비용을 지원해주는 정책이 요구된다. 보건복지부나 고용노동부 사업에는 이런 유형이 많으나 농식품부 쪽에는 전혀 없다.

모든 변화는 교육부터 시작되지만 농식품부가 생각하는 것은 귀농귀촌인의 4%를 교육시키고 96%는 그냥 농촌에 방치하는데도 대단한 성과인 양 만족하는 것 같아 씁쓸하다. 어디 농식품부뿐이겠는가. 이 나라 관존민비의 관념이 대한민국만 그랬겠는가. 조선은 어떻고 고려는, 신라는 또 어땠겠는가.

지금부터 10년이 귀농귀촌을 통한 도농통합과 융복합에는 매우 중요한 시기다. 도시의 기술과 지식, 농촌의 자원과 3농이 결합하고 시너지 효과를 낼 수 있도록 다양한 인큐베이터 센터와 교육시설이 요구된다.

최근의 귀농귀촌은 50대>40대>60대>30대로 과거의 50대>60대>40대>30대와 트렌드가 다르다. 젊은 귀농귀촌인이 늘어나고, 그들을 수용하고, 그들의 아이디어를 디자인하고 돕고, 귀농귀촌인과 원주민이 서로 상생 공존하는 방식을 찾아야 한다. 이를 위해 '도농융복합 학교'를 만들어야 한다. 공무원이나 지자체가 할 생각은 말자.

대원농장 최성희 대표는 우리나라에서 유명한 농업인이다. 농가주부연합회 회장을 역임하고, 농업·농촌계에서는 파워풀 여성이다. 이분은 주말농장만 23년 운영한 우리나라의 지존이다. 도시농업의 선구자이고 애국자이다. 실패하지 않고 성공하는 귀농귀촌을 만든 인큐베이터 센터 역할을 했는데 정작 도시농업법이 만들어지고 지자체에서 주말농장을 대대적으로 하면서 어려움에 부닥쳐 있다. 최 대표는 "정부를 개인이 돕고 개인과 정부가 함께 힘을 합해 선진 농업·농촌·농민을 만드는 것은 매우 중요하나 공익을 명분으로 지금까지 쌓아온 사업기반까지 정부가 빼앗아 가는 것은 바람직하지 않다"고 강변한다.

정부가 튜닝해야 할 것은 공익과 창의성, 다양성을 존중해주는 귀농귀촌과 융복합 대안을 만들어가는 것이다. 그래야 민간이 살고 민간의 자율성과 창의성이 정부의 공익성을 도울 수 있기 때문이다. 절대 물고기는 물 없이 살아갈 수 없다. 국민이 세금을 못 내면 공무원은 실직자가 된다.

도시
지인에게
팔자

도시 지인은 나의 구세주

농산물의 유통경로와 판매에는 여러 방법이 있지만 우리는 직거래 혹은 꾸러미사업에 관심을 가져야 한다. 농산물 생산도 중요하지만 일단은 물건을 팔 수 있고 다음으로는 제값을 받을 수 있는 판매가 요구된다.

농산물은 환경적 특성상 대부분이 비슷한 시기에 대량으로 생산되는 경우가 많다. 따라서 동일 상품이 많이 출하될 경우 공급이 시기별로 집중되어 제값을 받는 데 애로사항이 크다.

농산물 유통은 크게 도매시장, 물류센터, 대형할인점, 전자상거래, 밭떼기, 직거래, 파머스마켓 등으로 구분할 수 있다. 먼저 가락동 도매시장과 같은 도매시장은 경매를 이용하는 방식이다. 이것은 경매사들에 의한 대량 유통과 농수산물을 대단히 신속하게 거래한다는 것이 장점이다. 하지만 생산자–수집상–도매법인–중도매인–소매상의 5단계를 거치기 때문에 유통경로가 복잡하고 유통 마진에 따른 가격의 상승으로 이어진다.

물류센터를 이용하는 거래 방식은 도매시장보다 유통 과정이 단축되는 장점이 있다. 하지만 가격결정력이 미흡하고 거래 물량이 적어 예약 수의거래 방식이라는 단점이 있다.

대형할인점은 농산지와 직접 연결하여 값이 싸고 신선하다는 장점은 있지만 농산물의 대기업 지배와 예속화라는 부정적인 측면도 강하다.

밭떼기 거래 방식은 중간에 '나가마'라고 하는 포전상이 존재해 이들이 미리 돈을 주고 밭에서 생산하는 모든 농산물을 선구매해서 출하기에 판매하는 방식이다.

전자상거래는 인터넷을 통한 온라인 오픈마켓, 블로그, 카페를 이용한 거래로 귀농귀촌인들이 직거래 활성화를 위해 주의 깊게 보아야 할 대목이다.

생산자인 귀농귀촌인과 도시소비자를 바로 연결해주는 직거래 방법이 우리의 주 테마이다. 각각의 유통 방식 나름대로 장단점이 있는 만큼 농가의 특성을 고려해 농산물의 종류나 생산량, 출하 시기, 출하 방법을 잘 결정하는 것이 중요하다. 그래야 제대로 된 가격을 받을 수 있다.

초보 귀농귀촌인들은 가급적 작목반 등에 가입하여 공동출하하거나 농협을 이용한 방법이 유리할 수도 있다. 유통체계를 먼저 살펴본 다음 도시의 지인들을 활용하는 직거래 방식으로 이행하는 것이 바람직하다.

우리나라에서는 농산물의 직거래가 생산자와 소비자에게 공동으로 이익이 됨에도 그것이 활성화되지 못하고 있다. 그 이유로는 ① 농산물 특성인 계절성으로 인한 수급 불안, ② 농산물의 표준화나 등급화가 어렵고 미흡, ③ 필요한 물류시설 및 장비 등 시스템의 취약, ④ 지역별 특화 농산물에 대한 홍보체계 소홀, ⑤ 전자 직거래 활성화를 위한 인프라 약함, ⑥ 생산자와 소비자의 정보 격차digital divide가 큼 등이 있다.

이러한 특징을 역이용하면 귀농귀촌인들이 직거래나 꾸러미사업을 통해 안전한 밥상공동체를 만들어나갈 수도 있다. 도농을 통합시켜 안전한 먹거리 체계를 구축한다는 말이다. 도시에 살고 있는 가족, 지인, 선후배는 시골에 살고 있는 나의 구세주이다. 서로 협력하고 도울 수 있는 방안을 구체적으로 모색해야 하겠다.

물건이 좋아두 팔아야 팔린다

귀농귀촌인들은 좋은 농산물을 생산하면 팔리는 것은 아무 문제가 없다고 말한다. 반은 맞고 반은 틀린 이야기다. 결과적으로는 위험한 발상이다. 현대에는 좋은 농산물이 잘 팔리는 것이 아니라, 잘 팔리는 농산물이 좋은 농산물이다.

사례를 살펴보자. 한마디만 하면 수억 원어치 물건이 불과 몇 분 사이에 팔리는 언어의 연금술사가 있다. 쇼호스트 유난희 씨다. 업계 최초로 억대 연봉을 받는 스타 자리에 오른 유난희 씨는 1995년 39홈쇼핑(CJ홈쇼핑의 전신)에서 쇼호스트를 시작해 GS홈쇼핑, 우리홈쇼핑, 현대홈쇼핑을 두루 거친 베테랑이다. 현대홈쇼핑의 '클럽 노블리스 위드 유난희'를 맡아 지난 2006년 말 단일 프로그램으로 300회를 돌파하는 기록을 세웠다.

국내 최초의 억대 연봉을 받는 쇼호스트로 인기 스타 못지않은 유명세를 탄 유난희 씨는 한 프로에 수억 원의 물건을 판다. 비결을 묻는 사람들에게 말하는 그녀의 대답은 간단하다. "쇼핑이 취미거든요."

물건을 팔기 위해서는 물건을 보는 눈이 있어야 한다고 말하는 유 씨의 '취미생활'은 온라인과 오프라인을 넘나든다. 구매 제품의 질은 물론이고 배송은 신속한지, 환불 같은 서비스도 제대로 이뤄지는지 알 수 있기 때문이다. '소비자 입장에서 물건을 고르고 팔아야 잘 팔린다'는 것이 그녀의 신조이기도 하다. 결국 몰입해야 팔 수 있다는 것이다. 팔 수 있는 것을 개발하고 남들과 다른 시각으로 몰입해 판매해야 한다. 아무리 물건이 좋아도 팔아야 팔린다.

그렇다면 농산물을 잘 팔 수 있는 팁은 없는 것일까? 필자가 5가지 정도를 제안하겠다.

① 약속한 시간에는 꼭 약속이 지켜져야 한다.

손님들에게 다른 판매자와 차별화시킬 수 있는 가장 쉬운 방법이 이것이다. 이 생산자는 언제 주문해도 반드시 약속을 지킨다는 믿음감이 인식되면 일부러 멀리서도 주문하게 된다. 약속을 지키면 거의 단골손님 위주로 장사하고 있다. 이것은 손님에 대한 예의다. 만약 귀농귀촌한 지 얼마 안 되는 새내기라면 최소한 1년만이라도 꼭 지키자. 그것이 습관이 되면 평생 지킬 수 있다.

② 남자, 여자 고정관념을 고집하지 말자.

무슨 말인가 하면 남자나 부부가 함께 직거래 장터를 하려면 여성 상대로 남성이 팔지 못한다는 편견을 버리란 말이다. 오히려 남자가 여자를 상대로 장사하는 것이 훨씬 나은 경우가 많다.

③ 손님에게 이기려고 하지 말자.

직거래를 하다 보면 손님과 다툴 때도 많다. 하지만 귀농인이 말로 손님을 이기려고 하거나 험담을 입 밖으로 뱉으면 그 순간은 기분이 좋을지 몰라도 나중에는 후회한다.

④ 항상 함께 권하는 습관을 들이자.

손님이 전화를 걸어오거나 인터넷을 통해 주문할 때 다른 것두 함께 권하란 말이다. 견물생심이란 말도 있듯이 다른 농산품도 마음에 드는 물건이 있게 된다. 손님은 돈 생각에 망설이게 되는데 주인이 권하자. 항상 그 순간이 마지막이라 생각하고 팔아야 한다.

⑤ 손님의 눈을 쳐다보자.

대화의 기법 중 상대의 눈을 주시하라는 말이 있다. 그만큼 나는 당신에게 집중하고 있다는 뜻이다. 장사도 마찬가지다. 들어오는 손님의 눈을 보고 있으면 그 손님이 어떤 걸 원하는지 판단할 수 있게 된다.

꼭 내가 생산해야 하는가?

관악산이나 북한산, 청계산에 올라가면 시중가보다 2배가 넘는 가격에 잔막걸리, 아이스크림이나 얼음물을 판매한다. 그런데 이를 두고 비난하는 사람은 많지 않다. 오히려 정겹기까지 하다. 높은 산에 올라 힘든 수고를 뒤로하고 막걸리 한잔을 하면 세상 모든 것을 얻은 기분이다.

사람들은 왜 비싼 비용을 지불할까? 정상까지 상품을 갖고 온 그 수고를 인정하기 때문이다. 또한 산을 내려가면 이보다 싸게 구매할 선택의 여지가 있기도 하지만 사람들은 구매한다.

하지만 농산물은 이것과는 조금 경우가 다르다. 어디에서나 생산지 출하가격보다 2~3배가 넘는 가격에 물건을 사야 하기 때문이다. 농수산물유통공사의 조사에 따르면, 시중에서 1200원에 파는 양파 1kg의 생산 원가(농가소득)는 400원에 불과하다. 유통비용이 800원이나 드는 탓이다. 독일 같은 선진국은 친환경 농산물이 일반 농산물보다 20% 정도 비싸지만, 우리나라는 40~50% 이상 비싸다. 복잡한 유통 과정을 거친다 해도 지나치게 높다.

주요 농산물 유통 마진율(평균 3년치)	
구분	주요 품목
60% 이상	대파(69.1), 당근(73.9), 가을무(75.1), 양파(70.9), 봄감자(73.3), 고랭지무(73.6), 저장양파(76.1), 저장마늘(68.1), 가을배추(72.8), 봄배추(67.7), 봄무(66.2), 상추(65.1), 고랭지배추(65.2), 고랭지감자(64.1), 고구마(60.8), 저장배(66.1), 난지마늘(64.1)
50~60%	저장사과(58.0), 생강(59.0), 복숭아(54.2), 감귤(51.5), 풋고추(52.8)
40~50%	딸기(46.6), 오이(48.4), 방울토마토(46.5), 참외(45.7), 수박(45.6), 포도(47.1), 단감(47.9), 배(47.5), 사과(41.7), 딸기(46.6)

자료: 농수산물유통공사, 《주요 농산물 유통실태》, 각 연도

유통 단계가 어떻게 구성되기에 이런 결과가 나올까? 대개 농축수산물 유통경로는 '생산자−산지 조합과 도매상−경매−중간도매사업자−소매업자−소비자' 순으로 진행된다. 우리나라 유통비용은 소비자 판매가의 40~80%를 차지한다. 이 중 최종 소매 유통비용이 20~30%에 달한다. 쇠고기는 유통비용이 40%인데 소매 단계인 정육점에서 차지하는 비용이 30~35%이다. 이를 제재할 제도적 장치도 없다. 농수산물은 '농수산물 유통 및 가격 안정에 관한 법률' 규제를 받고 있지만, 과도한 폭리를 제한할 만한 내용은 찾아볼 수 없다.

그래서 유통 단계에서의 폭리는 소비자의 불신으로 이어져 생산자와 소비자 모두를 위협할 수 있다. 이 상황을 헤쳐나갈 방법이 있다면 직거래이다. 생산지 조합 등과 직거래해 비교적 저렴하면서도 신선한 상품을 구매하는 것이다. 이 방법은 생산자에게도 도움이 되는 길이다. 여기에 유통 단계를 최적화시키고 합리적인 유통비용을 책정하도록 유도하는 제도적 장치 마련도 중요하다.

귀농귀촌해서 꼭 농산물을 생산할 필요가 없다. 소비자보다 엄격하

게 고르는 눈을 가지면 농촌에서 살아가는 데 지장이 없다. 안전하고 안심할 수 있으며 신선하고 신뢰받는 농산물을 빠르고 깨끗하게 전달하면 소비자는 만족한다.

농산물이 '생산자-산지 조합과 도매상-경매-중간도매사업자-소매업자-소비자'의 6단계 체계를 가지고 있는데, 이것은 빠르고 깨끗하게 전달하는 체계와는 거리가 멀다. 농산물 24시간 체계를 만들면 귀농귀촌인들이 유통 주도권을 잡을 수 있다.

좋은 친환경 농산물을 선별해서 깨끗하게 포장하고 마음의 메시지를 넣고 전용 택배로 빠르게 보낸다면 '생산자-귀농귀촌인-소비자'의 3단계 체계가 완성된다. 양파가 산지에서 400원 하는 것이 6단계 유통 단계를 거쳐 1200원에 팔린다면 귀농귀촌인들은 이렇게 해보자. 농민에게 500원에 사자. 소비자들에게는 800원에 팔자. 나는 좋은 농산물 선별하고 감사편지 넣어서 빠르게 보내고 고객관리하자. 생산자, 소비자, 귀농귀촌인 모두가 만족할 수 있는 결과를 만들 수 있다. 중요한 것은 좋은 농산물을 고르고 다양화할 수 있는 오지랖과 날카로운 눈이다.

6차산업 아이템,
이것으로
정하라

관광농원

　　　　　　　　농촌의 자연자원과 농산물 생산기반을 활용한 영농체험 및 휴식공간을 조성하고 이를 도시민 등에게 이용하도록 함으로써 방문객에게는 농업·농촌 체험의 기회를 제공하고, 농업인에게는 소득 증대의 기회가 되는 사업으로서 농업인뿐만 아니라 영농조합법인, 협동조합 등 단체에서도 추진할 수 있는 분야이다. 영농체험을 할 수 있는 관광농원은 다음과 같이 다양한 유형으로 분류하여 운영할 수 있다.

　관광농원을 운영하기 위해서는 사업자가 반드시 설치해야 하는 시설이 있는데 이를 기본시설이라 하며 영농체험시설(과수원, 초지, 특수작물 재배지 등 작목입식)을 2000m² 이상(농원 면적의 20% 이상) 조성해야

관광농원의 유형 분류	
유형	조성 예시
자연학습형	기본시설+동·식물원, 민속자료관, 식당, 캠프장, 운동장, 자연학습관찰장, 놀이터 등
주말농원형	기본시설+주말농원, 농기구 창고, 숙박시설, 식당, 특산품 매장, 낚시터, 놀이터, 야영장 등
심신수련형	기본시설+야영장, 민속자료관, 운동장, 수영장, 기타
농촌휴양형	기본시설+숙박시설, 식당, 야영장, 휴게소, 특산품 매장, 기타
효도농원형	농장, 부속주택, 농업 부대시설, 가공시설 등

자료: 농림수산식품부

한다(전체 10만 m² 미만).

그리고 자율시설로서 지역 특산물 판매시설, 운동시설, 휴양시설, 음식 제공시설 등 편의시설을 갖출 수 있다. 관광농원사업은 농업종합자금의 융자지원으로 시설 및 개보수, 운영자금을 활용할 수 있다.

관광농원사업 자금지원(융자)

- 시설자금: 연리 3%, 5년 거치 10년 상환

- 증개축비: 연리 3%, 2년 거치 3년 상환

- 운영자금: 연리 3%, 2년 이내 상환(단, 관광농원사업 외 별도 직업 보유자는 대출 제외)

농어촌 민박

농어촌 민박사업은 농어촌에 거주하고 있는 주민이 주택(단독·다가구주택)의 일부를 농어촌을 방문한 이용객에게 제공(숙박·취사)함으로써 이용객에게는 농업·농촌의 정취를 느끼게 하고 농어촌 지역 주민에게는 소득 증대의 기회를 부여하는 사업이다. 농어촌 지역과 준농어촌 지역 주민의 경우 민박으로 이용할 주택의 연면적이 230㎡(70평) 이하, 7실 미만이면 농어촌민박사업자로 지정받을 수 있다. 이때 민박을 운영할 주택 소유자나 임차인은 그 주소지에 실제 거주해야만 한다.

귀농인이 농어촌 민박사업을 하려면 '농어촌 민박사업 지정신청서'를 거주지 시·군에 제출하여 '농어촌 민박사업자 지정증서'를 받으면 된다. 사업 시 기존 주택을 농어촌 민박 용도로 이용할 경우 주택 증·개축 비용을 농업 종합자금으로 융자받을 수 있다. 또한 농어촌 민박

농어촌 민박사업 자금지원(융자)

- 증개축비: 연리 3%, 2년 거치 3년 상환
- 운영자금: 연리 3%, 2년 이내 상환(단, 농어촌 민박사업 외 별도 직업 보유자는 대출 제외)

농어촌 민박사업 규모가 230㎡를 초과 시에는?

관광진흥법상 '관광펜션업'에 해당되어 숙박업자로서 사업자등록을 신고해야 한다. 이 경우 명칭은 관광펜션이지만 법률상 여관 또는 모텔이 된다. 따라서 세법에 의한 부가가치세와 종합소득세가 부과되고 식품위생법과 소방법, 공중위생 관리법의 적용을 받아서, 일반적으로 2톤 이상의 오수 처리시설과 소방시설 그리고 건물 자체를 방염자재로 사용하는 등 규제를 받아야 한다.

농어촌 민박과 관광펜션의 차이

항목	운영자	건축물 용도	규모	관련 법령 및 시설 기준
농어촌 민박	당해 주택 거주자	단독주택 다가구주택	연면적 230m² (70평) 이하	농어촌정비법. 수동식 소화기 1조 이상 객실마다 경보형 감지기 설치
관광 펜션	제한 없음	숙박시설	3층 이하, 객실 30실 이하	관광진흥법. 취사·숙박설비·외국어 안내 표기 사업자등록, 숙박업 신고

자료: 한국관광공사

의 경우 연 2000만 원 한도 내에서 소득세 감면 혜택이 있다.

현재 농식품부에서는 농어촌정비법상 조·석식 제공을 불법으로 규제하고 있으나 규제완화 차원에서 이 법상 식사 제공 규제를 풀어 자유롭게 귀농귀촌인들이 초기 정착을 돕는 방향으로 결정이 내부적으로 정리되었다. 단, 민박 내방객, 즉 민박 손님에 한해 식사 제공을 할 수 있도록 법을 고칠 방안이다.

관광목장

관광목장(낙농체험 관광사업)은 관광과 휴양, 목장을 결합시키는 새로운 형태의 사업이다. 여주의 은아목장(www.eunafarm.com)은 관광목장의 성공 사례로 6차산업의 대표주자로 각광받고 있다. 은아목장은 체험여행과 낙농산업을 연계한 낙농체험 관광상품을 개발하여 낙농업에 대한 도시민의 이해를 높이고 생산현장인 목장에서 우유의 위생·안전성을 확인할 수 있다.

낙농환경 미비로 인해 폐쇄적으로 운영되어 오던 목장을 소비자들이 직접 방문, 농촌체험 현장으로 개발·운영함으로써 친환경 축산 및 낙농 산업에 대한 이미지 개선을 고려할 수 있는 사업이다. 현재 목장을 운영하거나 임야를 새로 개발하려는 사람이 시도해볼 만한 사업이다. 관광목장을 운영하고 싶다면 기존에 농원이나 목장이 조성되어 있을 경우, 3만 m² 미만의 지역 내에서 체육시설이나 숙박시설, 식당 등을 지을 수 있다.

자금 지원(융자)	융자 조건
• 체험시설 설치비: 관람용 트레일러, 치즈 체험장 및 제조시설 등 • 환경 개선: 사용자 편의시설, 진입로 및 주차시설 포장공사 등 • 프로그램 개발비: 체험목장 교육, 홈페이지 구축 등	• 융자 100%(무이자, 3년 거치 7년 균분상환) • 개소당 1억 한도

은아목장 사례(《농민신문》 2013.9.11 재편집)

1983년 귀농한 경기 여주의 은아목장(가남면 금당2리·대표 조옥향) 얘기다. 재계에는 '창조경제'가, 농업계에는 '창조농업'이 화두다. 창조농업이란 1차산업인 농산물 생산에 2차산업인 식품 제조·가공, 3차산업인 유통·판매·체험·관광·숙박 등을 모두 더하거나 곱해 6차산업으로 만드는 것이다.

은아목장은 농림축산식품부와 한국농촌경제연구원이 가장 먼저 주목한 농가주도형 창조농업 실천농가다. 고품질의 원유를 생산하고(1차) 그 우유로 요구르트와 치즈를 만들고(2차) 낙농·치즈 체험 등 다양한 체험 프로그램으로 관광객을 불러 모으고 숙박용 펜션까지 운영한다(3차). 1983년 젖소 3마리로 시작한 은아목장은 현재 7만㎡ 부지에 젖소 85마리를 키우고 있다.

이 가운데 착유우는 40마리로, 착유한 원유는 우선 연세유업에 납유하고, 나머지는 목장 안에서 유제품을 만들고 체험 프로그램을 진행하는 데 쓴다. 관광객의 눈요기와 체험을 위해 말과 양, 거위, 흑돼지, 토종닭 등 다양한 가축도 함께 키운다.

조옥향 대표(60)가 원유 생산에 그치지 않고 2·3차산업에 눈을 돌린 것은 2000년대 초반 '원유파동' 때다. 원유 생산 과다로 정부는 감산정책을 실시했고 젖소를 강제로 도태시켰다. 질 좋은 우유가 계속 생산되는 상황에서 난국을 헤쳐나갈 방안을 찾던 조 대표는 일본에서 체험목장이 소비자들에게 인기를 끄는 것을 보고 국내 도입을 꾀했다.

그렇게 유가공 제품을 만들고 2006년 낙농진흥회로부터 체험목장 인증까지 받으며 우리나라의 1세대 체험목장으로 자리를 잡았다. 지난해에는 1만 13000여 명의 체험객이 다녀갔다. 올해는 평일이면 어린이집 단체손님이, 주말이면 가족 단위의 손님들이 체험에 나서 조 대표 가족은 즐거운 비명을 지르고 있다. 은아목장의 지난해 매출은 6억 원이다. 그러나 조 대표는 "30년을 투자하고 고생한 것과 그만큼 지출된 관리비에 비하면 크지 않은 매출"이라고 말했다. 또 창조농업의 선두에 서 있다는 이유로 장밋빛 소개가 자꾸 나가다 보면 멋 모르는 초보 농업인들이 무작정 뛰어들었다가 손해를 보고 농업에 정을 못 붙일까 걱정스럽다고도 했다. 조 대표는 "초보 농가에게 1차부터 3차까지 전부 맡기면 이것저것 모두 신경 쓰다 과로로 쓰러지든지 과도한 투자로 빚더미에 앉을 수밖에 없을 것"이라며 "전문가들이 법적·기술적·행정적·자금적으로 전방위 컨설팅을 해줘야 한다"고 강조했다.

현지에 거주하고 있는 농민이 관광농원을 운영하려고 할 경우에는 체험시설 설치비, 환경개선비, 체험 프로그램 개발비에 대해 융자를 지원받을 수 있다. 외지인이 관광목장을 조성하고자 할 때에도 특별한 제한사항은 없지만 목장 부지는 초지전용轉用이 가능하고 준농림지일 때 가능(국토이용관리법과 초지법 적용)하다. 제한사항에 대해서는 초지법 제3조에 소개되어 있다. 이미 조성된 목장을 관광목장으로 변경할 경우에는 축협을 통해 지정만 하면 된다.

과수원(농장) 임대업

　　　　　　　　과수원 임대업은 농산물 생산에 보람을 느낄 수 있도록 과수원(농장)을 일정하게 구획하여 그 토지와 작물, 농기구 등의 생산수단을 제공하고 다양한 유실수(농작물)를 심어 회원들에게 분양하거나 임대하는 사업이다. 직접 과일나무를 가꿔 싱

소규모로 가능한 비즈니스 유형

- 토속(전통)음식점

  귀농 지역만의 독특한 전래음식을 취급하는 전문음식점

- 발효식품 전문업(김치, 된장, 청국장, 묵은지 등)

  발효식품은 농한기가 없이 4계절 제조와 판매가 가능한 아이템으로서 기술을 습득하여 창업

- 지역의 토속 농수축산물을 이용한 반찬가게

  토속 농수축산물을 이용한 반찬을 제조하여 판매하는 것으로 장아찌, 젓갈류 등이 해당된다.

- 지역 농산물직거래 쇼핑몰

  원산지 표시가 중요시되므로 귀농 지역에서만 출하되는 농산물을 직거래하는 쇼핑몰로 소비자의 신뢰를 얻는 게 중요

생산을 기반으로
2차×3차 산업의 선순환 구조

소득 향상 및 일자리 창출

생산중심형	• 생산이 핵심이고 가공 서비스는 부가사업 • 2·3차산업을 통한 생산부문 활성화가 중요 　– 홍성 문당 친환경농업마을, 옥천 장수마을 등
가공중심형	• 소비자 니즈를 반영한 가공상품 개발이 핵심 • 인터넷 위탁판매 등 다양한 판로 확보 　– 군위 찰옥수수, 장성 자뢰뫼마을, 서산 회포마을 등
유통중심형	• 생산유통의 공간적 연계 시스템의 구축 • 로컬푸드 직판장 등 매장 운영 역량 　– 칠곡 농부장터, 은퇴농장사람들 등
관광체험형	• 생산, 가공 과정에 소비자 참여가 핵심 • 지역 내 다양한 유무형 자원의 연계 　– 순창 고추장마을, 용인 호박등불마을 등
외식중심형	• 생산, 가공, 외식이 동시에 이루어짐 • 식재료, 진정성, 맛의 스토리텔링화 　– 남원 달오름마을, 서산 꽃송아리마을 등
치유중심형	• 기능성 및 약용 농산물 재배 및 가치 연계 • 원예, 심신치료 등 관련 전문성 강화 　– 양양 달래촌마을, 하동 하늘땅번지마을 등

자료 : 농식품부(2014), 《6차산업 창업 매뉴얼》

싱한 과일을 수확하는 기쁨을 누리려는 사람들을 대상으로 한다. 이 사업은 나무 심는 비용 이외에는 추가로 개발비용이 거의 들지 않는다는 것이 가장 큰 장점이다. 일단 유실수를 회원들에게 분양해놓으면 생산량이라든지 이후의 관리상의 문제에 대해서는 분양받은 사람이 1차 관리 책임을 지게 된다. 평당 2만 원 정도의 고수익이 예상된다.

교통 문제를 잘 고려하는 것이 이 사업의 성공 관건이 된다. 계속해서 돌보고 가꾸어야 하는 유실수의 특성상 교통이 혼잡하거나 너무 먼 거리에 있어 회원들의 접근성이 좋지 않은 경우 효율적인 관리가 어렵고 회원 모집이나 홍보하는 데도 애로점이 생길 것이다. 과수원은 농지나 임야를 형질변경해 조성할 수 있으므로 어느 토지에나 개발할 수 있다는 게 이점이기도 하나 비교적 큰 규모의 토지가 필요하다. 임대는 50평 단위 정도로 분양하는 게 적당하다. 주로 주말농장으로 이용하고 농촌체험을 해보려는 도시민들과 전원생활 희망자, 은퇴를 준비하는 고령층이 여가시간 활용을 위해 이용하고 있다.

남다른 귀촌,
농촌관광에
주목하라

농촌관광, 귀촌인의 희망이다

농식품부는 1998년 김대중 정부 이후 농산물 개방의 확대와 소비시장의 변화에서 증산_{增産}과 가격경쟁력 강화 위주에서 점진적으로 농가의 소득안정_{所得安定} 및 품질경쟁력 강화 쪽으로 기조를 전환했다.

그 당사자가 김성훈 전 농식품부 장관이다. 그는 지원 방식도 평균적 방식에서 '선택과 집중' 방식으로 전환하여 사업 효과를 극대화하는 방향으로 전환하면서 농소정사업과 같은 당시로는 혁신적인 방식도 적용했다. 또 수십 년 농민의 족쇄 역할을 해온 수세를 폐지하는 등 혁신적인 농정을 펼쳤다.

2000년 이후 농업정책과 사회정책을 엄격히 구분하고, 농업정책은 시장 원리에 입각하여 추진한다는 원칙을 정하고 투·융자의 방향은 기존 생산기반 등 SOC 구축에서 소득, 복지, 지역 개발을 촉진하는 방향으로 전환해서 농촌마을종합개발사업을 전국적으로 전개했다.

생산 중심에서 소비자 안전, 품질 중심으로 정책의 중점을 이동하면서 정보화마을이나 녹색농촌체험마을 등을 전개해 소비자가 좋고 안전한 농산물을 고르고 선택할 수 있는 권리를 주기 시작했다.

농정 기조의 변화 속에서 앞으로 시장 지향적 산지유통 개선, 친환경 농업 육성, 농촌관광사업의 중요성이 크게 부각된다. 이것은 농촌의 어메니티적 가치와 결합하고 최근에는 힐링 등과 융합해 새로운 농촌 시장으로서 소득 증가에 기여하고 있다.

농촌관광은 유통체계에도 영향을 주고 있다. 관광은 모든 산업의 종합형이기 때문이다. 정부는 농산물 유통의 기본 체계를 '생산자가 참여하는 직거래 유통체계 구축'과 '고품질 안전농산물 유통을 위한

농정 패러다임의 변화		
정책 대상	농업	농업 / 식품 / 농촌
지원 방식	전체 농가 / 평균적 지원	농가 유형별 차별화 지원
투·융자 방향	생산기반 등 SOC	소득 / 복지 / 지역 개발
소득 안정수단	가격 지지	소득 보전
정책 중점	생산 중심	소비자 안전 / 품질 중심
농촌 성격	농업 생산 공간	생산 / 정주 / 휴양공간

자료: 농림부, 농경연

제도개선'에 두고 있다. 현재는 유통업자와 거대 유통시장, 대형마트가 쥐고 있는 유통체계를 귀농귀촌인이 중심이 되는 직거래 상생과 도농융복합 유통체계로 개선할 것이다. 귀농귀촌인들이 민박과 농촌관광을 하면서 농촌생활을 먼저 배우고 익히는 것이 중요하다.

농촌관광이 시골에 와서 보고 먹고 체험함으로써 우수성을 입증한다면 이후 직거래는 활발하게 전개될 것이다. 보는 것이 믿고 신뢰할 수 있는 것이고, 아는 것이 지속가능한 것이다.

농촌관광은 소비자의 신뢰를 확고히 하고, 농가소득 증대에 기여하도록 친환경 농산물의 시장 차별화를 촉진하는 방안이다. 다수의 귀농귀촌인이 쉽게 실천할 수 있는 친환경 농법을 개발·보급하고, 친환경직불제 등 정부 지원도 내실화하는 것이 필요하다. 귀농귀촌인들은 농지의 규모화가 어렵다. 안전한 농산물을 유통시켜 새로운 밥상공동체로 도시와 농촌을 통합시키자. 그리고 부가가치가 높은 민박과 농촌관광을 통해 소득을 만들자.

농촌관광은 귀농귀촌인들이 제일 잘할 수 있는 부문이다. 도시민을 상대하고 그들에게 서비스와 재미있는 스토리를 제공하고 맛있는 음식과 편안한 잠자리를 제공하고 마을도 살펴보고 전설이나 설화 등 이야기도 해준다. 그러면서 고객과 귀농귀촌인 사이에 신뢰가 형성된다. 직거래도 하고 형님, 동생도 하면서 시골생활의 새로움을 맛본다.

관련 법 제도의 특징

　　　　　　　　귀농귀촌하는 사람들이 농촌생활에 적응하기란 쉽지 않다. 도시는 시스템으로 모두 연결되어 본인이 할 수 있는 부분과 타인이 해야 할 부분이 명확히 구분되어 있다. 그리고 합리적으로 해결할 수 있는 부분이 많다.

　하지만 시골생활의 대부분은 본인이 해야 한다. 아는 만큼 보이고 보이는 만큼만 할 수 있다. 결국 배워야 하지만 이것을 체계적으로 배울 수 있는 곳은 귀농귀촌 교육과 연계된 곳밖에 없다. 하지만 매년 반복되는 교육을 전체의 90~95% 귀농귀촌인들이 배우지 않고 그냥 시골로 내려간다. 맨땅에 헤딩하는 MH 방식으로 생활한다. 한마디로 안타깝고 애처로운 일이다. 도시에서는 합리적이면서 객관적·과학적인 사람들이 시골이라고 한 수 아래로 보는 것인가? 그러면 당한다.

　결국 농산어촌에 대한 교육도, 지식도, 기술도 없는 사람들이 시골에서 헤매는 형국이다. 이것이 대한민국 귀농귀촌의 현주소라고 말한다면 너무 가혹할까. 정부는 정보 제공과 교육예산을 매년 40~50%씩 늘려도 증가 추세의 예비 귀농귀촌인들에게 미치지 못한다.

　그래서 전체의 90% 이상의 사람들이 귀농귀촌 전 단계 교육을 하나도 받지 못하고 내려간다. 극명한 예로 2013년도 농식품부 농정원 교육 인원이 2500명인데 실제 통계청에서 귀농귀촌한 인원은 5만 6000명이다. 약 4.4% 정도가 농식품부 필수교육 이수시간인 100시간 학습을 받고 내려간 것이다.

내려가서 제일 쉽게 할 수 있는 것은 농사짓는 게 아니다. 하지만 이들의 40% 이상이 농사에 전념하다 처절한 아픔을 경험한다. 농촌관광, 민박, 가공, 유통, 판매 등이 고소득 저비용이라는 것을 교육받지 않으니 모르는 것이 당연하다. 즉 농업생산의 주변부가 도시민에게는 더 쉽고 고수익이라는 말이다.

하지만 이것을 하려면 여러 가지 제약과 규제가 있다. 이것을 쉽게 해결하기가 어렵고 그냥 한다면 법에 위반된다. 몇 가지만 이야기해 보자.

민박의 식사 제공

민박의 식사 제공은 농어촌정비법상 금지해놓고 있다. 영국이나 일본, 독일, 오스트리아 등 대부분의 나라에서는 민박에서 식사를 제공하고 있는데 우리나라는 금지해놓고 있다.

현재 농식품부가 개선하려고 노력 중이다. 구체적인 이유를 보면 민박에서 식사 제공을 하면 세금 내고 하는 일반 음식점에서 고객을 빼앗긴다고 민원을 넣고 있기 때문이다.

하지만 실상을 보면 대부분의 음식점은 행정리 단위에는 거의 없다. 읍·면 소재지에 위치하고 간혹 가든이 있는데 이는 지역민을 대상으로 특화되어 있으며 고객층이 다르다.

따라서 민박에서 저녁과 아침을 제공하고 숙식비를 받을 수 있도록 해주어야 한다. 우리 정서상에도 손님이 왔는데 "잠만 주무시고 밥은 사 드세요"라고 말하기도 낯 뜨겁다.

중소기업과 대기업의 빵집 문제로 시끄러웠다. 여기에는 기존 빵집의 1㎞ 이내에는 신규 입점을 불허한다는 조항이 있는데, 이 점을 활용해서 적정한 대안을 모색해보는 것도 하나의 방안이다.

가공 허가

개인이 집에서 산야초나 매실 등으로 효소를 담가 먹거나 콩으로 된장을 만들어 먹으면 문제가 없으나 판매를 하게 되면 문제가 생긴다. 판매를 하려면 식약처의 허가와 국세청의 신고가 필요하지만 사람들은 잘 모르고 있다. 개인이 소량으로 판매하는 경우 식약처에 허가하고 신고까지 하는 까다로운 절차를 제조·가공업체(공장)처럼 거치며 판매하려고 하지 않는다.

하지만 모르거나 그냥 넘어가기 때문에 허가 없이 판매하게 되는데 주위에 누군가 이를 보고 고발·신고하여 적발될 경우 식품위생법, 건강기능식품에 관한 법에, 약초가 들어갈 경우 약이 되면서 의료법, 약사법 등에 관련되어 징역과 벌금 등 처벌로 자신에게 불리하게 작용한다.

그러나 2014년 5월 2일 6차산업법이 국회를 통과해 자가생산한 식품을 가공하고 전시판매하는 것에 대해 법이 허용하는 방향으로 제정되었다. 이제부터 가공은 귀농귀촌인들이 할 수 있는 사업이 되었는데 구체적인 시행령과 시행규칙을 귀농귀촌인들에게 유리하게 적용할 수 있도록 노력해야 하겠다.

식파라치

식품의약품안전처 공고 제2014-12호(2014.1.20)를 통해 공고하고, 고시 제2014-101호(2014.3.11)를 통해 '부정·불량식품 및 건강기능식품 등의 신고포상금 지급에 관한 규정'(식품의약품안전처 고시 제2013-95호, 2013.4.5)을 개정했다.

주요 개정 이유로는 정확한 확인 없이 행해지는 무허가·무등록·무신고 영업에 대한 무분별한 신고로 인한 행정력 낭비 방지 및 '식품위생법 시행령' 제63조를 반영하여 무등록 영업 및 품목 제조정지 명령 위반에 대한 지급 기준 신설 등 신고포상금 제도를 도입 취지에 맞게 운영하고 지급 대상 및 금액 등을 명확히 하고자 하는 것이다.

주요 내용으로는 무허가·무등록·무신고 영업 등 관련 일부 지급 제외 규정을 신설(제2조 제7항 및 제8항)하는 것이다.

- 농업인이 자가재배한 농산물을 단순 제조·가공·조리하여 판매하는 행위 및 영업장 면적 임의변경에 대해 무등록·무신고 영업으로 신고하거나, 위반 내용에 대한 객관적 증거를 제시하지 아니하고 신고한 경우 지급 대상에서 제외
- 정확한 확인 없이 행해지는 무허가·무등록·무신고 영업에 대한 무분별한 신고로 제도 도입 취지와 달리 운영 및 행정력 낭비

이로써 식품의약품안전처 고시 제2003-51호(2003.10.29 제정)로부터 지루한 농민과 식파라치의 싸움은 끝이 났다. 지난 11년 동안 식파

라치에 의해 어려움과 수모를 극복한 귀농귀촌인, 지역민 여러분께 위로와 감사를 보낸다. 그리고 수많은 건의와 농민의 원성에도 한 치의 틀림 없이 제도를 강행했던 전 식약처 관계자들에게도 한 말씀 올린다. 농민이 살아야 국가도 산다. 제도개선, 규제완화가 그렇게 힘든 것인가.

자가생산한 농산물 가공에 따른 부가세 부과

귀농귀촌인들에게 규제가 되는 4가지 중 마지막은 스스로 농사지어 가공판매한 농산물에 대해 부가세를 부여하는 것이다. 예를 들어 농가맛집 이야기를 좀 하자. 농진청은 농촌마을의 농가맛집을 찾아 친환경 재료로 만든 솜씨의 착한 음식, 농촌생활 문화의 체험, 그리고 자연과 함께하는 '몸과 마음의 치유' 공간을 제공하기 위해 농가맛집을 선정해 지원하고 있다.

대부분이 자가생산한 농산물을 가지고 요리해 판매하는 경우이다. 안동의 안동화련이라는 농가맛집이 있다. 화련으로 차려진 연잎 밥상의 향에 황홀감을 느끼고, 선비 문화 체험 속에서 마음의 수양 쌓기가 주제이다. 안주인 솜씨가 좋다고 서울에서 연밥 먹으러 안동 일직IC까지 그냥 가는 사람들도 있다. 연꽃과 연잎을 생산해 원재료로 판매하면 농산물이라 부가세가 없으나 직접 요리를 해서 판매하면 부가세를 내야 한다.

그런데 문제는 원재료로 판매하면 괜찮고 요리해서 판매하면 안 된다는 논리로 농민이 부자 될 수 있는 길을 막는다고 야단이다. 규제완화가 필요한 부분이다. 대부분의 귀농귀촌인들이 만들어 판매하는 것은 자가재배한 농산물을 가공판매하는 것인데 여기에 부가세를 붙이는 것은 이치에 맞지 않다.

어떻게 활용할까?

농촌관광이 답이다. 농촌관광이란 농촌 지역의 여러 자원(사람, 유·무형 전통, 농업생산, 생활, 역사·문화, 자연, 사회환경 등)을 활용하여 농산물 생산에 그쳤던 농촌의 소득을 생산, 가공, 유통, 체험학습, 축제 이벤트, 교류, 판매 등이 시골에서 동시에 이루어질 수 있는 6차산업, 즉 농업의 융복합적 경영방식을 말한다.

농촌관광을 통해 도시민들이나 학생들이 즐겁게 찾아가는 마을로 아름답게 어메니티 자원이 생성된다. 농촌의 활력을 도모하고, 농가 부업소득을 창출하는 효과를 만들어 농민이 잘살 수 있는 프로세스이다. 이 커다란 프로세스의 중심에 귀농귀촌인들이 있다.

그렇다면 농촌관광 사업이란 무엇인가? 농촌관광 사업이란 농촌의 자연경관과 전통문화, 생활과 산업을 매개로 도시민과 농촌 주민 간의 교류 형태로 추진되는 체류형 여가활동을 말한다. 흔히 그린투어리즘green tourism이라 한다.

예를 들어 농가에서 민박을 제공하고, 특산물·음식 등 상품을 개발하며, 여기에 이벤트와 농사 체험 등의 프로그램을 추가함으로써 농촌 지역의 농업 외 소득을 증대시키려는 농촌체험+관광+농업교육

과수원을 체험관광농원으로, 초호감농원

전라남도 해남군 현산면 초호리에 가면 관광농원이 하나 있다. 초호리와 감을 합성해 만든 초호감농원이 그곳이다. 아직은 초보 딱지를 벗지 못했지만 의욕 만큼은 프로 뺨친다.

초호감농원 김이남 대표는 귀농 4년차로 40대 중반의 준수한 외모와 키로 사람을 압도한다. 귀농 전 자영업에 종사하다가 2011년에 본가 진도와 처가 가 있는 해남 사이에서 고민하다가 시월드와 떨어져 살게 됐다. 그들은 블로 그 '행복 가득한 초호감농원 이야기(http://dalmasane.blog.me)'를 만들어 SNS에도 열중한다. 말 그대로 '초 호감'을 만드는 농장으로 성장한다는 뜻일 것이다.

김 대표는 "땅끝 해남으로 2011년 2월에 가족 모두 귀농해 초호감농원을 가 꾸고 많은 것을 배우면서 우리 가족의 인생 2막을 땅끝 해남에서 정직한 먹거 리 단감과 대봉감, 고구마, 양파, 밤호박 등 여러 농산물을 재배하고 있다"고 소회를 담담히 밝혔다.

현재 과수원을 체험관광농원으로 변모시키는 작업을 추진 중이다. 감을 주제 로 하기 때문에 다양한 감 품종을 체험할 수 있도록 하는 것이 꿈이다. 김 대 표는 귀농 전 자영업에 종사하면서 다양한 가능성과 창의적인 농장을 꿈꿔 왔다. 그는 본격적으로 귀농을 준비하면서 화천 한옥학교에서 주말반 4개월 과정 집짓기를 배우고 자신이 할 수 있는 부분과 그것을 어떻게 디자인적으로 표현할 것인가에 많은 고민을 했다. 지금은 비록 2동뿐인 비닐하우스와 초라한 컨테이너 집이지만 점점 농장을 완성해가려는 노력이 담겨 있다.

김 대표에게 귀농 과정상 가장 힘든 일은 토지를 구입하는 과정이었다. 사실 그는 한옥학교를 수료했지만 체계적인 귀농귀촌 교육을 받은 것은 아니다. 집 짓기를 통해 기술과 기능을 익혔지 전반적인 귀농귀촌 교육을 받고 천천히 준비한 것은 아니었다. 때문에 토지 구입부터 문제에 봉착했다. 농지는 적정 작물과 땅의 궁합이 맞아야 하는데 그런 것도 모르고 땅 경계를 가지고 이웃 주민과 갈등을 겪기도 했다. 지금은 그런 갈등을 모두 다 해결하고 마을 이장 일을 보고 있다. 이장을 한다는 것은 마을에서 리더십을 인정받았다는 이야기다. 이장은 절대 아무나 하는 것이 아니다.

그는 감을 주 품종으로 해서 단감과 대봉을 주력으로 매실과 표고, 오골계, 농촌관광 등 다양한 방면에 관심을 가지고 있다. 그는 전문가 도움은 크게 받지 않았지만 농업기술센터의 교육은 적절하게 활용하고 있다. 2014년에도 해남 농업기술센터에서 강소농 역량강화 교육과 실습, 선진지 견학을 열심히 수강하고 있다.

김 대표는 현재 농사에 어느 정도 익숙해가는 과정이지만 아직은 초보 딱지를 떼지는 못했다. 그는 다양한 농작물을 언제 파종하고, 수확하는지도 모르고, 병충해 대처도 잘 모른다. 그는 모르면 묻는다는 신조를 가졌다. 모르면 동네 어르신들에게 여쭤보고 판단해서 행한다.

현재는 소득을 확보하는 것이 제일 큰 어려움인데 필자가 보기에는 잘 헤쳐나

갈 것으로 보인다. 임지나 경관, 농장 뒤편 대나무밭까지 아름다운 일체형으로 가꾸기가 가능할 것으로 보이며 바다에 비친 일몰 경관이 아름다워 향후 민박으로 변화도 가능할 것으로 전망된다.

입지 면에서도 땅끝마을까지 차로 10분 이내의 거리로 감을 주제로 식초, 매실 액기스, 민박 등을 복합소득으로 창출하는 형태로 가면 좋겠다. 가족들이 여행을 좋아하고 농촌관광에 호감이 있으며 차근차근 경관 어메니티 조성과 농업, 농촌관광, 가공을 한다면 진짜 초호감농원이 될 가능성이 있다. 향후 2남 1녀의 교육과 소득에 대한 고민이 필요하다.

의 복합 전략이다.

도시의 일상생활에서 벗어나 자연 속에서 여가활동을 즐기려는 사람들이 많아지면서 영국, 프랑스, 이탈리아 등 유럽에서는 이미 1930년대부터, 일본에서는 1992년 농림수산성의 그린투어연구회부터 농가의 소득 증대 및 농촌 환경 보전을 위해 정부 차원에서 그린투어리즘 정책을 펴왔다. 일본은 1997년 도농교류법(일명 그린투어법)을 제정해 오늘에 이른다. 현재 전국 민박 농가들이 전국적인 조직을 만들지는 않지만 전국교육농장협의회, 녹색농촌체험마을협의회 등이 성공을 거두고 있다.

농촌관광은 6차산업의 꽃이자 열매이다. 농촌관광을 통해 도시민을 마을로 끌어들이자. 8거리를 활용해 보여주고 먹여주고 쉬게 하자.

마을의 자원을 알려주고 놀게 하고 귀농귀촌인과 함께 일도 해보자. 정이 들고 한 호흡이 되면 익숙해지고 그러면 헤어지기 아쉽다. 그 과정에서 안전하고 안심할 수 있는 신선한 농산물을 깨끗하게 포장해 선물하자. 그것이 직거래가 되고 꾸러미사업이 된다. 농촌관광은 지속적인 부가가치와 새로운 동력을 창출하는 노후 귀농귀촌인의 보배이다.

5장

귀농귀촌,
새로운 모델로 성공하라

· · · · · · · ·

손품과 발품을 팔아라

친환경 유기농업을 유통하라

귀농귀촌인이 가야 할 도농통합의 밥상공동체

지역민과 함께하자

6차산업을 선도하는 귀농귀촌인

손품과
발품을
팔아라

알아야 면장을 한다

　　　　　　시골에서 살려면 시골의 다양한 면

을 알아야 한다. 제일 중요한 것이 앞에서도 강조한 지역민과 귀농귀

촌인의 차이점을 잘 아는 것이다.

　귀농귀촌인과 지역민은 여러 가지 측면에서 다른 점이 많다. 지역민

은 평균연령이 65세, 평균학력이 9년으로 추정되는 것에 반해 귀농귀

촌인은 평균연령이 52세, 평균학력이 14년 정도이다. 평균만 놓고 본

다면 한마디로 사고의 격차뿐만 아니라 게임이 안 되는 수치다. 도시

에서의 삶이란 세계 금융경제의 한복판에 위치하며 수출과 경제, 금

융, IT, 4G 통신, 인터넷, 디지털 등 최첨단의 지식기반사회에서 살아

가는 것이다.

귀농귀촌인	갈등 요소	지역민
상대적으로 젊은 사고	세대 간 갈등	고령화, 집단적 사고
공간 개념 없고 이사 온 수준	공간적 갈등	마을 속의 개인으로 인식
낭만, 평화로운 안빈낙도	정서적 갈등	치열한 현실, 피해의 현장
닫힌 공간, 타인에 관심 적음	습관적 갈등	이웃과 함께, 외부인에 관심
개인주의적 성향(우리만)	문화적 갈등	공동체적 성향(다 같이)
새로운 도전, 이상적 환경	지향적 갈등	현실(경제)적 여유가 우선
효율적, 계획적, 이성적	학습적 갈등	자연적, 경험적, 감성적
젊음, 학력, 도시적 경험	우월적 갈등	토박이, 인적관계, 농촌 경험
대인관계, 농사 경험, 노동력	열등적 갈등	학력, 고령화, 외부 경험

반면 농촌의 삶이란 아직도 산업화 중반과 가족농의 소농구조 속에서 왔다 갔다를 반복하는 모습이다. 고령화와 집단적인 사고, 획일화, 공동체를 위한 목적성 등 도시와 경쟁하기란 여간 어려운 형국이 아니다.

공간적 갈등도 심각하다. 도시에서 온 귀농귀촌인은 내 땅이라는 인식이 매우 강하다. 손톱만큼도 손해를 보기 싫어한다. 하지만 지역민은 우리 마을, 우리 땅이라는 개념이 강하다. 사소한 땅 몇 평이 문제가 아니고 모두를 조화롭게 활용하기를 원한다.

정서적인 갈등도 심하다. 귀농귀촌인은 초창기 낭만과 안빈낙도를 꿈꾸는 이상향으로 농촌을 그린다. 하지만 지역민은 치열한 현실과 생업으로서 농업을 일군다. 타이밍을 놓치거나 태풍, 폭우, 가뭄 등 재해에 직면한다면 그것은 곧 한 해 농사의 끝장이라는 잠재적인 피해 현장이기도 하다.

정서적인 측면에서도 귀농귀촌인은 개인적인 공간에 살며 타인에 대한 직접적인 관심이 적은 반면 지역민은 정반대이다. 공동체적인 열린 공간에 살고 이웃에 대한 관심이 지대하다. 지역민은 서로 직접 대면해 대화로 이야기를 나누는 반면 귀농귀촌인은 공간을 뛰어넘어 카톡으로 이야기한다.

여러 가지 배경을 보면 지역민과 귀농귀촌인은 서로 갈등을 불러일으키는 요인이 너무 많다. 그래서 정부가 더욱 정교하게 교육시키고 갈등을 미리 방지하는 복안을 가지고 있어야 한다. 쉽지 않은 일이지만 그래도 갈등 예방과 갈등 조정기구를 만들고 소시얼 믹싱을 만들어나가야 한다.

이들의 갈등을 방지하기 위한 제일 좋은 방법이 귀농귀촌인들이 손품·발품을 팔고 농민이 원하는 것을 해주는 것이다. 서로의 이해가 없는 상태에서 다른 사인을 보내면 당혹스럽다. 많이 당황스럽다는 말이다. 선도농가나 강소농장에서 품 팔아 일해주고 서로에 대해 배워야 한다. 귀농귀촌인들이 많이 배워야 한다. 왜냐하면 상대적인 교육수준이나 나이, 지역에 대한 지식 등 많은 부분이 귀농귀촌인 측면에서 부족하기 때문이다. 손품·발품 팔아 배우고 익혀서 발전적인 대안을 만들어나가야 한다.

배에 구멍이 나면 누구든 빨리 막아야 한다. 관행적인 한국 농업은 이미 끝났다. 여기로 들어가서 관행농업을 하려는 사람들은 다이너마이트를 들고 불구덩이로 들어가려는 사람과 같다. 은퇴 후 귀농귀촌에 성공하려면 가능한 한 빨리 농촌의 현실과 실상을 알고 그에 잘 적응하고 합리적으로 대응해야 한다. 누가 직접 가르쳐주는 것이 아니다. 자신이 잘 적응하고 훈련해나가야 한다. 그러기 위해서는 손품·팔품·머리품이라도 팔아야 한다.

다양한 현장 경험을 쌓아라

시골에서 잘살려면 손품·팔품을 팔면서 다양한 현장 경험을 쌓는 것보다 좋은 방법이 없다. 시골 사람들은 공동체성, 일체감을 무척 좋아한다. 다름이나 차이를 싫어한다. 도시와는 180도 다르다. 이런 특징을 모르고 처음부터 엉뚱한 말, 행동, 차이를 보이면 찍힌다. 찍히는 정도가 지나치면 왕따 당하고 더욱 심각하면 시골 사람들이 거부하고 용납하지 않는다.

결국 시골에서 살아가는 방법은 원주민과 이웃이 되고 그들과 함께 협력형 소득사업을 전개하고 성공시켜 함께 살아나가는 것이다. 이를 '자조적 복지'라고 설명했다. 시골에서 잘사는 방법은 주민과 같이 2인 3각이 되는 방법을 모색해나가는 것이다. 서로 도움을 주고받을 수 있는 대안을 찾아가는 방식이다. 이를 위해서는 원주민과 이주민 모두 각고의 노력이 필요하다. 배가 침몰하면 모두에게 손해임은 자명하다.

마을이 수백 년 동안 이어온 농업, 역사, 전통, 자원 모두가 사람이 있어야 지속가능한 변화와 발전을 해나간다. 사람이 없다면 역사도 의미 없다는 말이다. 원주민들의 의식이 어떻게 해서든 지역 문화와 농업을 살린다는 각오가 있다면 서로 사랑하고 위해줄 수 있다. 나만을,

우리만을 위하는 것이 아니라 더불어 살아가는 공동체, 서로 이해해주고 배려하는 마을 문화를 만들고 전파하는 것이 중요하다.

그러기 위해서는 원주민의 폐쇄성과 변화할 수 없는 식물과 같은 농촌 문화를 계속 이동하고 움직이는 이주민이 이해해야 한다. 도시에서 온 귀농귀촌인들이 먼저 접근해야 한다. 접근해서 친교하고 다양한 대화를 하고 그들이 소득을 낼 수 있는 것을 돕자. 아무 말 없이 그들이 원하는 방식대로 하자. 중간에 방법과 방식을 말하면 기분 나쁘게 생각한다.

농민들은 그들만의 방식과 리그가 존재한다. 과거 봉건시대부터 산업화를 거치면서 익혀온 기술, 지식, 지혜가 있다. 도시의 눈으로 이것을 평가하지 말라는 것이다. 충분히 이해하고 그들의 사정이나 특수성, 문화적 어려움을 알고 난 다음에 문제점을 말해도 늦지 않다.

신생아는 남녀가 관계를 맺는다고 바로 태어나는 것이 아니다. 정자와 난자가 결합하고 수많은 세포분열을 하고 기관과 형체를 만들고, 10개월이라는 준비기간이 있어야 비로소 생명체로서 아기가 출생하는 것이다.

도시의 눈으로 모든 것을 판단하지 말자. 시골 사람, 나이 든 어르신의 눈으로 살펴보고 그들과 다름을 알고 그 차이를 발견하자. 다름을 메꾸는 공극을 충실하게 연습하고 내 부모, 친척이라고 생각하면서 접근하자.

이 정도가 되면 시골 사람들이 마음의 문을 열어줄 것이다. 열어줄 때까지 문 열라고 두드리지 말자. 문을 두드리고 강제로 열라고 하면

문은 더욱 강하게 닫히고 만다. 지역민도 귀농귀촌인에 대해 마찬가지다.

누구나 청년 시절 짝사랑하고 상대방을 꾀어내려고 애쓴 적이 있다. 강하게 밀어붙이면 대부분은 기겁하고 달아나 멀어지게 된다. 서서히 부드럽게 분위기를 만들고 선물 공세도 하며 천천히 접근하자.

일단 친해지고 경계심이 풀어진다면 그다음부터는 어르신으로부터 배워야 할 사항을 철저하게 배워야 한다. 다양한 현장 경험을 쌓는 것이 가능하다는 말이다. 좋은 멘토를 만나면 시골생활은 성공했다고 보아도 된다. 좋은 멘토는 경제력이 있어야 한다. 훌륭한 성품을 가지고 있어야 한다. 표리부동하지 않고 일관성이 있어야 한다. 예측 가능하고 건전한 상식이 통해야 한다. 이웃 간의 사이가 좋아야 한다. 이런 사람을 멘토로 정하고 적극적으로 배워나가자. 시골에 살면서 배우다 보면 도움 줄 일도 많아진다.

시골 사람들이 싫어하는 것은 잘난 척하고 생색을 내는 것이다. 내가 이 일을 했다고 목에 힘줘 말하면 병조새(병신+쪼다+새끼)이다. 시골이란 자연스럽게 소문이 나서 모든 사람이 알아야 한다. 시골은 소문에 흥하고 소문에 망하는 곳이다. 살다 보면 소문이 무서운 것이라 곧 알게 된다. 거기서 내가 했다고 생색낸다는 것은 도시 말로 표현하면 "세련되지 못하는 팔불출입니다"라고 이야기하는 것과 마찬가지다.

관련 전문가를 활용하라

시골에 살면서 전문가 활용은 무척 어려운 일이다. 시골에는 기본적으로 인구가 적고 전문가가 없다. 하지만 거꾸로 보면 누구나 전문가이다. 왜냐하면 일당백을 해야 하기 때문이다. 시골은 시스템화되지 않고 분업화도 없는 협업이나 집단 노동이 필요한 곳이다. 따라서 하향 평준화되어 있다고 보면 된다.

이곳에서 전문가를 찾기란 쉽지 않다. 하지만 찾으면 또 있는 곳이 시골이다. 그래서 정보가 어디에 있는가를 아는 것이 중요하다. 시골 사람들은 공무원 민원창구와 유사하다. 웃으며 맞이하지만 필요한 정보를 제공하지 못한다. 그래서 어디에 무엇이 왜 필요한지 구체적인 내용이나 대안을 가지고 있어야 해결할 수 있다.

시골에서 쉽게 정보를 얻는 방법은 관련 교육을 받는 것이다. 교육은 참 좋은 것이다. 대부분의 교육은 무료로 실시하고 관련 전문가를 초빙한다. 시군 단계에서는 해당 도에서 최고 전문가, 도 농업기술원이나 도 단위 교육은 국내 최고 그룹 전문가, 중앙정부 교육은 그 분야 최고 권위자를 강사로 모신다. 훌륭한 강사는 뛰어난 교육생을 만든다. 교육생 수준도 마찬가지다 지역 교육, 도 단위 교육, 중앙 단위 교육으로 올라가면서 교육생 수준도 전국 최고 수준이 된다.

예를 들어 4박5일짜리 중앙정부(농진청) 교육을 받으면 전국의 대표 선수들이 다 참가한다. 교육생 수준도 준 프로이다. 정부 정책부터 농업기술, 행정, 전문가 특성 비교, 프로 수준이다. 다만 이들은 미래 트

6차산업 전후방 연계사업		
구분	내용	비고
가공	• 지역 원료를 기반으로 한 창업활동 지원으로 지역 농산물의 부가가치 증진 • 농업인의 경제활동 역량을 향상 • 소규모 창업사업의 안정적인 정착 및 경쟁력 있는 생산 제품 개발 • 농업 이외의 경제활동을 통한 농가소득 증가 및 농촌사회 활력 부여	지역 농특산물을 가공사업화 시켜 전방사업과 연계
농가 외식	• 농가맛집은 지역 농업과 문화를 연계 • 식음료 사업다각화 • 농가 외식산업 기반조성 및 국민의 건강 식생활을 보급 • 향토음식 보유농가 중심으로 육성 • 농가맛집 조성을 통해 지역 농산물을 활용한 풍부한 향토음식 상품화 • 지역 산물의 솜씨 보유자와 농촌생활을 연계한 농촌형 비즈니스	농촌에 있는 우리 고유의 솜씨를 외식사업으로 연결
농촌 교육농장	• 농업활동이 이루어지는 인적·물적 자원을 학교교육과 연계 • 교육 프로그램 전반에 걸친 활동을 제공 • 학교교육과 연계된 농업·농촌 프로그램 마련 • 유치원부터 중학교까지 각 수준별 눈높이에 맞는 배움의 장을 실천	농업·농촌이 가지는 교육적 기능을 전문화시키고 사업화
농어촌 민박	• 농어촌 지역 주민이 거주하고 있는 주택의 일부를 방문한 관광객에게 제공 • 관광객에게 농업·농촌의 정취를 느끼게 하고 지역 주민에게 소득 증대의 기회 부여	지역의 주거공간과 서비스 공간의 융복합
농촌체험 관광	• 농어촌이 지니고 있는 경관, 전통 지식, 유무형의 자원 등을 활용한 프로그램 개발 • 관광객에게 제공함으로써 농가소득 향상 및 농업·농촌의 다원적 기능을 확대	농업·농촌의 다원적 가치를 관광 서비스 사업과 연계
유통 직매장	• 생산자와 소비자의 직거래 체제로서 유통 부분에 소요되는 시간과 비용을 줄임 • 생산자와 소비자의 상생관계를 모색하는 판매 형태	유통 서비스에서 불필요한 비용요소를 줄여 상생체계를 구현

렌드 예측과 정부 정책 흐름, 전문가로서 명성이 부족할 따름이다.

이런 교육을 받으면서 전문가들과 친해지고, 수강생들과 연대하고,

정보와 교육을 공유한다면 시골생활에 유리한 점이 한둘이 아니다. 하지만 대부분의 귀농귀촌인들은 이 점을 알지 못한다. 학창 시절 진절머리나게 공부하고 회사 시절 보수교육에 직무교육에 예비군, 민방위, 교통교육까지 두드러기 나도록 받았는데 이 나이에 또 뭔 교육이냐? 반문하지 말고 교육받아라. 필자가 자주 쓰는 말로 '교공친보'라는 것이 있다. 물론 자작 사자성어이다. '교육받다 보면 공무원과 친해지고, 공무원과 친하면 자다가도 보조금이 떨어진다'를 줄인 말이다.

시골에서 무슨 일을 하든 간에 스스로 자립해야 한다. 하지만 말이 자립이지 그것은 어려운 일이다. 자립을 도와주는 것이 전문가이다. 전문가에게 비용을 기꺼이 지불하자. 그리고 존경과 환대의 마음으로 대하자. 그들과 친구가 되면 당신도 전문가 그룹에 들어갈 수 있다. 21세기는 전문가들이 살아 움직이는 시대이다. 자신이 도시에서 하던 일과 농업·농촌·농민을 융복합해서 자신의 새로운 창조 분야에서 전문가가 되도록 노력하자.

친환경
유기농업을
유통하라

관행농업은 사양산업이다

농업의 변화는 관행농업에서 친환경 농업, 식품농업, 산업농업, 경관농업, 관광농업 등 다양하게 부가가치를 창출하는 방향으로 변화한다. 즉 농업도 R&D해야 하는 시대로 깊숙이 들어섰다. 과거 1970~80년대에 하던 관행농업을 생각하고 어릴 적을 연상해서 농사지으면 다 망한다.

지금은 시대와 세상이 급격히 변하고 있다. 요구하는 것이 과거와는 완연하게 다르다. 새로운 세상이 원하는 농업을 해야 생존할 수 있다. 예를 들어 폴라로이드 카메라나 필름카메라는 취미로는 의미가 있지만 더 이상 기능적인 측면에서 실생활에 도움을 주지 못한다.

기존의 관행농업도 마찬가지다. 농약 팍팍 주고 제초제 많이 사용하고 보기 좋은 농사는 의미가 없다. 중국에서 그런 방식으로 생산한 것을 수입해서 쓰면 3분의 1 가격으로 사용할 수 있다. 그리고 식품의 안전이라는 측면에서 더 이상 호감을 주지 못하는 측면이 있다.

먹거리 안전은 의료비를 낮추고 효율적으로 생활하는 방법이다. 귀농귀촌인들과 도시민이 공생공영하는 방법은 안전한 밥상공동체를 복원하는 것이다. 2035년까지 최소 200만 명이 귀농귀촌하고 한 가구당 10~20호의 도시가구 먹거리를 책임진다면 계산상으로 먹거리 공동체가 4000만 명 이상 형성된다. 누가 생산했는지를 알고 먹는 밥과 밥상은 보약이고 약상이다. 가족 음식을 책임지는 엄마는 가족 건강지킴이다.

엄마가 화학성분이 범벅된 인스턴트 가공식품을 아이에게 알아서 먹으라고 준다. 엄마가 아니라 악마이다. 하지만 친환경 유기농산물을 정성으로 요리해서 준다면 천사가 되는 세상이다. 세상의 엄마들이여, 선택하자.

귀농귀촌인들이 다품종 소량생산이 어렵더라도 무농약이나 저농약, 무제초제, 유기농업으로 가야 살 수 있다. 관행농업이 지속가능하지 않은 이유는 몇 가지가 있다.

농지 감소는 토양 악화와 지하수에 악영향을 미친다

우리나라는 농지면적이 급감하고 있다. 1991년부터 2011년까지 20년간 사라진 농지는 서울 면적(6만 ha)의 6.5배에 이른다. 혁신도시, 기업도시 등 대규모 개발 탓이다. 특히 벼를 재배하는 논의 감소폭이 크다.

식량안보 차원에서 농지 감소를 최소화해야 한다는 지적이 나온다.

농림수산식품부와 통계청에 따르면 2011년 말 기준 우리나라 농지의 총면적은 169만 8000ha로, 농지 통계가 처음으로 작성된 1974년 223만 8000ha에 비해 54만 ha(24%) 줄었다. 1975년 한 해만 조금 늘었을 뿐, 농지는 40년 동안 매년 평균 1만 4600ha(4424만 평)씩 감소했다.

특히 1990년대 들어 국토 개발이 본격적으로 시작되면서 농지전용이 급속도로 진행됐다. 수도권의 신도시 조성과 국토 균형개발이라는 명분으로 각종 국책사업이 잇따라 추진됐기 때문이다. 1990년대 중반에는 한 해 3만~4만 ha의 농지가 전용되기도 했다. 2000년대 들어서는 행정중심복합도시, 혁신도시, 기업도시 등의 추진이 농지 감소를 부추겼다.

국가가 성장하면서 국토를 개발하는 것은 당연한 이치다. 다만 곡물 자급률이 역대 최저치(2011년 22.6%)를 기록하고, 애그플레이션 우려가 커지는 상황에서 무분별한 농지 개발보다는 장기 계획을 수립한 후 농지전용이 이뤄져야 한다는 지적이 나온다.

농식품부는 2020년 식량 자급률 목표와 국제 곡물가격 등을 감안한 최소 농지면적을 160만 ha 정도로 추정하고 있다. 그러나 농촌경제연구원은 향후 도시 개발에 따른 농지전용 및 유휴화 등의 영향으로 2020년 이후 158만 ha까지 줄어들 것으로 전망했다. 그래서 농지 잠식이 계속될 경우 식량안보 차원에서 확보해야 할 최소 농지(160만 ha)를 지키기 어려울 것이라는 우려가 나온다.

토양침식으로 1년에 250억 톤의 겉흙이 사라지고 있다. 그러나 지표토가 생성되는 속도는 3000평에 1톤 정도라고 한다. 결국 난개발과 도시화, 농업 방식의 집중적 경운, 대규모 단작, 짧은 경작주기, 대량 관개 등으로 농지 잠식을 초래한다. 이 과정에서 농약, 화학비료, 제초제, 표토 상실, 염류화 등으로 우리 땅이 망가지고 지하수를 오염시킨다. 여기서 생산된 관행 농산물은 우리 아이들과 가족의 건강을 해친다. 우리가 어떤 선택을 하느냐에 따라 우리 아이들과 대한민국의 미래가 결정된다.

수자원의 남용과 수문체계의 손상

난개발과 관행농업은 필연적으로 토양과 지하수를 오염시킨다. 이 것은 지표수와 지하수 전체의 수문체계를 망가뜨리며 결과적으로 좋은 물을 찾기 위한 비용과 수자원의 남용을 만든다.

호주에서 시작한 퍼머컬처permaculture라는 것이 있다. 영어의 영구적인permanent, 농업agriculture 두 단어를 조합해 만들었다. 즉 퍼머컬처는 '지속가능한 식량과 농업 생산 및 유지'를 의미한다. 다시 말하면 지구 상의 인간으로서 한정된 자원들과 관련하여 조화롭게 살아갈 수 있는 문화와 생활양식을 추구하자는 것으로 우리나라에서는 임경수 박사가 선도적인 활동을 하고 있다. 이 박사는 현재 전북 안주의 로컬푸드를 퍼머컬처 원리에 적용해서 한국형 모델을 만들고 있다.

현재 농업은 과거의 농업과 달리 전기를 사용해 지하수를 끌어들여 사용한다. 과거의 농경은 지표수를 모아서 사용해 큰 문제가 없었다. 하지만 현재의 관행농업은 지하수 사용이 극심해 빗물을 포함한 지표

수가 지하의 대수층을 채우는 속도보다 더 빠르게 지하수를 퍼서 사용해 지하수 고갈과 토양침식, 지표 오염수의 지하수계 파괴 등이 문제로 야기된다. 농업이 사용하는 세계 담수의 양은 3분의 2를 차지하지만 이 중 많은 부분에서 지하수를 사용하고 있다. 이러한 문제는 지하수 고갈과 오염으로 연계되어 우리 후손들에게 심각한 자연재해를 제공할 수도 있다.

이제는 농업의 철학과 방식이 변화해야 한다. 농산물 생산을 최대·최고 생산방식이 아니라 물과 자연, 환경, 지역 문화, 전통을 보호하는 방식과 공존하는 조화로움을 찾아야 한다. 또 이러한 방식을 지원하고 지속가능한 먹거리 생산을 추구할 수 있는 철학과 농법이 요구된다.

예를 들어 감자 1000칼로리 생산에 물 200리터가 필요하나, 곡물 사료를 먹인 소고기 1000칼로리 생산에 1만 리터의 물이 필요하다. 결국 소를 대량 방목하기 위해서는 초대형 농경지와 초지, 물이 필요하다. 이러한 방식을 지양하고 밀식사육을 한다면 환경오염과 고비용, 구제역과 같은 치명적인 전염병에 직면하게 된다. 1kg의 동물성단백질을 생산하기 위해서는 식물성단백질 생산보다 50배 이상의 물이 사용된다. 왜냐하면 동물은 식물을 먹고 자라기 때문에 이중·삼중의 비용을 지불하기 때문이다.

환경오염

수자원의 오염에 지표, 지하수 체계가 제대로 건강하게 작동하지 않을 때 인류의 생존은 심각한 상황에 직면하게 된다. 과도한 농약과 제초제의 사용으로 생태계가 파괴되고 인간의 건강까지 위협받고 있다. 과거에는 없었던 아토피, 성장장애, 교감신경 이상 등 다양한 증상이 일어나고 있다. 항생제를 과다 복용시킨 육류를 섭취하기 때문에 감기에 걸려도 잘 회복되지 않는다.

AP통신에 의하면 1995년 미국 29개 도시의 수돗물을 검사한 결과 무려 28곳에서 제초제 성분이 검출되었다. 2003년에 미국 전역에서 50개 도시의 수돗물을 검사한 결과 24개의 도시에서 약물이 나왔다. 지역마다 종류가 조금씩 다르기는 하지만 전체적으로는 정말 다양한 종류의 약물들이 검출된 것이다. 식수 검사를 하면 10가지 이상의 약물 성분의 농약이 검출되고 있다. 이러한 농약 성분은 식품과 식수를 통해 오염된 것이라는 분석이다.

결국 카페인, 니코틴의 부산물인 코티닌, 그리고 해열제로 사용되는 아세트아미노펜, 항생제·항경련제를 비롯해 신경안정제·진통제·성호르몬 등 다양한 약물들이 검출된다는 것이다.

그렇다면 이런 약물들이 우리에게 어떤 영향을 미치는지 궁금하지 않을 수 없다. 제조된 농약이나 제초제를 포함한 대부분의 약은 공산품처럼 쉽게 변질되지 않도록 만들어져 자연 상태에서는 쉽게 분해되지 않는다. 결국은 잔류한다는 말이다. 그래서 생태계에도 직접적인 영향을 미친다. 아주 소량이라도 호르몬제에 노출된 물고기는 성별이 바뀌고, 항생제에 노출된 물벼룩은 번식률이 뚝 떨어진다.

항우울증제 성분이 녹아 있는 물에서 자란 올챙이는 알에서 깬 지두 달이 지나 개구리가 될 시점에도 여전히 올챙이 상태이다. 성장이 늦어져서다. 단기간에 인간에게 미치는 영향은 보고된 것이 없지만 상식적으로 생각해봐도 좋을 리가 없다. 항생제는 내성균을 자라게 해서 사람이 이 균에 감염되면 치료가 힘들 수 있다.

우리나라는 미국보다 안전할까? 불행하게도 그렇지 않다. 2005년 광주과학기술원 발표에 따르면, 서울·부산·대구·광주·나주 등 전국 5개 도시 하수종말처리장 수질을 분석한 결과 콜레스테롤 저하제, 해열제, 진통제 등이 유럽을 비롯한 선진국보다 3~8배 많이 검출됐다.

2006년 국립환경과학원이 한강, 낙동강, 금강, 영산강 등 우리나라 4대 강과 축산농가 근처에 있는 하천 20여 곳에서 수질 검사를 한 결과 다량의 항생제 성분과 호르몬제 성분이 검출됐다.

우리나라는 불행하게도 농약 사용이 많은 나라이다. 화학비료의 지나친 사용으로 지하수와 강물로 흘러든 질산염 등의 성분이 부영양화를 일으켜 '죽음의 구역'을 만들거나 생태계를 파괴하고 있다.

공장식 축산에서 나오는 막대한 양의 가축 분뇨를 '인공 못' 방식으로 처리하도록 되어 있으나 영세농가는 그대로 방뇨한다. 설사 인공 못을 설치했다 하더라도 고비용의 방수 처리에 취약해 자체적으로 스며든 가축 분뇨로 지하수가 오염되고 강과 바다로 흘러들어 가는 경우도 있다.

농약, 비료 등
외부 투입재에 대한 의존

관개용수, 화학비료, 농약, 제초제, 살충제, 가공사료, 항생제 등의 생산과 운영에는 많은 에너지가 필요하다. 대규모 생산을 전제로 한 관개시설, 축사의 기후조절장치, 유전자조작, 농기계, 농화학 물질 제조 등으로 재생 불가능한 자원을 낭비하도록 유인하고 있다. 이 과정에서 농민이 주도적으로 경영을 할 수 없으며 외부 자본, 자재에 의해 통제를 받는 구조로 변화한다. 예를 들어 대기업이나 농협이 농자재를 공급해주지 않으면 우리 농가의 70% 이상이 농사를 유지하지 못한다. 결국 경영과 자본의 효율이 농민의 수익을 줄어들게 하고 그들이 생산한 농산물은 외부적 요인에 의해 통제된다.

그렇다면 왜 농약이나 제초제 사용을 확대해왔나? 과거 수 세기 동안 전통적으로 전 세계 농민들은 질이 좋은 농작물을 지속적으로 생산하기 위해 자연적인 유기비료를 사용해왔다. 퇴비나 가축의 배설물을 농경지에 뿌려 토양을 비옥하게 만들었다.

그러나 유기비료들이 어떤 화학반응에 의해 식물의 성장을 촉진하는지는 알지 못했다. 1840년 독일의 화학자 유스투스 리비히Justus von Liebig는 농작물을 경작하고 난 토양에서 작물에 의해 흡수되어 사라진 영양들을 화학적으로 보충해줄 수 있음을 밝혔다. 이러한 발견 후 인공적으로 화학비료를 만들 수 있는 기술이 개발되어 식물 성장에 필수적인 질소, 인, 칼륨 등이 비료로 생산되어 공급되었다. 오늘날 생산되는 비료 성분 중 인과 칼륨은 암석에서 얻고 있으며, 질소는 화학적으로 합성하여 얻는다.

이 중에서 문제가 되는 것은 질소를 포함한 화학비료이다. 화학비료는 농작물의 종류에 따라 여러 비율로 혼합해 대량생산되어 상품으로 팔리고 있다. 비료와 더불어 농산물의 수확량을 늘리기 위해 살충제, 살균제, 제초제 등의 농약을 대량으로 사용하게 되었다.

농산물에 농약이 잔류되어 심각한 문제를 일으키고 있다. 우리나라 환경부에서 환경 호르몬인 내분비계 장애물질로 분류한 67종 중에서도 농약이 41종이나 된다. 농약은 그 독성과 잔류성으로 인해 환경을 크게 오염시키는 물질이다. 농약은 화학구조에 따라 대략 유기염소계, 유기인산계, 카바메이트계 농약으로 분류할 수 있다.

유기염소계 농약

DDT, BHC, 알드린aldrin, 다이엘드린dieldrin, 엔드린endrin, 헵타클로르heptachlor, 클로르단chlordane 등의 살충제와 제초제는 유기염소계 농약이다. 농민은 농약을 경작지에 살포하는 과정에서 농약에 직접 노출될 수 있다. 이들 농약에 직접 노출되면 뇌에 작용하여 두통, 현기증, 메스꺼움, 구토, 근육경련, 의식장애를 유발한다. 토양에 살포된 농약은 토양에 잔류하여 식물에 흡수되거나 하천, 해양에 유입되어 생물농축된 어패류를 통해 인체로 유입되어 건강장애를 일으킬 수 있다. 다이엘드린, 클로르단, 헵타클로르는 동물실험에서 간암을 유발시켰다. 또한 DDT의 분해산물인 DDE는 발암성 물질이다.

이들 농약은 현재 대부분 사용 금지되었으나, 분해산물들이 곳곳에 아직도 잔류하고 있다. 식품에 농축된 유기염소계 농약은 체내에서 지질이 많은 조직에 축적되어 지혈증, 지방간, 신경장해, 이상반사 등을 일으킨다.

BHC는 DDT에 비해 살충 효과가 훨씬 빠르게 나타나는 강력한 살충제이다. 겨울이나 봄에 땅속에 있는 벌레를 없애거나, 농작물의 해충에 사용되며 싼 가격 때문에 아직도 일부 국가에서 사용되고 있다. 인체에서는 신경계에 작용하여 호흡곤란, 흥분 등을 유발한다.

우리나라에서는 DDT와 BHC를 1972년, 1974년에 각각 사용 금지시켰으나 중국 등 동아시아에서는 아직도 사용되는 경우가 있으므로 이들 국가에서 수입되는 농산물에 대해서는 철저한 검사가 필요하다.

유기인산계 농약

말라치온malathion, 다이아지논diazinon 등은 대표적인 유기인산계 농약이다. 이들 농약은 독성이 크고, 신경을 과잉 자극시킴으로써 구토, 구역질, 오한, 근육경련을 일으키게 하고, 사망에 이르게 할 때도 있다.

유기인산계는 신경전달 물질인 아세틸콜린acetylcholine을 분해하는 효소인 아세틸콜린 에스테라아제의 활성을 억제한다. 말라치온은 포유동물에 대한 독성이 비교적 낮고, 곤충에 선택적으로 살충 효과를 나타내므로 최근에 많이 사용되고 있다. 유기인산계 농약은 가수분해가 잘 되므로 유기염소계 농약과 달리 심각한 환경오염을 일으키지 않고 먹이사슬을 통해 들어오는 경우도 거의 없어 널리 사용되고 있다.

카바메이트계 농약

카바릴carbaryl과 카보퓨란carbofuran 등이 유기질소화합물인 카바메이트계 농약carbamates pesticides이다. 잔디나 정원에서 널리 사용되는 카바릴 살충제는 포유동물에는 독성이 적다. 수용성이 큰 카보퓨란은 식물의 뿌리나 잎으로 흡수되었다가 잎을 먹고 사는 곤충을 죽게 한다.

이들 카바메이트계 농약은 그 분해물이 운동마비, 다발성 신경염, 신장장해, 간장해 등을 일으키고 발암성이 있다고 알려졌다. 유기인계와 마찬가지로 카바메이트계의 작용도 콜린에스테라아제를 저해한다.

쿠바 유기농업의 교훈

한국 농업은 아직도 국제 경쟁에 처져 있는 실정이다. 하지만 우리의 수출 위주 경제정책의 최종 피해자는 농산물의 완전 수입개방에 따른 농민이다. 우리나라는 전 세계에서 제일 빠르게 FTA를 추진하는 나라이다. FTA뿐만 아니라 최근에는 환태평양경제동반자협정TPP을 추진해 자유무역에 더욱 박차를 가하고 있다. 관세 철폐와 자유무역에 따른 모든 국가 간의 경제사회적인 격차를 줄이려는 경제활동의 강화가 계속될 것이다.

자유무역이 심화되면 될수록 가족농 구조의 한국 농업은 어려운 상황에 부닥치게 될 것이다. 왜냐하면 다른 산업에 비해 상대적으로 뒤지고 전문화, 법인화, 고기능화, 수출화가 진행되지 못하기 때문이다.

농업도 첨단기술의 개발, 보급, 정보화의 진전과 더불어 부가가치가 높아지는 지식집약형知識集約型 산업과 서비스 산업의 비중이 더욱 높은 방향으로 변화되어야 하지만 현실은 그리 녹록하지 않다. 이러한 방향은 농업과 6차산업이 결합하는 가운데 R&D 고기능을 더하는 의료기술, IT, BT, CT 등을 융복합하는 첨단 과학영농이 진행되는 것이 정답이다. 이를 위해서는 친환경 기능성 농업이 관행농업을 대신해야 한다.

2014년 3월 16일, SBS에서 방송된 일요 특선 다큐멘터리 〈100세는 청년이다! 쿠바의 비밀〉에는 쿠바가 100세 이상 인구가 많은 세계적 장수국가가 된 비결이 담겼다. 국민소득이 높지 않은 쿠바 사람들이 이렇게 건강하게 장수할 수 있는 비결은 높은 품질의 쿠바 커피와 뿌리채소 유카, 낙천적인 국민성 영향도 있지만 친환경 채소를 자급자족해서 신선하게 섭취하고 세계 최고 수준의 의료 서비스를 전액 무상으로 전 국민에게 제공하는 공공 의료정책의 기여가 가장 크다고 소개했다.

특히 다큐멘터리 속에서 지목된 기능성 천연건강 물질 '폴리코사놀'과 '비즈왁스알코올'이 주목받았다. 당시 검색어에서도 1~3위를 차지했었다. 사탕수수 껍질에서 추출한 '폴리코사놀'과 벌집에서 추출한 '비즈왁스알코올'이 바로 그것이다

폴리코사놀은 사탕수수 잎과 줄기 표면에 있는 왁스에서 추출한 8가지 지방족알코올의 혼합 성분이다. 이날 방송에서는 인체를 대상으로 임상실험 결과, 폴리코사놀이 혈관청소 기능을 하는 좋은 콜레스테롤 수치를 높이고 혈관을 막는 나쁜 콜레스테롤 수치를 줄여준다

6차산업 창업 아이템 정보 수집 방법

- 농촌마을의 자원(농산물, 역사, 문화 등) 활용 사례조사

- 농촌 성공 사업자 및 경험자 면담을 통한 정보 습득

- 농촌 관련 신문, TV, 잡지 등 매체를 통한 방법

- 재래시장, 농수산물 소·도매시장, 백화점, 유통 상가 등 방문을 통한 방법

  (신상품 정보, 시장흐름 파악 용이)

- 지방방문이나 해외여행을 통한 방법(예: 일본 지방특산물 전시회 등)

- 농촌 지원기관을 통한 방법(예: 농업기술센터, 유통공사, 농어촌공사 등)

- 농협을 통한 정보 습득

- 최근 일본이나 미국 등 선진국에서 유망했던 아이템 조사를 통한 방법

- 동창, 친구, 전 근무지 등 인맥을 통한 방법

는 쿠바 국립과학연구소 연구 결과를 소개했다. 비즈왁스알코올은 벌집 밀랍에서 추출한 6가지 고분자지방족알코올 혼합물로, 위 보호물질인 위 점액을 증강하는 효능을 낸다.

국내 식품의약품안전처로부터 쿠바산 '폴리코사놀'과 '비즈왁스알코올'은 이미 기능성을 인정받기도 했다. '비즈왁스알코올'은 국내 최초로 식약처로부터 '위 점막을 보호하여 위 건강에 도움을 줄 수 있다'는 기능성을 인정받았으며, '항산화에 도움을 줄 수 있다'는 내용으로 먼저 기능성을 인정받기도 했다.

결국 우리 농업이 가야 할 길은 국가적인 차원에서는 수출농업으로 가는 것이다. 개인은 친환경 기능성 농업에서의 증산 및 소득 증대와 한·중·일 동북아 경쟁력의 강화를 통해 동일 문화권, 동일 식품 원칙에 따른 시장지배력 강화가 요구된다.

귀농귀촌인은 이를 위해 농업기술의 혁신적 개발 향상이 이루어져야 할 것이다. 예들 들어 쿠바의 '폴리코사놀'과 '비즈왁스알코올'처럼 우리도 약초, 식품 등을 활용해야 한다. 그래서 현대 순환기 장애인 고혈압, 당뇨 등에 좋은 기능성 식품 개발을 실천해야 한다. 이것은 귀농귀촌인의 생산력과 첨단 생명과학과 농업이 결합하면 좋다.

이를 위한 주요 과제로는 농지의 친환경 개발 및 기반 정비, 농촌 어메니티의 합리적 이용 등 국토의 효율적 이용이 선행되어야 한다. 또 양질의 안전한 친환경 농산물의 생산과 이러한 것들이 재해에 강한 농산물이 될 수 있도록 내재해성도 강화시켜야 한다. 친환경 농산물의 농업 생산성 향상 및 안정성의 제고, 적지적작適地適作을 통한 각 작목의 단지화·규모화 등 농업구조 개선도 필요하다.

도농통합의
밥상공동체를
꿈꿔라

한국 농업, 어디로 가나?

우리 농업의 특징은 5가지로 볼 수 있다. 첫째 농산물 과잉생산 단계 진입, 둘째 산지경쟁 강화와 브랜드 육성, 셋째 농산물 소비의 다양화, 넷째 친환경 안전농산물 수요의 증가, 다섯째 유통혁신과 새로운 유통업태 다양화 등으로 볼 수 있다. 그중에서 귀농귀촌인에게 가장 신경 쓰이게 하는 것이 농산물 과잉생산이다. 술에 장사 없듯이 과잉생산에 이길 수 있는 생산자가 없다.

농산물 과잉생산 단계 진입

1993년 UR 타결 이후 FTA로 이어지는 지속적인 개방 속에서 농산물은 생산방식의 개선이 급격히 이루어지고 있다. 즉 농어촌 구조 개선사업과 약 200조의 집중적인 농업·농촌투자로 농업 생산기반 및 생산력은 획기적으로 증대했다. 생산력 증대는 시설채소, 낙농가, 과수, 쌀의 증산으로 이어졌다.

쌀의 경우 대형 농기계의 급속한 확대로 인한 전반적인 조업률의 감소와 WTO에 따른 최소 시장접근, 1인당 쌀소비 감소 등으로 인한 쌀 과잉현상이 유발되는 등 전반적으로 농작물이 생산과잉 단계에 진입하고 매년 수매가는 물가에 부담을 주지 않는 범위에서 결정되어 결과적으로 농가 소득원에 타격을 주고 있다. 이제 쌀을 모태로 하는 다양한 가공식품을 생산하는 것과 기능성 쌀 생산에 주력해야 하겠다. 다음은 필자가 기자로 있었을 때 썼던 기능성 쌀에 관한 기사이다.

[新 그린어메니티] 고성군 거류면 봉림마을 (《경향신문》, 2006.4.4)

경남 고성 봉림마을(www.ksdongbu.com)의 어메니티는 셀레늄 쌀이다. 일반 쌀도 셀레늄을 함유하고 있지만 극소량이어서 봉림마을의 쌀과는 비교가 안 된다. 셀레늄은 노화 방지, 면역력 강화, 간 재생, 암 예방 등에 효과가 있는 화학물질. 유럽에서는 '기적의 원소' '꿈의 원소'로 불리며 비타민보다 인기가 높다. 영국 일간지 〈인디펜던트〉는 2003년 초 '건강을 위한 30가지 습관'이란 기사에서 "꼭 셀레늄을 섭취하라"고 언급한 바 있다. 충북 괴산과 경기 김포에서 셀레늄 쌀이 소량 생산되긴 하지만 대규모 친환경 농법으로 생산하는 곳은 고성 봉림마을뿐이다. 봉림마을의 셀레늄 쌀은 전량 고성 동부농협에 수매돼 일반미에 비해 30% 정도 비싸게 팔린다.

셀레늄 하루 섭취 권장량은 세계보건기구(WHO) 50∼200㎍(100만 분의 1g), 미국영양학회 55∼70㎍ 수준이다. 영국건강학회는 최적의 건강 상태를 유지하기 위해 하루 500㎍을 섭취할 것을 권장하는 등 지역과 건강 상태(흡연, 임신, 질병 유무 등)에 따라 다르게 정하고 있다.

국내에서는 아직 최적 건강을 위한 섭취량 연구 결과가 나와 있지 않지만 일부 전문가들은 필요 섭취량을 40㎍ 정도로 보고 있다. 셀레늄 섭취량이 부족하면 몸의 면역기능 약화나 심장기능 쇠약, 갑상선 이상 등이 생긴다. '봉림 친환경시범단지'에서 생산되는 셀레늄 쌀은 성장기 벼에 셀레늄 수액을 뿌려 보통 벼보다 셀레늄 함유량이 4∼6배 많다. 여기에 농약을 사용하지 않는 오리농법도 병행하고 있다. 셀레늄 쌀은 보통 쌀보다 맛도 좋다.

이 마을 쌀이 맛있는 또 다른 비밀은 자운영 퇴비를 활용하는 데 있다. 자운영은 쌀을 차지게 하는 효과가 있다. 봉림마을 쌀은 자운영 퇴비에 무농약 오리농법, 셀레늄 효과까지 한데 어우러져 고급 쌀의 대표라 할 만하다. 셀레늄 쌀은 전량 서울 선릉농협 매장으로 출하되고 있다.

봉림마을 쌀 개발의 주역은 이종주 고성동부농협조합장과 황영주 쌀전업농협회 운영위원이다. 이 조합장은 에버랜드 양돈부장 출신으로 1999년 셀레늄 수치가 높은 돼지를 생산해 업계의 관심을 끈 바 있다. 그는 벼에도 일정 시기에 일정량의 셀레늄을 벼 잎에 살포하면 셀레늄 수치가 기준치 이상으로 높아진다는 것을 2001년 알아냈다. 또한 유명한 유기농 쌀생산 전문가인 황 씨가 오리농법을 가미한 셀레늄 쌀을 생산해 주변 농가들에 보급하기 시작했다.

봉림마을의 셀레늄 쌀 생산량은 80kg들이 2000가마. 경작지가 30ha인 점을 감안하면 생산성은 높지 않다. 브랜드명은 '동진1호'. 가격은 10kg에 2만 5000원으로 국산 쌀 중에서는 고가이다. 쌀 판매액은 연 4억 원 선으로 가구당 2860만 원 정도 소득을 올리고 있다. 쌀 농사로만 전국 농가 평균치에 근접하는 소득을 올리고 있는 것이다.

이 마을은 지난해 쌀 이외에 참다래, 단감, 한우, 시금치, 상황버섯 등을 생산해 가구당 평균소득이 4200만 원을 웃돌았다. 셀레늄 쌀 농사를 처음 시작한 2001년과 비교해 4년 만에 마을소득이 40% 이상 향상됐다. 농협대학 전성군 교수는 "셀레늄 쌀 생산으로 소득이 높아진 것도 중요하지만 친환경 농촌으로 자리매김한 것이 더 의미 있다"고 평가했다.

(경남 고성 | 유상오 전문위원 3996359@kyunghyang.com)

산지경쟁 강화와 브랜드 육성

과거 특산지의 고유 성과 타월성이 기술이 발달료 차별화가 감소하고 있다. 그래서 기존 주산지와 경쟁하는 후발주자들의 소득작물이 늘어나고 있다. 대표적인 예가 문경 오미자이다. 소비자 입장에서는 좋지만 농촌 지역은 늘어나 신규 주산지가 형성되면서 경쟁이 심화되고 시장의 불안정성이 더욱 늘어나는 추세이다.

전국에 보급된 농업기술센터의 혁혁한 공로로 생산기술의 발달은 작목 간 이동장벽이 낮아지는 추세이다. 과거에 커다란 장벽으로 자리한 기후적 제약도 온난화로 약해지고 있어 주산지의 개념이 모호해지고 있다. 결국 친환경 기능성, 소비자 선호도, 가격, 브랜드, 지자체장의 홍보 등이 경쟁에서 승리하는 요인으로 부각되고 있다.

특히 지속적인 FTA 체결과 농산물 수입이 증가하면서 과수와 채소의 경우는 더욱 산지경쟁이 치열해지고 있다. 또 식량작물의 상대소득 감소로 인해 논이 밭으로 전환되면서 후발주자들의 싸움이 격해지고 있다. 이런 상황 속에서 지역별로 '차별화'를 위한 다양한 시도들이 이루어지고 있으며 이는 브랜드 경쟁으로 확대 발전하고 있다.

최근 대형마트에서 가장 흔히 보는 복숭아 브랜드는 '햇사레'이다. 경기 이천의 동부과수농협과 장호원농협, 충북 음성의 감곡농협과 음성농협이 이 브랜드의 복숭아 생산에 참여하고 있다. 햇사레는 2003년에 개발된 브랜드이다. 도 단위를 넘나드는 복합 브랜드의 탄생이다.

농산물 소비의 다양화

소득 증대 및 여성의 사회진출 확대로 구매행태의 안전성, 편의성, 청결성, 소포장을 추구하는 경향이 강해지고 있다. 이에 따라 조리식품 및 세척 농산물의 수요가 점점 늘고 대형 할인매장 등 원스톱 쇼핑의 점유율이 늘어나는 추세이다. 또 소득수준 향상에 따라 다양한 식품을 소비하려는 경향이 나타나고 있어 과실의 출하시기 확대와 육가

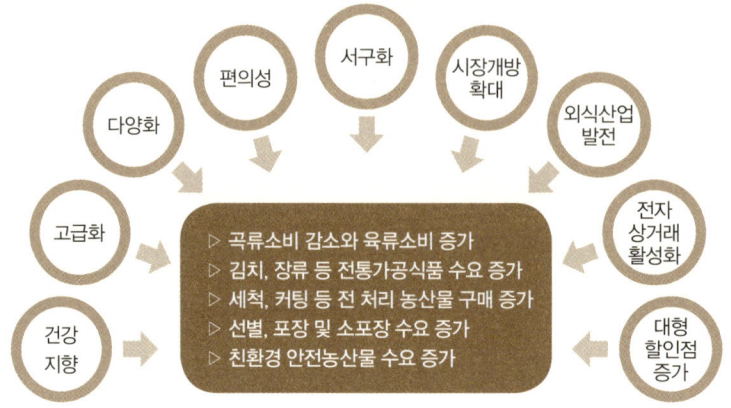

소비자 선호 및 시장여건 변화와 농산물 소비행태의 전망

- 다양화
- 편의성
- 서구화
- 시장개방 확대
- 외식산업 발전
- 고급화
- 건강 지향
- 전자 상거래 활성화
- 대형 할인점 증가

▷ 곡류소비 감소와 육류소비 증가
▷ 김치, 장류 등 전통가공식품 수요 증가
▷ 세척, 커팅 등 전 처리 농산물 구매 증가
▷ 선별, 포장 및 소포장 수요 증가
▷ 친환경 안전농산물 수요 증가

자료: 한국농촌경제연구원, 《농업전망 2002》, p.245

공품의 소비 증대, 친환경 채소류의 소비 증대가 나타나고 있다.

국민들의 전반적인 소득수준이 높아지고 있으며 소득수준에 따른 맛과 영양, 안전성에 대한 선호도가 증가하고 있다. 따라서 이를 충족시켜 주는 고급 농산물의 생산요구가 늘어나고 있다. 어떻게 이 수요를 잡을 것인가가 귀농귀촌인에게 필요한 무기다.

친환경 기능성 농업을 자신의 규모에 적합하게 적은 규모로 시작하고 지인들에게 독점적 공급을 하는 것이 중요하다. 즉 직거래 혹은 꾸러미사업을 하는 것이 필요하다. 이렇게 한다면 주변 사람들을 동참시켜 협동조합이나 마을기업 형태로 가는 것이 바람직하다.

꼭 생산하지 않아도 좋다. 진짜인지 가짜인지만 구별하면 된다. 진짜 농산물을 자신의 네트워크로 공급하자. 다만 자신의 능력에 적합하게 하자. 능력을 벗어나면 민원이 들어오고 그때부터 망가진다.

친환경 안전농산물 수요의 증가

건강에 대한 관심이 높아지고 구제역, 조류독감, 광우병, 농약과 식품첨가제, 방부제가 첨가된 수입농산물, 유전자 변형식품 등 먹거리에 대한 우려 심리로 식품안전을 점점 강조하고 있다.

소비자들은 우리 농산물이 더 안전하다고 생각하고 있으며, 친환경 농산물에 대한 인지도가 높아져 친환경 농산물에 대해서는 평균 50% 이상의 가격 격차도 감수하겠다는 반응을 보이고 있다. 따라서 안전하고 안심할 수 있으며 신선하고 신뢰받는 농산물을 생산하거나 유통하는 것은 귀농귀촌인에게 무척 좋은 시장이다. 자신의 이름을 걸고 친환경 농산물을 속이지 않고 공급한다면 먹고사는 데는 큰 무리가 없을 것이다.

유통혁신과 새로운 유통업태의 다양화

농민과 소비자들을 희생양으로 만드는 농산물의 비효율적인 유통구조와 들쭉날쭉한 가격, 산지와 소비지 가격 간의 비대칭성 등은 농정의 선진화를 가로막는 고질적인 문제이다.

이를 해소하기 위한 해법으로 도매시장 운영의 효율적 전환, 직거래 등 대안 유통경로 확산, 생산자 단체를 통한 유통 계열화, 수급관리 체계화, 거래의 공정성 확보 및 정보 제공 확대 등이 있다.

한국농촌경제연구원 조사에 따르면, 농민이 산지에서 292.4원에 판매한 배추는 '산지유통-도매시장법인-중도매인-소매상'의 단계를 거치는데 소비자의 손으로 넘어갈 때는 값이 1400원으로 약 400%의 유

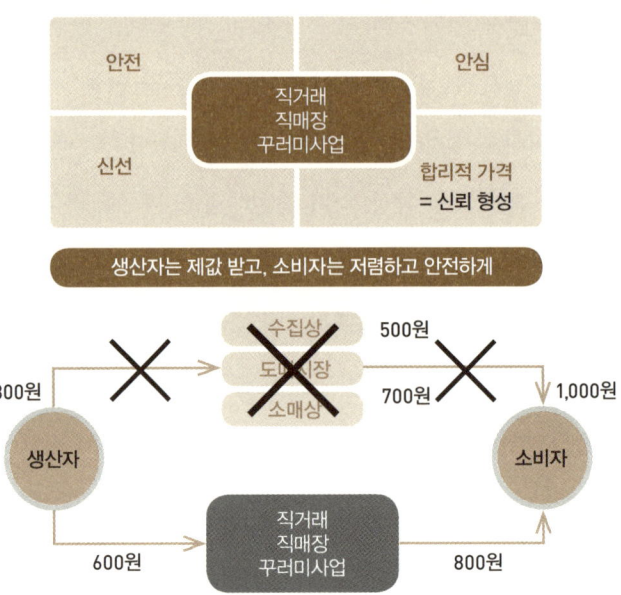

농산물 직거래는 유통혁신

| 안전 | 직거래 직매장 꾸러미사업 | 안심 |
| 신선 | | 합리적 가격 = 신뢰 형성 |

생산자는 제값 받고, 소비자는 저렴하고 안전하게

수집상 500원
도매시장 700원
소매상

300원 → ✕ → ✕ → 1,000원

생산자 ────────── 소비자

600원 → 직거래 직매장 꾸러미사업 → 800원

통 거품이 붙는 것으로 나타났다.

이에 따라 유통구조 개선의 목표는 '생산자는 제값 받고 소비자는 싸게 사는, 건강하고 지속가능한 유통 생태계를 조성하는 것'으로 모인다. 이를 위해서는 직거래 등 다양한 신 유통경로를 육성하고, 유통경로 간 경쟁을 촉진해 유통구조의 효율성을 높이며, 비축·계약재배를 확대하는 등의 수급관리 체계화를 통해 가격변동성을 축소하는 것이 필요하다.

정부가 해야 할 일 중 가장 시급한 것은 직거래를 대안 유통경로로 적극 육성해 현재 7%에 머물고 있는 비중을 2016년 12%, 2020년까지 20%로 끌어올리는 것이다. 이를 위해 귀농귀촌인이 참여하는 직매장,

꾸러미, 마을기업, 협동조합, 직거래 장터, 온라인 직거래 등 다양한 직거래 형태를 발전시켜야 한다.

진짜와 가짜 농산물의 싸움

최고의 미질을 자랑하는 여주 쌀과 이천 쌀이 심하게 싸운다. "예로부터 최고의 진상미*는 이천 쌀이다." "진짜 맛있는 경기미*는 여주 쌀뿐이다."

대한민국 1등 미질을 자랑하는 '대표 경기미'를 놓고 이천 쌀과 여주 쌀은 오랫동안 선의의 경쟁을 벌여왔다. 특히 20여 년 전부터 이천시와 여주군이 독자적인 브랜드를 개발했다. 임금님표 이천 쌀과 대왕님표 여주 쌀이 생산, 유통, 홍보 등 모든 분야에 걸쳐 총력을 기울이면서 경쟁은 과잉 양상마저 보이고 있다. 어쨌든 덕분에 소비자들은 더욱 좋은 쌀을 편하고 저렴하게 맛볼 수 있게 됐다.

이천 쌀에 대해서는 《신증동국여지승람》 〈이천〉 편에 조선 성종이 1490년 세종의 능을 성묘한 후 환궁하던 때 이천 부사가 이천 쌀로 수라상을 올리면서 진상미가 됐다는 기록이 있다. 분지 지역인 이천은 타 지역보다 일조량이 많고 흙에 유기물과 질소 성분도 풍부해 밥맛이 뛰어난 쌀을 생산하고 있다. 이천시는 1995년 전국 최초로 '임금님표'라는 브랜드를 개발해 농협중앙회 이천시지부와 서울과 수도권 유명 백화점 등에서 판매하고 있다.

한편 여주 쌀은 조선시대 다양한 농업 관련 서적에 자채自蔡 벼라는 이름이 나오며, 매년 음력 7월 말께 생산되는 자채 쌀을 한강 수로를 통해 진상했다는 기록이 있다. 여주 쌀은 팔당상수원 보호구역인 청정 지역에서 생산되어 왔다. 즉 금서, 흥천, 능서, 백사면 등 한강 남측 지역에서 일교차와 청정한 수질로 이천 쌀 못지않은 미질을 자랑한다.

여주군도 이천에 이어 1996년 '대왕님표'라는 브랜드를 개발해 엄격한 품질관리를 하고 있다. 유통 과정에서 제품이 변질 또는 파손되거나 소비자들이 품질에 불만을 가질 경우 전량 교환해주는 제도도 시행하고 있다.

이천 쌀과 여주 쌀은 2000년 이래 전국 농산물 품질경진대회, 각종 브랜드 대상, 언론사 시상에서 최고상을 서로 경쟁하듯이 수상하기도 했다. 어떻든 이천 쌀과 여주 쌀은 우리나라 최고의 브랜드 미로 자리 잡고 있으며 선의의 경쟁을 하고 있다.

이천 쌀과 여주 쌀의 명성이 갈수록 높아지자 가짜가 활개를 쳐 지자체와 농가는 이에 대한 대책 마련에 부심하고 있다. 이들 지역의 쌀 가격이 타지보다 20kg에 1만 원 이상 차이가 나다 보니 타 지역에서 매년 쌀 400톤 정도가 이들 쌀로 둔갑하고 있다. 실제 관계자나 재배 농가들은 실제로 이보다 10배 이상 유통될 것이라고 주장한다. 이들 지자체와 시민단체, 경기도 등은 가짜 경기미 적발에 나서고 있지만 일반 쌀과 육안으로 구분하기가 쉽지 않아 애를 먹고 있다.

결국 진짜의 선의의 경쟁은 좋지만 가짜가 진짜로 둔갑해 유통되면 소비자의 신뢰를 잃어버리고 결국은 브랜드 가치를 상실하게 된다. 귀농귀촌인도 마찬가지다. 스스로 신뢰를 잃어버리지 않도록 속이거나 거짓을 이야기해서도 가짜를 내놓아서도 안 된다.

한 번 신뢰를 잃어버리면 모든 것이 끝장난다는 자세로 임해야 한다. 꾸러미사업을 해도 마찬가지다. 주변에서 생산한 농산물인지 타지에서 우리 지역으로 들어온 농산물인지를 알아야 한다. 그러기 위해서는 서로 잘 아는 사람들의 공동체로 직거래가 이루어져야 한다.

안심과 신뢰만이 살길

앞으로 안전한 농산물을 생산하는 사람만이 살아갈 수 있다. 그만큼 먹거리 불안이 커지고 국민소득이 높아지면서 가족 건강이 제1로 중요하게 부각된다. 그래서 생산에서부터 소비에 이르는 모든 과정이 중요하게 부각되며 각 과정마다 안전, 안심, 신뢰, 신선, 청결이 농산물의 품질이 되는 시대에 깊숙이 들어와 있다.

먼저 생산자는 어떤 마음을 가지고 있어야 하는가? 소비자의 눈에 들 수 있도록 생산해야 한다. 즉 주부들은 더욱 안전하고 믿을 수 있는 농산물을 구입하기를 원한다. 좋고 안전한 농산물만 있다면 가입비, 연회비는 그리 중요하지 않다. 안전한 농산물, 믿을 수 있는 진짜 농산물이라면 내가 원하는 제품을 선택해서 받을 수 없다는 단점에도 마다치 않는다.

농산물 직거래를 활성화시키기 위해서는 제철, 제대로 생산한 농산물을 알리는 것이 중요하다. 그리고 제대로 요리해 맛있게 식사할 수

식품인증 마크 읽기	
유기농 인증	화학비료와 유기합성 농약을 전혀 사용하지 않는다. 가축 분뇨를 원료로 하는 퇴비만 사용할 수 있는데, 이 또한 유기농 축산물·무항생제 축산물 인증 농장에서 생산된 것이어야 한다.
무농약 인증	화학비료는 농촌진흥청장, 농업기술원장 혹은 농업기술센터소장이 권장하는 성분량의 1/3 이하를 사용해야 하며, 유기합성 농약은 사용하지 않는다. 잔류 농약이 검출돼서도 안 된다.
무항생제 인증	항생제, 합성항균제, 성장촉진제, 구충제, 항콕시듐제 및 호르몬제 등을 첨가하지 않는다. 무항생제 축산물의 경우 축사도 국립농산물품질관리원장이 정하는 조건을 준수해야 하며, 일반 가축과 사료, 농기계 및 기구도 엄격하게 구분한다.
저농약 인증	화학비료는 농촌진흥청장, 농업기술원장 혹은 농업기술센터소장이 권장하는 성분량의 1/2 이하를 사용해야 하며, 잔류 농약이 해당 농산물의 농약 잔류 허용 기준의 1/2 이상 검출된 경우 친환경 농산물로 표시해 판매할 수 없다. 유기합성 제초제는 사용할 수 없다.
GAP 인증 (Good Agricultural Practices, 농산물우수관리)	생산에서부터 포장 단계까지 농산물에 남아 있을 수 있는 농약, 중금속 혹은 유해 생물 등의 위해 요소를 사전 관리해 안전성을 인증하는 마크다. 생산에서 식탁에 오르기까지 농산물의 안전성을 확보한다는 취지에서 HACCP(위해요소중점관리기준)과 비슷한데, 이 원리를 농산물에 적용했다. GAP 인증번호를 인터넷이나 스마트폰 애플리케이션으로 검색하면 해당 농산물의 생산자명, 품목, 전화번호, 주소, 재배면적, 심사정보, 안전성 정보까지 한눈에 조회할 수 있다.
PGI 인증(Protected Geographical Indication, 농수산물 지리적 표시)	특정 마을, 지역의 우수농산물이나 해당 지역에서 가공작업이 이뤄진 제품을 보증하는 마크이다. 포도주, 커피, 치즈, 생수 등이 대표적인 예다.
농산물 이력추척	농산물의 생산, 유통, 판매까지 각 단계별로 정보를 관리해 농산물의 안전성 등에 문제가 발생하는 경우 해당 농산물을 즉각 추적해 원인 규명 및 필요한 조치를 취할 수 있는 마크. 생산에서부터 판매 단계까지의 과정을 관리해 문제 발생 시 책임 소재를 분명히 하기 위해 시작됐기 때문에 신뢰도가 높다.

있도록 안심할 수 있는 농산물이라는 측면과 생산자를 믿고 알 수 있는 농산물, 그래서 신뢰할 수 있는 농산물의 특징을 잘 알려야 한다. 또 직거래 회원들에게 귀농귀촌인이 생산한 주요 농산물의 리스트를

살펴보고, 스스로 판단할 수 있도록 선택권을 주는 것이 중요하다.

소비자 입장에서 직거래를 원하는 사람들은 어떤 심리일까? 먼저 직거래를 원하는 사람들은 친환경 농산물, 누가 생산했는지, 그리고 농가가 믿을 수 있는지, 제철 음식인지, 자연산인지 등을 중요시한다.

하지만 주부의 요리 스타일이나 가족의 식성과 맞는 직거래 농가를 만나는 것은 쉬운 일이 아니다. 또 직거래 농산물은 친환경 제철 식품이라는 공통점은 있지만 각 지역마다 기후, 재배 방법, 특산물이 다르므로 농산물의 구성도 당연히 다르다. 최근에는 생산농가에서 평소 즐겨 먹지 않거나 낯선 농산물인 경우에는 조리법까지 직접 프린트해 보내주고 있다. 직거래 업체를 선정할 때는 향토색 짙은 특산물을 원하는지, 매일 먹을 수 있는 농산물을 원하는지 등 원하는 꾸러미 성격을 확실히 정하고 가입해야 실패 확률이 낮다.

밥이 보약, 밥상이 약상, 부엌은 건강지킴센터

좋은 음식이란 전 과정에서 좋아야 한다. 일단은 생산 과정에서 문제가 없어야 한다. 과도한 농약이나 제초제, 화학비료를 사용해서는 곤란하다. 농부의 정성으로 농사짓고 수확한 것을 가급적 빠른 시간 내에 먹는 것이 좋다. 신선 채소는 가급적 24시간 안에 먹는 것이 좋으나 현실은 시간 안에 공급이 어렵다. 그러므로 대부분의 농산물은 유통기한이라는 것을 정해놓는데 축산물이나 계란은 1주일, 곡물은 저온저장고에서 6개월, 도정 후 1주일, 구황작물은 1개월 이내에 조리하는 것이 바람직하다.

한국 사람의 힘은 탄수화물, 밥에서 나온다. 한국인의 주식은 밥으로 쌀이나 보리 등의 곡물을 솥에 안친 뒤 물을 부어 낟알이 풀어지지 않게 끓여 익혀 먹는다. 한국인의 쌀은 일본형 품종군日本型品種群: Japonica type이다. 자포니카는 인도형 품종군印度型品種群: Indica type과 달리 한국, 일본, 중국 북부지방의 재래품종에 속한다.

우리 음식 중 가장 기본이 되는 주식이다. 곡물을 익히는 조리법은 여러 가지가 있으나 그중에서도 밥은 가장 일상적이고 보편적인 음식이라 할 수 있다.

밥은 한자어로 반飯이라 하고 어른에게는 진지, 왕이나 왕비 등 왕실의 어른에게는 수라, 제사에는 메 또는 젯메라 한다. 이를 먹는 표현도 수라는 '진어하신다', 진지는 '잡수신다', 밥은 '먹는다' 등 차이가 있었다.

《삼국사기》〈고구려본기高句麗本紀〉 대무신왕 4년에는 정鼎(솥)과 취炊(밥을 지음)의 두 자가 기록되어 있고, 신라의 고분에서도 쇠로 만든 가마솥이 많이 출토되고 있으므로 이때부터 곡물을 쪄서 먹는 단계에서 밥을 짓는 단계로 접어들었음을 알 수 있다.

한국인에게는 "밥이 보약"이라는 속담과 같이 밥을 잘 먹어야 건강하게 장수할 수 있다는 소박한 믿음이 담긴 행동인 것이다. 사람이 세상을 뜬 후에도 소상·대상을 지낼 때까지 이 밥그릇에 아침저녁으로 생전과 똑같이 밥을 담아 3번 상을 올리는 것이 관례였다.

밥상은 밥과 반찬을 장만한 상이다. 필자는 밥상이 약상이라는 말을 자주 사용한다. 밥이 보약, 밥상이 약상이 되어야 가족이 건강해질 수 있다. 식사로 조절하지 못하는 병은 병원에서도 고치지 못한다고 판단하고 있다. 그래서 식사의 중요성을 늘 강조한다.

밥상은 정성과 사랑, 관찰과 주의로 지어야 약상이 된다. 문제가 있는 음식이 있는지, 조리 과정은 제대로 되었는지, 안전한 농산물로 만들었는지 등 여러 가지를 모아 제대로 된 밥상, 즉 약상을 만들 수 있다.

마지막으로 엄마의 중요성이다. 엄마가 가족의 건강지킴이가 되어야 한다. 엄마라는 단어는 영어로 mother이지만 주부라는 뜻도 가진다. 즉 homemaker, housewife, housekeeper는 모두 가정의 주부라는 뜻을 포함한다. 결국 가정을 만들고 지키고 보호한다는 의미가 강하다.

대한민국의 엄마는 가족의 건강지킴이가 되어야 한다. 좋은 음식을 고르고 제대로 요리하고 밥이 보약, 밥상이 약상, 주부 스스로 가정의 건강지킴이가 되어야 가정이 원만하게 돌아간다.

하지만 최근 일부 신세대 엄마를 보면 엄마인지 악마인지 구분을 못 할 지경이다. 매일 아이들에게 인스턴트 식품에, 외국산 농산물에, 항생제 덩어리, 식품 첨가물로 범벅된 음식을 준다. 또 맞벌이라는 이름으로 일회용 음식을 냉장고에 쌓아두고 아이들에게 먹으라고 한다. 제대로 된 음식을 제대로 공급해주지 못해 아이들이나 가족에게 병을 주는 엄마는 엄마가 아니라 악마가 될 수 있다.

지역민과
함께하자

지역민은 적이 아니다

　　　　　　　　　RTN 부동산TV에서 귀농귀촌 방송
을 매주 하다 보면 다양한 귀농귀촌인, 억대 고소득 성공자, 지자체 공
무원 등 여러 부류의 사람들을 만난다. 거기에 매주 한두 차례 강연과
세미나, 회의 등을 하다 보면 1주일 내내 귀농귀촌 속에서 살아간다.

　아마 대한민국에서 귀농귀촌 관련해서 제일 많은 사람을 만나고 생
각하고 판단하는지도 모른다. 많은 사람을 만나다 보면 일부 귀농귀
촌인들이 가진 생각은 잠재적으로 지역민을 적 혹은 경쟁자로 보는 것
같다. 이러한 흐름이라면 지역민들도 귀농귀촌인을 그렇게 볼 것이다.
귀농귀촌의 성공과 사회통합을 위해서도 절대 그런 과정이나 흐름으
로 가서는 곤란하다.

지역민은 사실 우리가 지켜주고 함께 협력할 대상이다. 그들이 아직 도시민의 특징을, 얼마나 합리적이며 다양한 경험과 지식으로 무장했는지를 몰라서 그렇다. 지역의 공무원이나 의회, 오피니언 리더들이 도농통합과 도농융복합을 말하고 함께하는 협력형 공생 모델, 협력형 사업 모델을 만들어나가도록 도와야 한다.

지금은 토착민이 절대적으로 많은 것처럼 보이지만 불과 10년 뒤인 2024년에는 20% 이상을 차지하고 2035년에는 지역의 50% 이상이 귀농귀촌인이 될 것이다. 2035년에는 멀티 헤비테이션(다공간 거주)이 사회 일상화되며 더 이상 텃세가 없는 시대로 갈 것이다.

아마 지금부터 정부가 정책 조정을 잘못 한다면 2022년까지 귀농귀촌인과 지역민의 갈등이 심각하게 대두될 것이다. 교육을 통해 선임대 후매입 등의 안전장치를 만든 사람들은 괜찮지만 안전장치 없이 시골로 내려가 비싼 가격에 토지를 매입한 사람들은 거기에 정착할 수밖에 없다. 이들은 죽기 살기로 싸울 것이고 대부분 이주민이 정주민을 이길 것이다. 왜냐하면 법대로 하는 정교한 귀농귀촌인과, 감성과 불문율을 따르는 지역민의 싸움은 디지털과 아날로그의 싸움과 같은 이치이기 때문이다.

하지만 다시 생각해보자. 우리는 세월호 참사로 전 국민이 아파하고 위로해주고 다시는 이런 사건이 발생하지 않도록 기도하지 않았나. 우리 국민 모두가 한민족이고 너무 우리를, 우리 것을 사랑해서가 아닐까. 서로의 주관과 자의적인 해석이 문제를 야기하고 감정이 들어가고 죽기 살기로 끝까지 싸워나가는 것은 누구에게도 도움되지 않는다.

2020년 국회의원 선거나 2022년 지방선거에서는 귀농귀촌인들이 약 100여 개의 지자체 대표 선출 과정에서 캐스팅보드를 잡을 것이다. 지금과 같이 퇴로 없는 귀농귀촌은 지방 문화나 지방 경제 모두를 우리가 원하지 않는 방향으로 몰고 갈 수도 있다. 그래서 교육이 중요하다. 과정과 절차를 가지고 귀농귀촌해야 하고 지역민이 귀농귀촌인과 갈등 없이 사는 방법도 교육해야 한다. 서로 좋아야 좋은 것이지 일방만 좋아서는 곤란하다.

정주민과 이주민이 서로 신뢰하고 공동의 발전 방향을 만들고 상생형 소득 모델과 복지 모델을 만들고 가꾸며 살아가는 모형이 귀농귀촌을 통한 농촌 발전 방향이기도 하다.

지역민은 적이 아니고 내 나라 한 핏줄이고 부모·형제이다. 이기적인 감정이 아니라 공생의 철학이 필요한 시점이다. 분명한 것은 지역민이 진다는 것이다. 도농통합 매뉴얼이나 도농융복합 가이드라인 등 현명한 대안과 슬기로운 해법을 정부가 빠른 시일 내에 만들어야 한다.

2인3각으로 만드는
협력형 소득 모델

도시민과 농민은 서로 돕고 상생할 수 있는 방안을 모색해야 한다. 즉 2인3각을 해야 한다. 2인3각의 대표적인 사례는 도요타이다. 미국에서 리콜로 어려움을 겪고 있을 것 같은 도요타가 화려하게 부활했다.

도요타는 합리화와 노사 신뢰의 관계를 2인3각이라고 표현한다. 합리화란 상호 신뢰를 바탕으로 한 돈독한 노사관계 없이는 불가능한 것이다. 회사가 아무리 합리화 안을 내놓더라도 노동조합의 협력을 얻어낼 수 없으면 그림의 떡에 불과할 것이다.

도요타에서는 '마른 수건도 다시 짠다'는 표현을 노동 강화로 보지 않고 노동 합리화로 인식하고 있다는 것이 타 기업과 다른 점이다. 합리화의 목적은 회사와 종업원 쌍방이 서로 아이디어를 내 비용을 극한까지 삭감하여 낭비를 최대한으로 없애는 것이다.

도요타는 1962년 도요타 에이지(1967~1982년까지 사장)가 중심이 되어 만든 '노사선언'에 합의했다. 합의서의 결론 부분에 "우리는 일본 자동차 산업의 공적公的 사명을 자각하고, 목전에 다가오는 자유화의 바람을 유효적절한 대책으로 극복하며, 일본의 산업과 국민경제의 상생 발전에 협력하여 일본의 도요타에서 세계의 도요타로 도약하는 눈부신 영광을 획득하기 위해 회사·조합 모두가 혼신의 힘을 다해 노력할 것을 맹세한다"라고 적혀 있다.

크라운의 성공으로 일본 자동차 산업계에 존재감을 과시한 도요타이지만 세계의 도요타로 도약하기 위해서는 노조, 즉 회사와 노동자의 2인3각이 필수였다. 도요타의 발전은 모두 노사 간의 신뢰관계 때문에 가능했다고 해도 과언이 아니다.

도요타 에이지의 사장 재임기간은 1982년 7월 자공과 자판이 합병할 때까지 15년간 지속됐다. 또 사장, 회장 시대를 포함하여 임원 재임기간은 무려 반세기에 이른다. 이 정도라면 카리스마가 있는 경영자로 통할 법도 하지만 도요타 에이지에게 전혀 그런 이미지는 없었다. 자신이 생각한 것을 부하에게 절대로 강요하지 않는 것이 그의 리더십의 특징이다. 그러나 결과적으로 자신이 의도한 결과대로 유도해내는 특이한 능력의 소유자였다.

우리는 도요타 사례를 보면서 농촌의 2인3각을 다시 생각해야 한다. 기다림의 미학, 도시민·농민·행정이 함께하는 3개 축이 되어야 성공할 수 있다는 점을 보았다. 도요타의 춘투는 1962년 이전에는 일본 산업계를 압도했다. 모든 것이 부정적인 시각으로 본다면 문제투성이다. 하지만 긍정의 눈, 상호 상생의 눈, 국익과 마을 이익을 위해 희생과 봉사의 사명감으로 마을 일을 하고 사업화를 한다면 우리 마을의 농업, 농산품도 도요타처럼 세계 수출의 1위가 될 수도 있다. 중요한 것은 상생과 협력, 상호 이해이다.

들쥐와 개구리

옛날 옛날에 부끄럼을 많이 타는 내성적인 성격의 들쥐가 살았다. 들쥐는 늘 적극적이며 외향적인 성격으로 변하고 싶었다. 그러던 어느 날 진취적이며 호탕한 한마디로 적극적인 성격의 개구리를 보았다. 들쥐는 서로 친구가 되었으면 하고 바랐다. 개구리 입장에서도 자신처럼 떠벌이가 아닌 다소곳하고 조용한 들쥐에게 끌렸다. 둘은 서로 친구가 되고 사이좋게 지내기로 했다.

개구리는 동물들 사이에 좀 특이한 면이 많았다. 특히 자신보다 약한 동물에게 가학적인 취미를 가지고 있었다. 다른 동물들이 보기에 좀 지나칠 정도로 짓궂은 장난으로 친구들을 괴롭히곤 했다.

그런데도 들쥐는 이 개구리와 친한 게 좋은 일이라고 생각했다. 이 성격이 활달한 개구리는 발이 넓어 모르는 동물이 없었다. 지상과 수중까지 어디든 안 가본 데가 없고, 무슨 일이든 빠르고 활기 차게 만들어놓기 때문이었다. 들쥐는 이런 개구리를 만난 것이 행운이라고 생각했다.

어느 날 개구리가 들쥐에게 제안을 해왔다. "들쥐야! 우리, 우정의 표시로 발 하나씩 함께 묶어보면 어떨까?" 들쥐는 이 제안을 우정의 표시라고 생각했다. 수많은 동물 중에 유독 나에게 개구리가 사랑을 베푸는구나. 이 제안이 들쥐에겐 눈물이 앞을 가릴 정도로 감격했다. 당연히 찬성이었다. 서로 발을 꽉 묶고 난 들쥐와 개구리는 밀밭에서 함께 저녁 식사를 했다.

이때까지는 별문제가 없었다. 개구리와 들쥐 모두 공존을 하고 밀알을 먹고 서로 노래 부르며 즐거운 시간을 보냈다. 일은 그다음에 벌어졌다. 아침을 먹고 나서 둘은 산책을 하다가 연못을 하나 지나게 된 것이다. 연못을 보자 개구리는 친구를 달고서 풀쩍 뛰어들었다.

개구리 다리에 끈이 묶여 들쥐도 함께 물에 빠졌다. 들쥐는 연신 허우적거리며 개구리에게 살려달라고 했지만 개구리는 물속 세상에 한동안 취해 있었다. 그러곤 개구리는 생각했다. '들쥐, 이 친구는 조용하고 내성적이어서 물속을 즐길 줄 몰라!' 개구리는 이렇게 빈정거리면서 들쥐에게 다가갔지만 이미 들쥐는 물에 빠져 죽어 있었다. 개구리는 들쥐를 떨쳐버리려고 발을 묶은 끈을 풀려고 노력했다. 하지만 축 처진 들쥐가 물 위에 떠올라 쉽게 풀어지지 않았다. 서로 의기 투합해서 묶을 때는 잘 묶어지지만 풀기는 왜 이리 어려울까.

개구리가 끈 푸는 일에 정신이 팔려 있을 때, 그만 창공을 빙빙 돌던 독수리의 날카로운 눈이 들쥐를 보았다. 독수리는 쏜살같이 달려와 들쥐를 커다란 두 발로 낚아채 갔다.

생전 처음 하늘로 날아오른 개구리는 생각했다. 내가 사정없이 저지른 장난으로 들쥐가 죽고 나는 그 책임으로 함께 죽는구나. 아무리 발버둥을 쳐도 축 처진 들쥐 때문에 몸이 부자연스러워 개구리는 독수리의 사정권에서 벗어날 수 없었다. 독수리는 개구리와 들쥐 2가지 고급 요리로 배를 채울 수 있었다.

6차산업을
선도하는
귀농귀촌인

원주 돼지문화원

돈(豚)으로 돈(Money) 버는 6차산업 모델

돼지농장에서부터 체험관광에 이르는 1·2·3차산업이 한데 어우러진 축산형 6차산업 성공을 거둔 중소기업이 있다. 강원도 원주(원주시 지정면 송정로 130)에 있는 돼지문화원(http://www.돼지문화원.com). 이곳에서는 돼지를 키우고(1차 목축업), 돼지를 원료로 햄이나 돈가스 등 육가공식품을 제조(2차산업)한다. 여기서 끝나는 것이 아니라 돼지 체험관광 및 음식 서비스(3차산업)까지 제공하고 있다. 말하자면 돼지에 관한 A부터 Z까지 경험하고 맛보고, 즐길 수 있는 국내 유일의 돼지 테마파크이다. 그래서 돼지문화원이란 이름이 붙었다.

돼지문화원은 국내 농축산업의 6차산업에 기반한 부가가치 실현과 축산환경의 모델을 제시하기 위해 지난 2011년에 설립됐다. 신지식인 농업인으로 선정된 돼지아버지(장성훈)가 설립자이다. 그는 청정 강원도에 기반을 둔 양돈 전문 브랜드를 운영하면서, 건강한 식문화 보급(금돈)에 앞장서기 위해 직접 기르고 생산한 '치악산금돈'의 1등급 이상 돼지만을 직접 가공·유통하고 있다.

돼지문화원은 현재 약 1만 두의 돼지를 사육하는 돼지농장과 정육 및 소시지 등 돼지고기 육가공식품을 생산하는 식품공장을 함께 운영하고 있다. 원주와 제천 등에 있는 농장은 한국형 종돈 개량을 목표로 하는 돼지육종 전문회사로, 우수종돈장 인증과 우수유전자센터 인증, HACCP 인증을 받았다.

2013년 8월 농림축산식품부가 주최한 '2013 대한민국 6차산업 박람회'의 6차산업화 우수사례 경진대회에서 축산업 분야로서는 유일하게 동상을 받기도 했다.

또한 다양한 문화 콘텐츠를 접목한 관광 서비스, 교육문화사업 분야까지 접복한 6자산업의 선도적인 역할을 하는 브랜드로 발돋움하고 있다. 그리고 돼지문화원은 돼지의 사육과 육가공제품 생산을 넘어 '맛있고, 멋있고, 신 나는' 체험을 가능하게 해주는 색다른 테마파크로 어린이를 동반한 가족 방문자들에게 즐거움과 감동을 주고 있다는 평가를 받고 있다.

이 문화원의 여러 프로그램 중에서도 돼지 달리기는 방문객들에게 가장 인기가 높다. 이와 함께 이곳에는 애완용 돼지뿐만 아니라 아기

자기하게 꾸며놓은 작은 동물원에서 개와 고양이를 비롯해 말, 토끼, 거위, 닭 등을 볼 수 있어 어린이들과 함께 나들이하기에 적합하다.

돼지문화원에는 어린이들이 돼지의 생태를 배울 수 있는 돼지 교육관 및 전시관이 있고, 소시지와 콜라겐 피자 등을 직접 만들어보는 웰빙 체험학습관이 있어 아동 교육 프로그램으로 좋은 호응을 얻고 있다.

장성훈 대표는 "돼지문화원은 주말을 이용한 가족 여행지로서도 각광을 받고 있다"고 말했다. 샐러드바, 양식당, 한식당 등 신선하고 맛있는 다양한 돼지고기 요리를 맛볼 수 있는 식당과 편안한 숙박시설을 비롯해 바비큐장, 세미나실, PC방, 노래방, 카페, 찜질방, 산책로와 등산로 등을 두루 갖추고 있어 가족 단위 혹은 단체로 1박2일의 여유롭고 재미있는 여가를 즐길 수 있다. 단체를 위한 세미나실이 있어 워크숍 장소로 이용하는 기업들도 상당수 있다.

또한 돼지문화원 갤러리에서는 각 지역 예술대학 및 단체들과 공동으로 전시회를 개최하고 있어 지역 문화시설로도 손색이 없다. 특히 돼지를 모티브로 한 다양한 그림과 공예작품들이 상시 전시되어 있어 미처 생각지 못한 재미를 맛볼 수 있다.

아이들을 위한 체험공간뿐만 아니라 어른들이 즐길 수 있는 자연 속 산책 코스와 갤러리 등 문화공간도 있는 돼지문화원의 입장료는 무료이다. 시민 누구나 언제든지 와서 돼지농장을 즐길 수 있도록 한 것이 장성훈 대표의 철학이다.

그는 "인간이 살아가는 데 꼭 필요한 의식주와 관련된 사업을 하는

게 잘되는 지름길이라 생각해 이 일을 시작하게 됐습니다. 앞으로 '종합 축산식품 기업'으로 우뚝 서 6차산업의 롤모델이 되어 우리나라 농촌의 새로운 발전 방향을 제시하고 싶습니다'라고 말했다.

장 대표는 1997년 '농촌을 살리는 기수'가 되고 싶어 축산업을 시작하게 됐다. 지난 2006년 6월 농업회사법인 금돈을 설립하면서 본격적으로 사업을 펼치게 됐다.

이후 종돈을 생산하고 판매만 했던 장 대표는 지난 2011년 구제역이 발생하면서 어려움을 겪게 됐다. 당시 보유하고 있던 2만 5000마리 돼지 중 2만 2000마리를 땅에 묻으면서 농장이 텅텅 비어 아무것도 할 수 없게 됐다.

위기 다음에 기회를 잡는 것이라고 확신한 장 대표는 "구제역 파동을 계기로 새로운 사업도 구상할 수 있었다"면서 "이후 '치악산금돈'이라는 브랜드를 통해 햄, 소시지, 돈가스 등 다양한 가공제품을 판매하고, 외식사업 진출 기반도 구축했다"고 밝혔다.

그는 현재 금돈을 중심으로 종돈 생산과 판매를 하는 1차산업 기업인 금보육종, 금보DDF, 돼지 인공수정과 정액을 판매하는 금보유전자 등을 운영하고 있다. 또 지난 2012년에는 3차산업인 문화, 관광, 외식사업을 진행하는 돼지문화원을 원주에 오픈하면서 국내 양돈 전문분야 6차산업의 대표주자로 떠오르고 있다.

장 대표는 "2000년쯤 일본에 있는 친환경 농축산물 생산·가공·판매·관광농원인 모쿠모쿠농장을 방문하면서 돼지문화원 사업 모델을 구상하게 됐다"면서 "돼지를 테마로 한 6차산업형 테마파크를 조

돼지문화원 홈페이지

성해 많은 이들이 다양한 체험을 할 수 있는 장을 마련하고 싶었다"
고 밝혔다.

장 대표는 "앞으로 돼지문화원을 통해 각 사업을 유기적으로 결합
해 시너지를 극대화시켜 나갈 것"이라며 "향후 5년 내 전 사업부문에
서 연매출 8000억 원을 달성하는 것이 목표"라고 말했다.

이어 "피폐해가는 농업과 농촌이 6차산업을 통해 진정한 경쟁력을
찾을 때까지 계속 정진해나갈 것"이라며 "귀농을 한 젊은 후배들에게
도 좋은 본보기가 될 수 있도록 앞으로 더 노력하겠다"고 덧붙였다.

현황

돼지문화원은 전국 최초로 돼지를 콘셉트로 한 가족, 친구, 연인 누구나 함께 즐길 수 있는 레저, 숙박, 교육, 쇼핑 공간을 갖춘 멀티 복합 문화공간이다. 아이들에게는 꿈과 희망을 주고, 어른들은 낭만을 즐길 수 있는 특별한 공간으로 꾸며져 있다. 개장일은 2011년 12월 2일이며 테마파크를 즐기는 데 약 3~4시간 정도가 소요된다.

돼지문화원에는 등산로(도야지산길)가 있는데 동물 이미지와 이솝우화, 전래동화를 스토리텔링해 만들었다. 즉 멧돼지길-고라니길-다람쥐길-노루길-토끼길-아기돼지길-늑대길-토토굴/꼬꼬댁-피그사파리-쉬어가는 집-멧돼지 바위-석양의 집-소원의 집-화해의 의자-사랑의 의자-우정의 의자-조류사파리-약수터로 돌아오는 길이다.

테마파크 내 상점 정보를 보면 돼지고기 관련 정육 및 가공품 판매, 관련 캐릭터 상품 판매가 종합 전시장에서 이루어지고 있으며 정육 부문의 돼지고기 부위별 제품(직접 가공), 가공 부문의 수제 소시지, 수제 햄, 돈가스, 떡갈비, 만두, 산적, 미트볼, 탕수육(직접 가공) 등을 식사할 수 있다.

현재 돼지문화원 매출은 유통업체로 발생하던 매출규모가 축소되

돼지문화원 매출액 및 일자리 창출									(단위: 백만 원)
매출액				일자리 창출			방문객 수		
2012년	2013년	2014년 3월 말	2014년 추정	2012년	2013년	2014년 추정	2012년	2013년	2014년 추정
4,956	3,449	604	5,200	55	44	45	20,000	27,760	29,000

자료: 농식품부

1차	2차	3차
1997 | 금보농장 설립 1999 | 종돈업 등록 2000 | 유전자 센터 설립 GGP 업무 협력 조인 2001 | 금보 영농조합 설립 2004 | 금보육종 법인 설립 2007 | 캐나다 육종회사 제너수스와 종기술교류 협약 핵돈 강원GGP 농장 준공	2008 | (주)금돈 법인 설립 | 프리미엄 돼지고기 '치악산금돈' 출시 강원GGP 청정돈 분양 개시 한국종축개량협회 MOU 체결 상지대학교 산학협력 MOU 체결 2009 | 정부 종합평가 '우수종돈장' 선정 '치악산금돈' 소시모 우수축산 브랜드 인증 금보유전자 신축 이전 2010 | 원주GP '우수종돈장' 선정 금보유전자 '우수정액동처리업체' 인증 금돈 '돼지문화원' 준공 금보유전자 HACCP 인증 강원대학교 산학협력 MOU 체결	2011 | 금돈 '돼지문화원' 오픈 '치악산금돈' 우수축산물 브랜드 인증 2012 | 돼지아버지가 만든 수제 햄, 소시지 출시 식당, 판매장 한돈 동시 인증 농공상 융합형 중소기업 선정 가공장 HACCP 인증 금돈 농수산물유통공사 학교급식 식재료 납품자격 획득 2013 | 돼지아버지가 만든 가공식품 시리즈 출시 I (만두, 떡갈비, 돈가스, 핫바, 육포 등) 한경대학교 양돈 특성화 체험 캠프 MOU 체결 농림축산식품부 '신지식농업인 341호' 지정(장성훈 대표) 돼지아버지가 만든 수제품 시리즈 출시 II (호텔 납품용 최고급 등심 돈가스, 치즈 돈가스)

고 방문객 증가 및 홍보 효과로 도·소매 매출 및 돼지고기 가공품 매출이 증가하고 있다. 체험학습과 음식 매출이 증가하는 추세이다. 테마파크 탐방객의 증가로 유통업체 매출 형태에서 직거래 형태로 변형됨으로써 전체 매출규모가 축소되고 있다. 방문객은 지속적으로 증가하나 비수기 및 지리적 위치로 인해 큰 폭의 증가는 없다. 소비자 인식은 직접 체험하고 가공장 견학을 통해 돼지고기의 안전한 유통경로 및 생산자라는 인식으로 신뢰도가 강화되고 있다.

신지식농업인으로 지정

장성훈 대표는 1981년 대관령축산고등학교를 졸업하고, 1985년 강원대학교 축산대학을 졸업한 후 군 복무를 마치고 우리나라 대표 양돈육종 회사인 경기도 안성의 다비육종에서 10년 근무한다. 그는 고향 강원도로 귀농해 1997년부터 인큐베이터 형식으로 금보농업을 창업했지만 IMF 금융위기 등으로 본격적인 올인을 망설이지만 1999년부터 종돈업을 창업해 오늘에 이르고 있다.

그가 본격적으로 양돈업을 하게 된 계기는 일본 모쿠모쿠에 가서 돼지 이벤트를 보고 일본 사람들이 즐거워하는 모습을 본 뒤부터 이벤트 농업을 궁리하게 된 것이었다. 돼지도 훈련을 시키면 인간과 교감하고 생각보다 영리한 동물이라는 관점에서 다양한 테마를 꿈꾸게 되었다.

2000년대 중반부터 양돈 관련 봉사활동을 시작하며 본격적으로

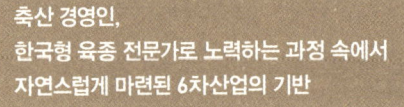
축산 경영인,
한국형 육종 전문가로 노력하는 과정 속에서
자연스럽게 마련된 6차산업의 기반

1) 학력
1981 대관령축산고등학교 졸업
1985 강원대학교 축산대학 졸업
2011 건국대학교 농축대학원 유통경제학과(석사)
1990~1999 다비육종 근무
1997 금보농장 설립
1999 종돈업 창업

2) 주요 경력
전) 한국양돈연구회 부회장
    합구돼지유저자 혀히 브히장
현) 신지식농업인 341호 지정
    농림축산식품부 가축개량 자문위원
    농림축산식품부 방역자문위원
    한국농촌경제연구원 자문위원
    한국종돈수출협회 회장
    한국종돈업경영인 회장
    한국종축개량협회 부회장

3) 수상내역
2008 농림수산식품부 장관상 수상
2009 한국종축개야협회 가축개량 대상
2013 신지식농업인 지정 제 341호

사회단체활동을 시작하면서 영향력을 키워나가기 시작한다. 이를 기반으로 사업화와 전문화, 인맥을 넓히는 과정을 통해 2013년 축산 부문 신지식농업인 341호로 지정된다. 신지식농업인이란 지식의 생성·저장·활용·공유를 통해 농업의 생산·가공·유통 등을 끊임없이 개발·개선·혁신하여 높은 부가가치를 창출하고, 나아가 농업·농촌의 변화를 추구하는 농업인 또는 농업법인을 지칭하는 칭호이다. 농림수산식품부에서 매년 신지식농업인을 발굴하여 신지식농업인장을 수여하고, 정책적으로 육성·지원하고 있다.

정선 개미들마을

귀촌인들이 주도하는 개미들마을

개미들마을(ant.invil.org/village)은 강원도 정선군 남면 광락로를 말한다. 농지면적은 49ha(논 3ha, 밭 46ha), 가구 수는 46가구로 원주민 27세대, 귀촌인 19세대이다. 인구는 96명(남 49, 여 47)이다. 마을의 주요 작물로는 산채, 잡곡, 황기, 더덕, 고추, 원예작물 등으로 소득여건은 6차산업과 연계한 농촌 체험형 관광상품이다.

개미들마을의 역사는 먼저 마을 이름 유래부터 알아야 한다. 조선 광해군 말기에 한림학자 신일만 공이 정선에 은거하던 중 여름날 나무 그늘에 개미가 모여들어 어디에도 앉아 있을 수 없게 되자 개미들판이라고 이름 지은 것이 지금의 '개미들마을'이 됐다고 전한다. 또한 주민

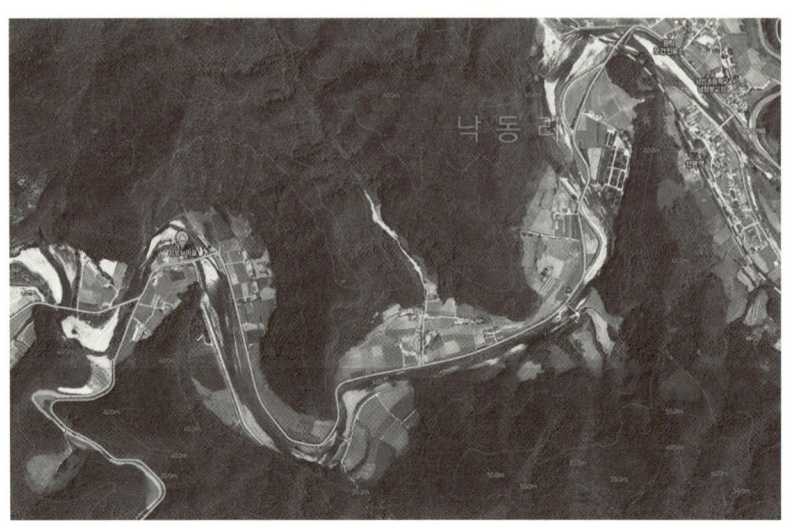

들이 개미처럼 부지런하다 해서 붙여진 이름이기도 하다.

개미들마을이 위치한 낙동리의 '낙동'은 여민동락與民同樂이라는 뜻을 내포해 주민 서로가 돕고 살아왔음을 뜻한다. 남창, 음촌, 거칠, 맷둔, 둔내곡 등 자연마을을 합쳐 현재 낙동리가 됐다.

개미들마을에서는 유기농법을 이용한 농산물을 생산한다. 특히 친환경 무농약 인증을 받은 신채나물과 고추, 더덕은 마을 대표 특산물로 유명하다. 또 백이산 산나물축제를 개최하고 토속음식 판매 코너를 만들어 수익을 창출하는 등 마을 주민의 단합된 모습으로 경쟁력을 가진 마을이 되기 위해 노력하고 있다.

마을 주요 명소로는 학 2마리가 날아가 바위가 됐다는 전설이 깃든 '학바위', 심신 수련의 장소로 활용되던 '관음굴', 동학 교주 최시형 선생이 은거했던 곳인 '문두계곡', 위장병에 효능이 있다고 알려진 '화암

약수터' 등이 있다.

개미들마을의 대표 체험 프로그램은 동강 지류에서 하는 '맨손 송어잡기 체험'이다. 계곡에 풀어놓은 송어를 도구 없이 직접 손으로 잡는 것으로 직접 잡은 송어로 바로 그 자리에서 회를 떠 먹는 재미도 무시할 수 없다.

그 외 농경생활의 모든 것을 느낄 수 있는 농경박물관과 농사체험장, 솔향기 야영장, 낚시터, 백이산 펜션마을 등이 있어 개인 혹은 가족 단위 관광객들이 방문하기에 적합하다.

무엇보다 테마별, 계절별 체험활동을 잘 구성해 단체 여행객들에게 인기가 높다는 것이 개미들마을의 특징이다. 먼저 '농촌전통현장체험'이라는 이름의 풀패키지 프로그램이 있다. 맨손 송어잡기, 송어회 먹기, 풍경차 타기, 산소길 걷기, 농사일 체험, 난타 사물놀이, 자전거 하이킹, 떡메치기 등을 모두 포함해 1인당 3만 5000원이다. 최소 진행 인원은 30명 이상으로 특히 수학여행과 같은 단체 관광객에게 인기가 높다.

뿐만 아니라 계절별 체험활동 프로그램도 다채롭게 구성했다. 봄과 여름에는 소달구지 타기, 퉁가리 보쌈 고기잡이, 산나물 채취, 모내기 체험 등이 준비되어 있다. 가을과 겨울에는 떡메치기, 옥수수 따기, 썰매 타기, 가마솥 밥짓기 등이 있다. 모든 체험활동은 평균 5000원 안팎으로, 농촌체험을 저렴하게 즐길 수 있다는 장점이 있다.

6차산업으로 성공 위한 개미들마을

개미들마을의 정식 명칭은 지구촌의 농촌희망 개미들마을로 강원
도 정선 동강의 지류로 산속 계곡에 위치해 농업을 주업으로 하기에는
부적합한 마을의 특성을 가지고 있다. 이 마을은 2013년 6차산업 품
평회에서 농식품부 장관상(은상)을 받았다.

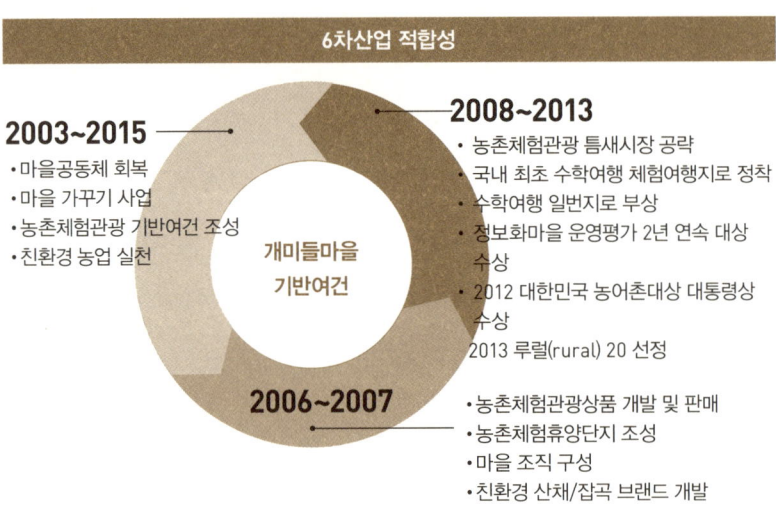

6차산업 적합성

2003~2015
• 마을공동체 회복
• 마을 가꾸기 사업
• 농촌체험관광 기반여건 조성
• 친환경 농업 실천

개미들마을
기반여건

2008~2013
• 농촌체험관광 틈새시장 공략
• 국내 최초 수학여행 체험여행지로 정착
• 수학여행 일번지로 부상
• 정보화마을 운영평가 2년 연속 대상
  수상
• 2012 대한민국 농어촌대상 대통령상
  수상
  2013 루럴(rural) 20 선정

2006~2007
• 농촌체험관광상품 개발 및 판매
• 농촌체험휴양단지 조성
• 마을 조직 구성
• 친환경 산채/잡곡 브랜드 개발

개미들마을의 어제와 오늘

옛적에는	조용하고 소박한 행복이 가득한 강원도 시골마을
1980년대	폐광 이후로 급속한 고령화와 도시화로 사람들이 줄어듦
1990년대	주민 갈등과 반목, 삭막한 농촌의 인심
2000년대	아름다운 마을 조성, 농촌관광 활성화로 무너진 농촌 공동체 부활 여민동락(與民同樂), 행복한 농촌 가꾸기 성공
2010년~	전국 제1의 수학여행지로 급부상, 살기 좋은 새 농어촌 건설, 창조경제 단체로 정착

1차	2차	3차
산채 및 잡곡 재배	산채 및 잡곡 가공식품 생산	체험 및 관광 서비스
• 강원도 특산물인 산채 중심의 작물 선별	• 4계절 구분 없이 온·오프라인으로 판매	• 녹색농촌체험마을 조성 • 농어촌인성학교 선정

지역산업 발전을 위한 6차산업화
• 국내 최초 수학여행단 체험여행지로 정착
• 정보화마을 운영평가 및 루럴 20 선정

1980년대 정선 탄광의 폐광 후 폐허로 존재할 가능성이 높은 고향 마을 개발 일환으로 지역 원을 활용한 농촌체험관광 및 수학여행을 추진해서 성공한 마을이다. 수학여행은 거저 오는 것이 아니라 주민들의 1차산업 기반과 학생들이 배우고 싶어 하는 전통, 역사, 농업, 산촌적인 가치를 보여주면서 3차산업인 농촌체험관광 분야와의 결합으로 가능했다.

개미들마을은 2008년부터 수학여행을 전국 최초로 실시해 강원도를 수학여행 메카로 만든 일등공신 마을이다. 농촌관광으로 대표되는 3차산업의 경쟁력을 구축하기 위해 1·2차산업 기반을 확장하여 가공, 건조, 포장을 거친 2차 가공물을 생산 추진해 마을에서 생산되는 잡곡을 소규모 포장해 판매하고 있다.

가공물은 사계절 내내 방문객이나 온라인으로 판매하여 소득 증가의 중요한 계기가 되었고, 개미들마을의 브랜드 가치 증대에 기여한다.

추진성과와 성공요인

개미들마을은 1차산업인 농산물의 수요 및 생산량 증대를 혁신하는 방향을 잡았는데 이것은 지역민들이 담당한 몫이다. 지역민들은 생산기술과 노하우, 현지의 기후와 기상, 토양환경 등에서 귀농귀촌인보다 해박하다. 이들은 귀농귀촌인들과 상의해 도시민들이 좋아하는 농산물을 생산하기 시작했다. 즉 현지 농산물에 대한 수요는 기업, 가족, 개인 방문객의 증가에 따라 매년 증가하며 개별 작물의 파종 및 수확보다는 수요가 많은 산채 중심으로 재배면적을 확대하고 있다.

2차산업은 귀농귀촌인들의 역할이 마을에서 강화되어 왔다. 1차 생산물에 대한 부가가치를 증대시키고 마을 농산물의 브랜드화를 추진하기 위해 계절 구분 없이 온·오프라인으로 판매함으로써 개미들마을 브랜드 가치를 높이고 있다.

3차산업은 지역민과 귀촌인들이 함께하는데 귀촌인들의 비중이 높다. 즉 농식품부 녹색농촌체험마을을 통한 지역경제 활성화를 추진하는데 강원도 새농어촌 건설운동을 통해 마을의 단결이나 일체성을 가지고 있다. 체험관광객은 매년 3만 명(수학여행단 2만 명, 일반 관광객 1만 명) 정도가 방문체험으로 체험학습의 장으로 성장하고 있다. 이러한 농촌관광 효과는 하루에 13명을 고용하며 1인당 하루 노임은

7만 원으로 시골의 노인에게는 과분한 수준의 봉급이다. 또 4명의 귀농 직원을 채용하고 있는데 이들은 연봉 2500만 원으로 월 200만 원 수준인데 도시로 치면 약 400만 원의 셀러리맨이 된다.

마을공동체의 복원으로 마을공동체에서 경제공동체로 자리매김하여 공동사업 분야 연매출 7억여 원의 소득이 발생하고 있다. 농촌체험 32%, 농특산물 판매 49%, 기타 19%로 48농가가 농사짓는데 농가 소득이 4650만 원에 이른다. 소득 분포는 농업과 체험이 약 6:4의 형태를 보인다. 현재는 국내 100여 개 마을 및 지자체와 동남아 16개국의 벤치마킹 대상 마을로 성장했으며 2012년도 전국 농어촌마을 대상(대통령), 2012년도 정보화마을 운영평가 대상, 2013년도 6차산업 농식품부장관상을 받기도 했다.

개미들마을의 성공요인은 무엇일까? 농식품부와 지자체, 마을 주민들은 귀농귀촌인들이 선도적으로 가지고 있는 정보통신기술ICT 활성화를 통한 정보화마을 부각을 꼽고 있다. 즉 디지털 마인드로 체험객

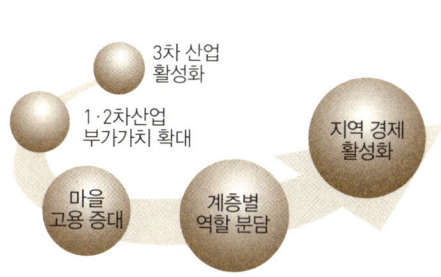

잘사는 개미들마을(고용창출)

3차 산업 활성화
1·2차산업 부가가치 확대
마을 고용 증대
계층별 역할 분담
지역 경제 활성화

- 부녀층, 노령층의 역할 분담
- 고용효과
  - 3차산업 활성화:
    주민 고용창출 30개
  - 1·2차산업 부가가치 확대
    주민 고용창출 20개
- 6차산업 정착에 의한 전문인력 증가
  전문인력 고용창출 5개
- 강원랜드와 연계한
  지역상생 프로그램 개발(숙박업, 식당)

들이 원하고 요구하는 것에 대한 모든 정보를 제공하고 있는 것이다. 예를 들면 체험객이 심은 농작물을 주기적으로 촬영한 후 동영상으로 전송하여 자신의 농작물이 자라는 모습을 확인하고 추후 재방문하여 수확할 수 있도록 프로그램을 특성화하기도 한다.

두 번째는 마을 자원의 융복합이다. 개미들마을 안에 있는 모든 어메니티 자원을 하나로 융합해 개미들마을만의 특성을 강조하는 데 힘을 쏟고 있다. 예를 들어 지역의 특산물인 산채나물(곰취, 곤드레), 고추, 옥수수 등 1차 생산 및 체험과 이를 가공한 포장재 건조나물을 만든다. 마을과 인근 여량면 아우라지가 〈정선아리랑〉의 발상지로 이것을 특화하고 있다. 아이들에게 마을의 긍지를 느끼게 교육하고 있다. 또 낙동농악, 효구총, 칠현사, 인성학교의 선정 등으로 역사, 전통 문화자원을 특화해 자긍심을 고양하고 마을 사랑으로 이끌어내고 있다.

음성 젊은농부들

젊은 청년들이 주도한 젊은농부들

젊은 청년들이 귀농해서 일을 내고 있다. 서울에서 20년 이상 살아오고 서울에서 대학을 나온 청년들이 도시의 좋은 기업을 마다하고 충북 음성으로 왔다. 왜일까? 뭔가 다르다. 상식적이지 않다. 그들은 어떤 비전을 가지고 농촌으로 와서 무엇을 하는가? 그 비밀을 풀어보자. 이들은 컬러 마케팅을 한다. 홈페이지도 보라색으로 도배하고 블루베리를 팔고 있다. 안토시아닌이 항산화 물질이 많다고 한다. 가격도 싸지 않다. 그러나 이들은 승승장구한다.

　이들의 모토는 젊음과 열정과 패기다. 뭐든지 하겠다는 기세이다. 젊은농부들(http://www.boramarket.com)은 3가지 원칙으로 물건을 판매하고 마케팅을 한다. 첫째, 젊은 감각으로 기존의 유통 단계를 줄여 합리적인 가격에 소비자들이 구입할 수 있도록 하겠다는 포부이다. 둘째, 최고의 상품을 산지에서 신선하게 빠르게 전달하겠다는 의지로 달린다. 셋째, 최선의 서비스로 고객이 만족할 때까지 노력하겠다고 홈피에서 밝히고 있다.

　젊은농부들의 이석무 대표는 블루베리 총각이다. 요즘은 농식품부에 강의도 나가고 점점 유명해지고 있다. 이 대표는 대학 시절 군고구마를 배달했다. 그는 "군고구마는 배달하지 않고 가서 사 먹는다는 고

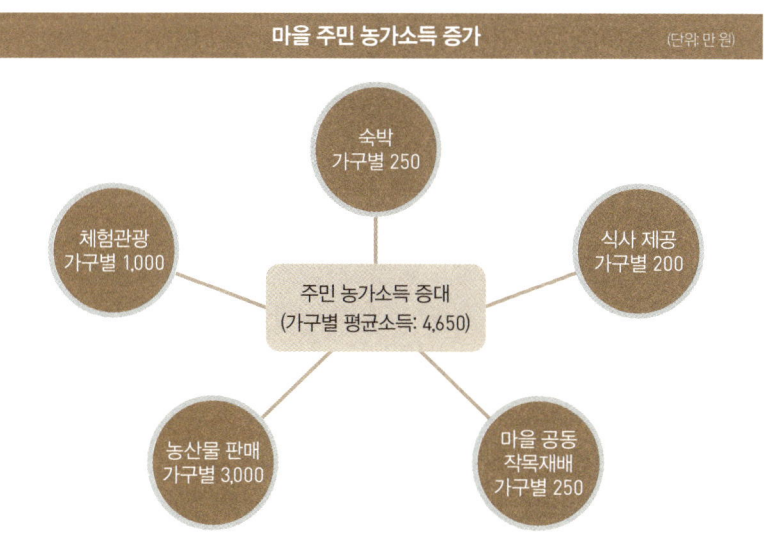

마을 주민 농가소득 증가 　　(단위: 만 원)

숙박
가구별 250

체험관광
가구별 1,000

식사 제공
가구별 200

주민 농가소득 증대
(가구별 평균소득: 4,650)

농산물 판매
가구별 3,000

마을 공동
작목재배
가구별 250

정관념을 과감히 깨버리자 매출이 오르기 시작했다"고 전한다. 군고구마 판매는 지금 생각해보니 '농산물에 아이디어나 변화를 주면 큰 부가가치를 낼 수 있다'는 교훈을 준 소중한 경험이었다.

젊은 사고는 새로운 대안을 만들어내고 있다. 젊은농부들의 6차산업이라면 빠질 수 없는 포인트는 바로 팜핑이다. 농장의 farm과 야영을 뜻하는 camping의 합성어인 farmping은 젊은농부들이 만들어낸 조어로 이제 전국의 여러 농가에서 팜핑이라는 이름으로 다양한 농촌 문화가 생겨나고 있다. 젊은농부들은 현재 교육농장을 협동조합으로 융합한 'FA더MA더' 교육농장을 만들고 있다. 파더마더 교육농장이란? 파더마더는 충북 음성의 2개 농가와 경기도 이천의 6개 농가가 모여 여러 가지 체험학습을 할 수 있도록 만든 '교육농장협동조합'이다. 앞으로 젊은농부들과 함께 8개 농가의 연계 프로그램으로 여름 캠프

를 기획하고 있다.

이들이 편한 도시를 버리고 농촌을 찾은 비전은 무엇일까? 그들은 "젊은농부들은 백세인의 행복한 노후를 꿈꿉니다"라고 세상에 출사표를 던졌다. 역시 이들도 노후 불안과 은퇴 이후를 걱정하고 있었다.

이들은 자연의 품으로, 젊음을 당신에게, 자연 속으로, 고객과 함께한다는 비전을 가진다. 어딘지 어색하지만 이들은 계속 달려나간다. 젊은 용기다. 젊음은 도전이고 낭만이다. 그런 이들이 은퇴 이후를 걱정해야만 하는 사회가 되었다.

6차산업으로 성공 위한 젊은농부들

젊은농부들이 꿈꾸는 창조적 농업이란 무엇일까? 충북 음성군 감곡면 영산로 288에 있는 농업회사법인인 주식회사 젊은농부들에 가서 비밀을 찾자. '젊은농부들'의 이석무 대표는 1983년생으로 30대 초반이다. 회사 설립은 2011년 2월이니 이제 신생기업의 티는 벗어났다. 그런 기업이 농식품부 6차산업 평가에서 장관상을 받았다.

젊은농부들이 주시하는 것은 TV를 통한 마케팅이며 팜핑장의 콘셉트는 대중에게 먹혔다는 판단이다. 이들은 2012년부터 본격적으로

젊은 농부들의 매출액 및 일자리창출								(단위: 백만 원)
매출액			일자리(고용) 창출			체험 등 방문객 수		
2012년	2013년	2014년 추정	2012년	2013년	2014년 추정	2012년	2013년	2014년 추정
100	230	300	2(1)	4(2)	6(2)	400	1000	2000

* ( ) 내서는 일용직 인원, 일용직은 250일 근무 시 1명 계산함. 〈정규직+일용직(250일 근무시 1명)〉

**직접 생산한 농산물을
눈으로 확인!**

- 철저한 유기농법으로 생산
- 직접 보고 맛보는 과정을
  통해 신뢰 구축
- 재구매로 이어지는 1:1 관계 형성

트렌드는 캠핑이다!

- 아웃도어를 원하는 소비자들의
  니즈
- 수도권에서 가까우면서도 편안한
  캠핑을 원함

믿을 수 있는 품질

아웃도어 캠핑

팜핑

체험·농업 체험

편안한 시설

**직접 체험하며
느끼는 농촌!**

- 블루베리 수확 체험
- 블루베리 초콜릿 만들기 체험
- 쌈채소 수확 체험
- 블루베리 묘목심기 체험

**캠핑용품을 모두 갖춘
글램핑 시스템!**

- 고급텐트부터 캠핑 장비류까지
  일체 구비
- 바비큐 고기 제공, 숯불 제공으로
  편안한 식사
- 텐트당 개별 샤워실 설치

언론에 마케팅을 하고 있으며 공략 대상은 이들과 비슷한 젊은 10대에서 20~30대를 타깃으로 하고 있다. 이들은 오토캠핑이 가족당 3만 원 내외이지만 파밍과 캠핑을 결합시켜 20만 원을 받고 있다.

또 이들은 젊은 공부방을 만들어 농고생들에게 6차산업 비전을 전파하고 있다. 이러한 노력 덕분일까? 농고생들은 읍성으로 자주 찾아와서 진로상담도 하고 체험도 하고 6차산업 공부도 한다.

2012년부터 이들이 한 언론 홍보를 보면 주로 공중파를 공략하고 있는데 KBS 〈청춘불패〉, MBC 〈생방송 금요와이드〉, '팜핑장 오픈 홍보', '귀농귀촌 박람회', '수지의 짝사랑' 등에 참가했다. 2013년에는 좀

더 적극적으로 나가는데 국민방송 〈아침마당〉에 참여하고, 보라숲 캠핑장을 확장했으며 후계농업경영인으로 선정되었다. 도 농고생, 귀농인에게 강연을 하고 있으며 농고생 멘토링 교육도 하고 새터민 교육도 하고 있다.

아무래도 이들의 대표상품인 팜핑을 좀 더 살펴보자. 농식품부 자료에 따르면 이들은 팜핑을 통해 체험+시설+품질+캠핑을 융합한 신상품을 소개하고 싶어 한다. 특히 이들은 캠핑용품을 모두 갖춘 글램핑에 초점을 맞추고 있다. 고부가가치를 창출하겠다는 것이다.

이들의 주요 사업내용은 블루베리를 활용한 1·2·3차산업 간 연계이다. 블루베리를 재배하고, 이것으로 잼을 만들고 아이스크림 체험을 하고 수제비를 만들어 먹기도 한다. 물론 모두 유료이다. 이러한 푸드투어 역시 팜핑의 소재로 활용된다.

그렇다면 소비자들은 어떻게 생각하고 있는가? 이들의 블로그 (http://blog.naver.com/boramarket)에 들어가 보았다. 소비자들의 댓글

젊은 농부들의 당일 프로그램 개요			
프로그램 명	단위	소요시간	가격
블루베리 수확 체험	1인당 100g	약 20분	5,000원
블루베리 초콜릿 만들기 체험	16구 초콜릿	약 40분	15,000원
블루베리 잼 만들기 체험	1병 250g	약 40분	9,000원
블루베리 수제비 만들기 체험	2인 이상	약 60분	8,000원
블루베리주 숙성 바베큐 식사	1인 200g 2인 이상	약 90분	15,000원
젊은농부들의 보라숲 카페	음료 메뉴 참조	오후 10시	
1인당 소요시간 및 비용		약 4시간	52,000원

스토리를 담아 농업경영 계획부터 철저하게 준비한 6차산업화 복합영농 추진		
1차	2차	3차
블루베리 생산	블루베리 가공품 생산	농장체험학습 운영
블루베리 생산	블루베리 비누, 효소, 잼 등	팜핑(Farm+Camping) 농업교육장 운영

- 트위터, 페이스북 등 SNS를 활용한 바이럴 마케팅
- 쿠팡, 티몬 등 소셜커머스를 활용한 판매전략

이 많았다. 베이비부머의 블로그와는 뭔가 다른 느낌이다. 이들은 "당일 여행으로 젊은 농부들의 보라숲 체험농장에서 즐길 수 있는 프로그램을 소개해드립니다~"라고 블로그를 통해 홍보하고 있다.

젊은농부들의 지금까지의 마케팅은 적중하고 있다. 블로그의 평균 댓글이 30건 이상이며 농고나 귀농인 강의 등을 통한 대중성도 얻어가고 있다. 그리고 상업성 면에서 보면 4인 가족 기준 20만 원으로 주말에 20가족이 온다고 가정하더라도 400만 원의 현금이 굴러간다는 말이다.

문제는 현재까지는 이들의 콘셉트대로 대중이 움직여주고 있지만 팜핑이라는 개념이 6차산업화되어 사람들이 모방하면 새롭고 다른 개념이 이들의 머리에서 창조되어야 지속가능하다는 점이다.

2011~2012년 2년간 매출실적 및 2013년 예상 매출액은 아직 많이 증가하지는 않고 있으나 점차 늘어날 전망이다. 2011년(1년차) 매출액이 약 3000만 원이고 2012년(2년차) 매출액이 약 1억 원(330%증가)했으며 2013년(3년차) 예상 매출액은 약 2억 5000만 원(200% 증가)으로 보고 있다.

젊은농부들의 성공요인으로는, 첫째 1·2·3차산업 간 유기적 연계, 둘째 새로운 아이디어와 결합한 농장체험(팜핑), 셋째 판로 다변화로 다양한 소비층 맞춤형 서비스 제공(소셜커머스 등 활용), 넷째 체계적인 판

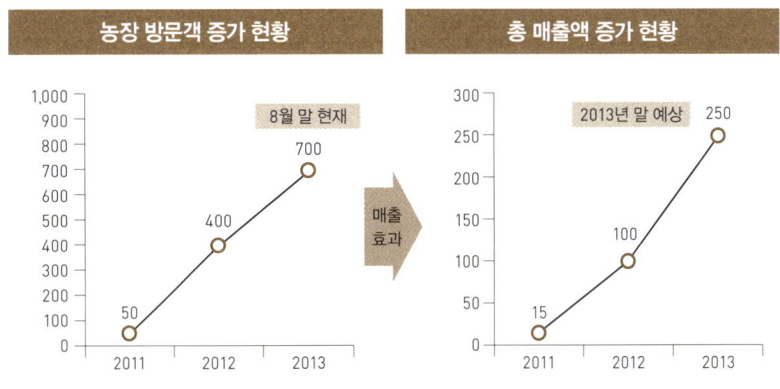

팜핑의 효과
'젊은 농부들의 보라숲 팜핑장' 오픈 후 비약적으로 농장 방문객 수가 증가함

매출 효과
팜핑장 운영으로 인한 농장 방문객 수 증가는 전체 농장의 매출액 증가로 이어짐

농촌체험 인프라 확대	젊은농부들	지역사회 참여 확대
1차 산업생산량 증가		주변 농가와의 교류 확대
가공 생산 설비 확충		농업계 고등학교 교류 확대
인터넷 판매 시스템 정비		보라숲 직판장 확장

01	대한민국 6차산업의 대표농장을 향한 길	• 생산설비와 유통망 확충 • 종합 6차산업의 농업회사로 발돋움
02	창조적 농업을 향한 길	• 도시와 농촌을 잇는 가교 • 디저트 카페 • 농업 브랜드 개발
03	지역사회와 상생의 길	• 지역사회와의 연계 확장을 통한 점진적 체험농장 단지화 추진

매 시스템과 지속가능한 마케팅 전략 등이 적중한 점을 꼽을 수 있다.

이들의 향후 비전은 6차산업과 연계한 농촌관광과 지역사회의 결합에 두고 있는 것으로 보인다.

참고문헌

고형광, "농지, 20년간 서울 면적 6배 사라졌다", 〈아시아경제〉, 2012.11.5.

김인회, 《환경과 인간》, 건양대학교, 2007.9.

김태근, "정보통신기술로 꽃 피운 국화… 생산성 30% 높였다", 〈조선일보〉, 2014.1.6.

농림축산식품부, 《6차산업 창업 매뉴얼》, 진한엠앤비, 2014.

농림축산식품부, '귀농귀촌, 희망을 노래하다', 2009.

박양수, "'명문校' 키우니 '농촌유학' 러시… 귀농인 자녀교육 걱정 '뚝'", 〈문화일보〉, 2012.4.17.

송강섭, "농산물 유통, 가공에서 물류까지 원스톱으로", 데일리노컷뉴스, 2013.11.26.

유상오, 《귀촌창업부자들》, 중앙일보조인스랜드, 2012.8.

유상오, 《3천만원으로 은퇴 후 40년 사는 법》, 나무와 숲, 2009.2.

이성우, 《한국요리문화사》, 교문사, 1985.

이우광, 《도요타: 존경받는 국민기업이 되는 길》, 살림, 2009.

이주희, "농산물 직거래 활성화를 위한 정책개발", 〈월간 자치발전〉, 2010년 2월호.

전창곤, "농산물 물류체계 진단과 효율화 방안", 한국농촌경제연구원, 2009.11.

정기수, "홍성군 친환경 농·축산업 발전방안", 홍성군 중장기 발전계획 수립을 위한 제5차 토론회, 2006.2.

조선닷컴 인포그래픽스팀, "한국인의 마지막 10년 마지막 10년 의료비 폭탄이 '처량한 노후'를 부른다", 〈조선일보〉, 2013.11.5.

MBC 다큐스페셜, 〈자영업 쇼크, 봄은 오는가?〉, 2014.4.14.

귀농귀촌
6차산업으로
성공하기

1판 1쇄 발행 | 2014년 8월 8일
1판 3쇄 발행 | 2018년 5월 15일

지은이 유상오
펴낸이 김기옥

경제경영팀장 모민원 기획 편집 변호이, 김광현
커뮤니케이션 플래너 박진모
경영지원 고광현, 임민진
제작 김형식

디자인 표지 투에스 디자인 제이알컴
인쇄 · 제본 민언프린텍

펴낸곳 한스미디어(한즈미디어(주))
주소 121-839 서울특별시 마포구 양화로 11길 13(서교동, 강원빌딩 5층)
전화 02-707-0337 | 팩스 02-707-0198 | 홈페이지 www.hansmedia.com
출판신고번호 제 313-2003-227호 | 신고일자 2003년 6월 25일

ISBN 979-11-6007-258-7   03320